华为管理法

层层披露、条分缕析，再现华为内部核心管理理念和法则！

黄继伟 著

中国友谊出版公司

图书在版编目（CIP）数据

华为管理法 / 黄继伟著. — 北京 : 中国友谊出版公司, 2017.3（2018.6 重印）

ISBN 978-7-5057-3978-9

Ⅰ. ①华… Ⅱ. ①黄… Ⅲ. ①通信—邮电企业—企业管理—经验—深圳 Ⅳ. ① F632.765.3

中国版本图书馆 CIP 数据核字（2017）第 030177 号

书名 **华为管理法**
作者 黄继伟
出版 中国友谊出版公司
发行 中国友谊出版公司
经销 新华书店
印刷 三河市冀华印务有限公司
规格 787×1092 毫米 16 开
21.25 印张 320 千字
版次 2017 年 4 月第 1 版
印次 2018 年 6 月第 8 次印刷
书号 ISBN 978-7-5057-3978-9
定价 39.80 元
地址 北京市朝阳区西坝河南里 17 号楼
邮编 100028
电话 （010）64668676

目　录

第九章

华为营销管理：走向世界的战术 269

第十章

华为目标管理：凡事预则立，不预则废 301

第一章

华为基本法：没有秘密的秘密

未来的世界是一个信息爆炸的时代，“落后就要挨打”甚至会成为我们每天都要高喊的口号，一个企业要想在这样的环境下生存下来，就必须有清晰的方向和清醒的认识。

1.《华为基本法》的基本内核

文章的开始，我们还是老生常谈地说说华为的基本情况。

1987年，解放军退役团级干部、43岁的任正非与几个志同道合的朋友用凑来的两万元人民币在深圳一间破旧厂房里成立了一家名为“华为”的小公司。在那个遍地都是黄金、处处都是陷阱的热血年代，估计连任正非本人都不敢想象这家连明天都不知道在哪儿的小公司将改变中国乃至全世界的通信制造业。

2010年，华为营业收入218.21亿美元，首次杀入《财富》世界500强榜单；2011年，华为再次以273.557亿美元年营业收入强势进入榜单，排名第352位；2013年，华为超越全球第一大电信设备商爱立信，名次排到第315位。在此后的三年里，华为又完成了三级跳，排名从第285位到第228位，2016年来到了第129位。

与此同时，在2016年研究机构Millward Brown编制的全球100个最具价值品牌排行榜中，华为的排名从2015年的第70位上升到了第50位。2016年8月，国家工商联发布的“2016中国民营企业500强”，华为以年营业收入3950.09亿元强势登顶，而在“2016中国企业500强”中排名第27位。

在这些成绩的背后，是以任正非为代表的华为人数十年如一日的坚持和付出，是时刻处于危机之中的理性思考，以及主动求变、先人一步的决心和勇气。

是的，如果我们研究过很多国外走向衰败的大企业，就会发现这样一个共同点：它们无一例外都是在时代的变革中转型失败了的，尤其是在以技术为王的信息技术和通信技术的领域，诺基亚和柯达便是其中最典型的例子。

在这点上，华为无疑是处理得最好的，因为在历次的演进过程中，它都会选用一种温和的改良方式进行，这一方面保证了企业的平稳运营，另一方面也能够让企业始终充满活力，在市场的风起云涌中乘风破浪。

那么，为什么自成立以来，华为总能保持这样的韧性和弹性呢？其中一个最重要的原因是：《华为基本法》保证了企业基本东西是不变的，在这个基本法里几乎涵盖了公司的核心价值观、愿景以及战略方向等方面的所有内容。

以企业基本法的形式，对公司行为、公司发展方向等做出基本全面的规范，华为并不是“第一个吃螃蟹的人”，国内的鞍钢、马钢先后出台“宪法”，国外一些知名企业也尝试对自己的经营理念、经营方针、经营政策、经营战略等做出总结与归纳，比如东芝总经理土光敏夫的《首脑方针》、比尔·盖茨的《未来之路》等。不过由于种种原因，这些内容并没有发挥出它们应有的作用，大多是昙花一现，因此当1998年，任正非排除万难，力主推进华为通过囊括了企业文化和管理大纲的《华为基本法》时，并不被业界所关注，大家都抱有怀疑甚至都等着看华为的笑话。

然而，时至今日，当我们回过头来看看这段历史，就不得不佩服任正非以及其团队的战略眼光。就像沃尔玛创始人萨姆·沃尔顿所说的那样：公司越大，所考虑的事情就越是基本。当《华为基本法》被确定下来以后，华为人要做的便是任正非在2013年新年献词中说的那样：我们这平凡的16万人25年聚焦在一个目标上持续奋斗，从没有动摇过。就如同在高压下从一个小孔中喷出来的水可以切割钢板，从而取得了今天这么大的成就。

在总共六章103条的《华为基本法》当中，其主要框架包括两大部分：第一是核心价值观，在这部分中，基本法详细阐述了公司追求什么、放弃什么以及为什么会有这样的决定等，这是企业文化的核心，同时也是公司每次做出重大决策的前提；第二是公司的基本政策体系，这部分内容涵盖了企业如何决策、员工行为准则、基本经营政策、高层管理组织等一系列具体内容。这两大部分互相影响，第一部分是核心，第二部分是具体体现，二者相辅相成，共同发挥作用，造就了华为与众不同的企业文化，同时也避免了“企业文化挂在墙上”的尴尬局面。

在《华为基本法》被正式确定以后，华为的发展方向也就基本确定了，在那之后华为的每一次内部运作、华为管理制度的每次实施和变革等都是在此基础上进行的，员工的行为在潜移默化中也深受影响，华为也在长期的发展中形成了良好和谐的氛围。作为公司发展的指导性纲领，它为所有华为人提供了行动上的指引以及精神上的依赖，每一个华为人身上都印着华为精神的深深烙印。

任何一家成功的企业都是用辛勤的汗水和无数失败的眼泪组成的，初创时期的艰难，任正非以及华为人永远铭记于心，他们认识到华为的发展壮大不可能仅仅依靠热血和直觉，而需要理性的思考与判断。《华为基本法》正是以过去为基础，以失败为反面教材，依靠全体华为人的智慧将反思总结成经验教训，指导华为沿着正确的道路不断向前。这也就难怪《人民日报》曾如此评价《华为基本法》，说它“是中国民营企业走出混沌，完成系统思考的标志”。

虽然《华为基本法》只是华为人对自己企业内部的一次深刻梳理和总结，是华为为寻求一般解决办法而进行的一次卓有成效的尝试，但正是这部在确定之初遭受很多人质疑的华为“宪法”如今却成为很多企业家、管理学家争相研究的对象。作为我国第一部真正意义上的全面总结企业战略、价值观，落实企业文化建设的纲领性文件，它对我国企业的文化建设起到了巨大的推动作用，将很多企业挂在墙上、装在文件档里的标语口号摔得稀碎，以执行和落地为核心的行为将会在相当长一段时间内成为其他企业重构企业文化、重塑管理组织、重调业务结构等的指导性思想。

未来的世界是一个信息爆炸的时代，“落后就要挨打”甚至会成为我们每天都要高喊的口号，一个企业要想在这样的环境下生存下来，就必须有清晰的方向和清醒的认识。在《华为基本法》的指导下，我们有理由对华为的未来充满信心。若你依旧带有质疑的话，那么就跟着我们的脚步去探究一下华为的所有秘密吧！在接下来的文章里，我们将会向你一一呈现！

2.华为内部是一个自由的王国

在马克思主义哲学的基本原理中，有“必然王国”和“自由王国”两个概念。所谓“必然王国”，指的就是人们对于客观事物及其社会规律没有形成真正的认识，在认识和实践过程中，不能自觉支配自己和外部世界的一种无能为力的社会状态，人的行为和活动受到盲目力量的支配和奴役。“必然王国”到“自由王国”的过渡，就是指在人类的发展过程中，逐渐摆脱这种盲目性的奴役和支配，认识和掌握了社会历史的必然性和规律性，自觉支配自己创造历史的这样一个状态，使自己成为自然界和社会的主人。

任正非曾说过：“什么叫自由，火车从北京到广州沿着轨道走，而不翻车，这就是自由。自由是相对必然而言的。自由是对客观的认识。人为地制定一些规则，进行引导、制约，使之运行合理就是自由。孔子说他人生的最高境界是‘从心所欲而不逾矩’，这就是自由。必然是对客观规律还没有完全认识，还不能驾驭和控制这些规律，主观还受到客观的支配。例如……我们的交换机软件如何发展与稳定……”

在企业发展过程中，想要扩大规模获得更多的商业利益，就要迎接无数次机遇与风险并存的挑战。创业初期，华为混乱的管理制度使得任正非对于华为内部开始了重新审视，提出了从“必然王国走向自由王国”的转型思想。

20世纪90年代初，解放军信息工程学院开发了一种当时还不为人知的大型数字程控交换机，准备大规模生产。当时国内很多家企业都想分一杯羹，但是又害怕风险太大，不敢随便投资。当时华为公司在全国只有30个销售中心和服务网点，在明知巨大风险的情况下，选择铤而走险，背水一战。

当时负责数字机开发任务的工程师和项目经理，每天都要针对各种技术问题进行讨论和研究，一些细微之处也要格外关注。后期的工作量逐渐增大，只好招兵买马。那时候真正有经验、有技术的人才很少，大部分都是刚从大学毕业的毛头小子，很多人甚至对于通信完全不了解。

按照原计划，第二年样机就可以问世了，但是每当工作人员刚刚布图布到一半的时候，就接到通知要求修改，气得技术部每个人都跳脚大叫。开会时讨论出的方案一次次被推翻，再反复研究、测试。

那时候，技术部每天都是连夜加班，工作到清晨，休息几小时以后，又赶紧起来工作，一刻也不敢停下来。第二年年中，数字机的样机终于问世了，但是性能非常不稳定。当时华为的万门机硬件设计也在同时进行，整个公司一团混乱，财务资金也非常紧张，公司每个人都背负着很大的压力，那个时候是华为最为难熬的阶段之一。

后来在公司员工的共同努力下，新样机的测试初步稳定，万门机也顺利组装，华为终于度过了最艰难的那段日子。到了第三年，公司逐渐迎来春天。

一个企业的规模越大，公司的运作就越重要。想到什么就做什么，错了就再重来，这样混沌的状态是不能引领一个企业走向更大的成功的。管理制度的不完善会给企业造成难以想象的影响和危害。任正非对于这一点很有先见之明，他在一切混乱慢慢平息之后，开始明白一个企业的核心价值和管理制度是非常重要的，于是花了两年的时间起草了《华为基本法》。在制定《基本法》的时候，任正非提出了这样一个指导思想："人类的历史，就是一个不断地从必然王国向自由王国发展的历史。这个历史永远不会完结……"因此，为了建立相对合理的管理机制，之后数年，他八易其稿，就是要将华为数十年的宝贵经验和泪水铸就的成功，在不断的建立和健全中，实现将企业从必然王国走向自由王国的目标。

为了完成从必然王国走向自由王国的转变，华为开始推行"无为而无不为"的管理理念，让员工能够摆脱对领导的依赖，为员工提供一个相对轻松和自由的工作环境，通过有效的管理构建一个平台，达到"无为而无不为"的境界，使管理体系"不控制也能达到目标"，明明什么都没做，公司的一切就自动发展前行了。

任正非表示："我相信这些无生命的管理，会随着我们一代又一代的人死去而更加丰富、完善。几千年以后，不是几十年，这些无生命的管理体系就会更加完善，同时又充满活力，这就是企业的生命。"因此，任正非开始重新梳理管理者与员工之间的关系，在多次的修改和决策之后，他决定进行一场全面的改革，鼓励员工适当摆脱身上的包袱和枷锁，给予他们更多的自主权利，让他们的工作富有弹性和活力。

这是华为管理制度最人性化的一部分。在任正非看来，打造一个自由王国的前提就是淡化公司的英雄色彩，特别是淡化管理者的个人色彩。脱离传统的管理制度，让管理者和员工都处在一个自由轻松的工作环境，加强自我管理、自我调节的能力，不再受权利和环境的约束，提高了员工的积极性，让员工化被动为主动。

任何企业的发展都遵从必然王国到自由王国之间的转变，只有不断地提升改进，才能让企业在历史的发展长河中屹立不倒。华为始终坚信员工是企业的第一生产力，一个自由的管理制度，对于一个企业的可持续发展是很重要的。

3.华为有一支善打硬仗的铁军

一个国家要想实现长治久安，最根本的一点是要有一支战无不胜、攻无不克的军队，而一个企业要想屹立不倒，无疑也要有这样一支善打硬仗的铁军。

任正非可谓“毛泽东思想”的坚定拥护者，并且巧妙地化用毛泽东的军事思想领导自己的公司，所以华为拥有着一支善打硬仗的铁军。华为打造自己铁军的方法主要有五招：

第一招：打造狼性文化。

狼是一种让人畏惧的动物，但是狼同时也是最为坚毅、最为野性的动物。军人出身的任正非，非常崇拜狼性，甚至把这一特性带入了职场中。华为作为一个巨大的集体，拥有16万余人的员工，其中85%以上的人员都是年轻而热血的名牌大学毕业生。因此，华为需要找到一种东西，把这样的一个高素质且——狼性精神。

任正非认为发展中的企业就像狼一样，企业要想扩张，就要向狼学习“狼性”。华为的“狼性”不是天生的。现代社会把员工的团队合作精神的问题留给了企业，企业只有解决好了才能获得生存、发展的机会。华为对狼性的执着是外人难以理解的。

"胜则举杯相庆，败则拼死相救"是华为狼性的体现。在华为，时时刻刻都存在着对狼性的训练，一向低调的华为时时刻刻把内部员工的神经绷紧。华为人具有强烈的忧患意识，而对未来的担忧就要求团队团结，不能丢失狼性。华为人认为只有这样，华为才能找到冬天的棉袄。

第二招：招聘。

最骁勇善战的军队也是从新兵训练出来的，所以华为同样也要招兵买马。华为招聘员工的方法主要有两种，一种是社会招聘，另外一种就是校园招聘。但是华为人更热衷于用校园招聘的方式进行人才选拔，因为白纸才是最好描画的，初出校园的新生最容易塑造。

每年的年尾，华为都会派出营销人员到全国高校举行校园推介会。华为的校园招聘极为专业，与普通企业招聘的简单快捷不同，要想进入华为，需要经过艰难的层层选拔，不是说几句漂亮话就可以的。

华为的校园招聘分为三步。第一步，笔试。不要以为华为收下了你的简历就是录用了你，在拿到学生的简历后，华为的招聘人员会从中挑选符合公司要求的人进行笔试。笔试主要测试的是专业知识和个人素质，目的是考查应聘者的价值观是否与华为相同，以及对基本专业知识的掌握程度。

笔试之后紧接着就是第二步，面试。经过笔试的选拔后，成绩过关的人员收到华为的面试通知单，面试的内容更为灵活，不仅仅涉及个人的专业知识，还会考验应聘者的应变能力、广阔的知识面与个人的情商、智商等。而面试的主要目的就是为了挑选出一批吃苦耐劳，心态积极，会为人处世，有理想有拼劲的员工加入团队。而且华为的面试不止一次，会有好多次，经过多次的面试反复确认符合公司理念和要求的人才。

如果你的面试也顺利通过了，别放松，下面还有测试在等着你。

通过面试的学生会受邀参与华为公司的考察和宴会。这是最后的一个测试，你在此过程中的表现才是决定你去留的最重要因素。同时也是华为对于应聘者的一个展示，华为希望应聘者可以更加深入地了解华为，而华为也希望自己可以表现得非常优秀，从而吸引那些优秀的学子加盟华为。

第三招：严苛的训练。

所有进入华为的新员工都要接受华为的魔鬼训练。对于新员工来说，华为的培训过程堪称一次浴火重生。华为有专门的培训基地和体系，实行军事化训练，改变新员工的精神面貌，培养新员工的纪律性、团结性、责任心以及迎难而上不怕吃苦的品质。华为的所有员工都要经过培训并合格后才可以上岗。

但是不要以为成为华为的正式员工就可以高枕无忧，华为流传着一句话："冷板凳要坐10年。"顾名思义，你在某一个职位至少要干满10年，想要升迁就要耐得住冷落。

而且对于所有正式上岗的新员工，华为都会把他们派到一些条件恶劣的艰苦地区去实践。任正非以为："大仗、恶仗、苦仗一定能出干部……要派到艰苦地区锻炼，在艰苦环境中成长，公司要在上甘岭培养和选拔干部。"

第四招：改革用人制度。

"国有国法，家有家规"，华为和军队一样拥有着严明的纪律。创业初期，华为根本没有任何人员管理方面的制度，但是随着公司队伍的不断扩大、业务的逐渐增加，营销区域也开始逐渐增多，华为面临着如何管理团队的大问题。

华为的考核制度非常严格，把绩效与去留挂钩，实行末位淘汰制。这一制度的完善严格保证了华为制度化用人战略的实施，为华为打造铁军提供了制度保障。

第五招：“打一棒子，再给一个枣子。”

虽然华为用人制度非常严苛，不留情面，但是华为对人员的激励也是大手笔。在华为，一个优秀的员工不仅仅可以获得物质上的奖励，还可以得到精神上的激励。

众所周知，华为是国内员工收入最高的公司。高薪制度可以使华为聚集更多的优秀人才，并且激励他们工作的积极性。华为的物质奖励不仅仅是工资这一项，还有股份、福利、医疗保障等等。而且最难能可贵的是，华为对员工分配的承诺是落到实处的，并不是空口无凭地在给员工画大饼。

除此之外，华为还实行精神上的奖励，各种荣誉奖、各种放权，公司甚至还成立了一个荣誉部，专门负责对员工的评奖。

这种物质和精神上的双重激励，保证了华为铁军的充沛活力，让他们在战场上充满了战斗力。

从招聘人才到训练人才到维护狼性，继而再到激励人才，是华为能够培养出一支有灵魂的、能征善战的铁军的秘方。虽然这个过程充满了挑战和艰辛，但是成功是没有捷径可走的，只有一步步地付出心血，才能塑造成功。

4.走得慢，才是最好的发展模式

我们常说要想跟上时代的脚步，就要快速发展，很多企业为了追求利润的最大化，紧跟对手的增长速度，始终保持高于行业平均增长的速度，但是这样的做法往往是加速了企业的灭亡。任正非曾说：“在管理上，我不是一个激进主义者，而是一个改良主义者，主张不断地管理进步，一小步地改进，一小步地进步。”

如今的生活中，一切都讲究高效率：吃的是快餐，喝的是速溶咖啡，坐的是高速列车。但是过快的速度和过大的压力会使人感到疲惫，反而失去了效率。

有很多创业的人，都言称自己明天要完成多少目标，要谈成多少单生意，要赢得多少利润，要占有多少市场。他们恨不得一个人掰成八瓣来用，恨不得一觉醒来公司就可以快速发展，驰名中外。

但是市场不是一蹴而就的，是要从第一个百分点开始慢慢增加的，客户也是需要一单一单地慢慢积累，利润更是一点点地慢慢提高的。放慢速度，慢慢雕琢，这是保证企业稳定可持续发展的前提，是企业能够良性发展的重要保障。

任正非曾经说过：“我们要的是成功，不是口号。有人说华为公司运行得平平静静，没什么新闻，是不是没戏了。我们说这叫‘静水潜流’。表面很平静的水流，下面的水可能很深、很急，倒是那些很浅的水在石头上流过去的时候才会泛起浪花。”在他看来，企业的发展不需要多快的速度，而是需要保持静水流深，一步一个脚印地慢慢来，走得慢才能更有效地完成目标。

法国诗人圣波尔·鲁思在什么事情都不做的时候就会在门上挂一块牌子，上面写着“工作中，请勿打扰”。他知道，只有把日常的忙碌抛之脑后，才能清理脑内的容量，才能让接下来的工作更有效率，更有创造力。科学家爱因斯坦也同样明白这个道理，所以，他每天都要保证自己能够享受到12个小时的睡眠。

这么多的伟人和科学家都不是一个时刻工作的人，他们习惯享受，而正是他们在忙碌的工作下适当地放慢了脚步，才没有让工作变得麻木和乏味。

在华为，一些经验丰富、资历久的老员工在对待工作的时候，如果不能立即想到办法，找到思路，那么他们在尝试几次之后就不会再继续纠结，而是将这个问题放到一边，去放松一下。因为如果一味地耗时在这个问题上，不仅自己的精力会被消耗，而且没有效率。

《华为基本法》第十五条：我们不单纯追求规模上的扩展，而是要使自己变得更加优秀。因此，高层领导必须长期警惕高速增长有可能给公司组织造成的脆弱和隐藏的缺点，必须对成长进行有效的管理。在促进公司迅速成为一个大规模企业的同时，必须以更大的管理努力，促使公司更加灵活，更为有效，始终保持造势与做实的协调发展。

在大部分人的印象中，华为公司是在近几年突然声名鹊起、声名大噪的，那是因为华为公司在发展的过程中，采取了群狼战术，快速实现了扩张。但是实际上华为的发展并不是一夜成名、快速爆发式的，而是通过一小步一小步地厚积薄发的，只不过在它发展的过程中，大部分人没有在意罢了。

华为首先是运用了毛泽东“农村包围城市”的军事策略，慢慢地向城市发展，等到华为在城市里站稳脚跟以后，才把目光瞄向了整个国内市场。紧接着又是几年的艰苦奋斗，等到华为在国内成为领头羊，市场占据了大部分的份额之后，华为才开始着手进军海外市场。

而且在进军海外市场的过程中，华为并不是处处撒网，齐头并进，而是先从俄罗斯开始，然后一步步转向非洲、欧美等国。华为的每一步，都是向目标逐渐递进，并没有求速地进行跳跃发展，走得非常稳健，缓慢而有力度。

我们不难发现，在过去的几年当中，有很多新兴的公司或产品迅速地出现，又迅速地消失。其中最为明显的就是一些小的科技公司和一些与网络业务相关的公司，这些公司的失败往往都是因为高估了企业发展的高度，只顾着速度，却忽略了根基，缺乏长远明智的思想。速度发展得太快，会让员工以及领导陷入一种飘飘然的状态中，做事欠缺自制力和耐心，决策的时候也不会充分考虑到目标实现的难易程度，常常会出现急功近利的情况，总是想着在短时间内就实现目标，因此发展情况并不乐观。

但是华为不同，华为公司通常会根据自身的状况来制订一个五年计划和十年计划，将目标细化，先设定一个小目标，这样能够更加直观地看待企业和个人的发展，并且从中预测出未来发展的趋势和规律。

同时小目标更容易实现，在一定程度上降低了所有员工的工作压力，放松的氛围更有利于员工的创造力，是非常合理的工作方法。而如果目标的跨度太大、时间过于紧迫，就会加大员工的压力，或者出现一些不可预知的影响因素，导致奋斗者失去信心和耐心。

华为人常常将公司的发展比作马拉松长跑，在长跑的过程中，有很多人因为一开始的不遗余力、全速前进而导致后劲不足，失掉成功的机会。如果能够将长跑的路途进行理性的细化，分成一段段的短途路程，然后一个一个慢慢去完成，那么每当跑步者通过一个标志时，会产生实现目标的一种成就感，这会带来更多的动力。正因为华为走得慢，走得稳，才会走到所有人的前面去。

俗话说得好，“慢工出细活”。好比木匠，如果一味贪图速度，那么做出来的产品必定是粗糙的。一个企业如果势头发展得太猛，不仅根基不稳，摇摇欲坠，而且会遭受到竞争对手的打压。

“九层之台，起于垒土；千里之行，始于足下。”虽说目标要放得长远，这样才能走得更远，但路终究需要一步一步踏踏实实地走，一口吃不成胖子。远大的目标需要小目标的过渡，慢慢走，才是发展的最好模式。

5.以奋斗者为本

什么是奋斗？这个词的含义是很丰富的。每个人活着都是有目标和欲望的，我们为了追求自己想要的生活，拼命地努力和付出，这个过程就叫作奋斗。生命不息，奋斗不止。

同样地，一个企业的成功必定离不开员工的艰苦奋斗。每个企业在时代变革中，都会涌现出无数的优秀人才。华为在创业至今的30多年里，从一个没有专业研发技术也没有强大客户关系网的民营企业，到现在成为中国通信设备产业的龙头老大，和他们的文化精神有着不可分割的密切联系，即坚持以客户为中心，以奋斗者为本。

华为曾在《人民日报》上刊登了这样一则广告：一只脚穿着芭蕾舞鞋光鲜亮丽，另一只脚却伤痕累累，触目惊心。华为为这个广告图配的广告语是“我们的人生，痛并快乐着”，并且在海外进行了投放，英文文案是“The journey is hard and joyful”。

众所周知，芭蕾舞是一门优雅高贵的艺术，令外人趋之若鹜。但是对于芭蕾舞者来说，背后的艰辛与痛苦是外人不能体会万分之一的。

任正非也曾在一次发言时说过：“我们除了比别人少喝咖啡、多干点儿活，其实我们不比别人有什么长处。就是因为我们起步太晚，我们成长的年限太短，积累的东西太少，我们得比别人多吃苦一点，所以我们这有一只是芭蕾脚，一只是很烂的脚，我觉得就是华为的人，痛并快乐着，华为就是那么一只烂脚，不给社会表现出来我们这只脚还挺好，我们的广告在全球大规模地做，刚刚开始启动，就来解释我们走向了社会，走向了这个东西……”

这就是华为和“芭蕾脚”的共同之处：都是以奋斗者为本、为核心灵魂。

《华为基本法》中重点提出：“资源是会枯竭的，唯有文化才会生生不息。一切工业产品都是人类智慧创造的。华为没有可以依存的自然资源，唯有在人的头脑中挖掘出大油田、大森林、大煤矿……精神是可以转化为物质的，物质文明有利于巩固精神文明。”大自然的资源终有一天是会枯竭的，只有企业的人力资源是取之不尽、用之不竭的源泉。

这些奋斗者就是华为的人力资源最核心的力量，是推动华为不断进步、不断壮大的主力军。因此，华为在这个群体投入了大量的精力和物质，来给予奋斗者们长期奋斗、努力创造价值的动力。“坚持以奋斗者为本，使奋斗者得到合理的报酬。”

华为所说的“奋斗者”是什么呢？任正非曾经明确提出：“任何为客户创造的微小活动，以及在劳动的准备中，为充实自己、提高自己所做出的努力，才叫奋斗，否则，再苦再累都称不上奋斗。”

华为认为，奋斗不是你要做什么，而是你为什么要做。奋斗不是你每天早出晚归，工作时间最长，最辛苦。而是你是否为公司的发展、客户的维系创造了价值，是否在努力的过程中提升了自己。“奋斗者”就是那些通过自身的努力和奋斗，提升自己，实现自我，为所在企业的发展壮大做出有效贡献的员工。一个企业的价值是由那些真正的“奋斗者”创造的。

任正非对于员工的价值与任用，又是如何划分的呢？2011年上半年，一次内部会议上，任正非将公司员工分为了以下三类：

第一类：普通劳动者

这类员工在工作中缺乏奋斗的动力，认为工作只是自己维持生计的一种手段，很难创造更多的价值。普通劳动者对于公司来说，起到了基石作用，给公司带来稳定，可以被适当地任用，根据公司的发展情况，华为会给予他们一些报酬作为鼓励。

第二类：一般奋斗者

这类员工在工作中有自己的奋斗目标，比较积极活跃，有自己的追求，能够尽职尽责。对于这类员工，只要他们在工作中创造的价值大于公司支出的成本，那么可以适当给他们安排岗位，升职加薪。

第三类：有成效的奋斗者

这类员工不仅能按时完成任务，还能创造额外的价值，为公司的发展做出了更大的贡献，带来很高的价值。

第三类则全心全意投入工作中去，不仅能够按时完成工作任务，还能有所发挥和创造，能够为企业的发展带来很大的价值。公司会根据他们的贡献与价值提供更好的职位、更多的报酬，甚至分配他们公司的股权。

坚持以奋斗者为本，给予奋斗者合理的报酬，是驱动员工奋斗的基本动机。奋斗者是公司的中流砥柱，公司的价值要靠奋斗者来创造。很多企业在发展过程中，常常停滞不前，发展缓慢，其实是因为在“按劳分配”的管理制度上没有做到位，那些对公司做出贡献的员工没有得到很好的待遇，不受重视。而那些碌碌无为、能力一般的人却享受着最好的待遇和福利。这就导致了企业战略上的失败，在新兴企业发展的过程中寸步难行逐渐被淘汰。

因此，任正非为了避免这种情况的出现，也为了能够创造更大的价值，获得更多的利益，坚持以奋斗者为本，实行“不让雷锋吃亏”的分配政策。在人才选拔上也向贡献者倾斜，以身作则，艰苦奋斗，确保奋斗者的贡献和报酬成正比。

华为的以奋斗者为本不光是基层劳动者，也包括管理者和投资者，他们都在奋斗，每个人都在承担着各自的风险和责任。任何功利性质的企业，都是围绕着商业利益展开的。华为在过去发展的20多年里，逐步完善管理制度和利益分配的平衡模式，终于摸出了一条道路，那就是坚持以奋斗者为本。这为企业未来的发展奠定了方向，指明了道路。

6.狼性精神永远不会过时

任正非曾说，狼有三大特性：一是敏锐的嗅觉；二是不屈不挠，奋不顾身的进攻精神；三是群体奋斗。企业要扩张，必须有这三要素。

众所周知，狼是一种凶猛的动物，它们有着敏锐的嗅觉和直觉，看见猎物就会奋不顾身地进攻捕猎，让人看一眼就害怕。华为自诩为狼，因为他们能够看到狼的优点，然后转换到企业的经营管理中去，坚持贯彻执行狼性精神。

企业在市场竞争中要具备极其敏锐的直觉，能够准确捕捉机会。就像狼在追捕猎物的时候一样，时刻关注猎物的行动，保持警惕，瞄准机会，快速进攻。华为就是这样一个把狼性精神发挥到极致的企业，他们对于市场的敏感度要远远超于其他企业，这不是因为他们具有特异功能，而是他们时刻关注市场发展，敢于做出判断，主动出击，一举拿下，逐步占领市场。因此在发现目标时，能够快速反应过来，在竞争对手之前拿下目标。

发现猎物的时候，狼会奋不顾身，主动攻击，不给猎物丝毫反抗的机会。华为也始终坚信这一点。他们发现目标之后绝不会主动放弃，而是不屈不挠地紧追其后，只要有一丝机会就绝不罢手。

创业初期，华为的一位主管带领着华为人在公司的安排下，到俄罗斯开拓市场。当时的华为正处于扩展阶段，对于很多陌生的市场都毫不了解，但是这些困难在华为这群“狼”面前算不上什么。

因此，在主管带领群狼来到莫斯科时，所有员工都充满信心，干劲十足，因为他们坚信，只要跑遍俄罗斯的每一个角落，就一定会有收获。然而真正打入市场之后，他们遇到了前所未有的困难，到了俄罗斯已经几个月了，但是他们却只签订了一笔订单，这笔订单甚至小到可以忽略。

当时正是经济危机爆发的时候，国外的很多企业都面临倒闭的危险，作为华为的“狼群”一时间不知道该何去何从，但是想到身为“狼”就要有不屈不挠的精神，他们没有放弃任务，依旧坚守在俄罗斯，向市场宣告：华为永远都在。

两年的时间没有任何收获，但是主管在这两年时间内大量招聘人才，储备人才，组建完善的营销团队，拜访客户，培养客户群，终于在经济危机过后，“狼群”迎来了大丰收。

寻找猎物的时候，即使有再大的困难也绝不轻易放弃，发现目标之后，更要时刻警惕，把握时机，主动进攻，不放过任何机会。这是狼的精神，也是华为的精神。

狼不仅有着敏锐的嗅觉和百折不挠的奋斗精神，更重要的是，狼具有群体战斗精神和为群体牺牲的精神。在捕杀猎物的时候，狼也会单打独斗，但是在面对比自己强悍或者体形庞大的猎物时，狼会选择群体攻击，前后包抄，多路围击，不管猎物有多厉害、体形多大，都难逃狼群的攻击。

狼群面对强大的猎物时，即便采取群体攻击也难保狼群毫发无损，但是在围击猎物的时候，任何一只狼都不会在战斗中丢下同伴逃掉，即使是牺牲自己也要帮助同伴捕杀猎物。

企业也是一样，无论面临多大的打击和困难，只要大家团结起来，共同奋斗，一定会解决难题，迎接成功。在这个过程中，任何人都不会丢下同伴，自寻出路，而是共同面对，奋力拼搏。这不仅仅是狼的精神，也是企业要宣扬的精神。

任正非在《致新员工书》一文中强调："华为的企业文化是建立在国家优良传统文化基础上的企业文化，这个企业文化黏合全体员工团结合作，走群体奋斗的道路。有了这个平台，你的聪明才智方能很好发挥，并有所成就。没有责任心、不善于合作、不能群体奋斗的人，等于丧失了在华为进步的机会。"

群体精神不只是共同面对，同甘共苦，还代表了协同合作，互利互助。即使是狼，在母狼刚生下小狼崽，失去战斗力的时候，成年的狼也会自觉为母狼和小狼崽捕捉食物，它们不会因为同伴的虚弱就把同伴丢弃，相反它们会加倍照顾同伴，一起生存下去。

狼群的这种群体精神正是企业团队合作的典范，无论什么时候、面临什么样的困难，大家共同前进，相互帮助，不担心任何一个同伴拖后腿，而是共同扶持，相互鼓励，大家一起奋斗，一起成长，共同走向成功。狼群的这种群体精神是华为人一直坚持贯彻的奋斗精神，也是国内很多企业缺乏的精神。

任正非不止一次强调说："一个人不管他多聪明，一生中也只能发出几次智慧的光芒，所有人的光芒聚集起来，华为的未来就很光明。"可见群体精神给企业带来的好处。没有最完美的人，只有最完美的团队，企业的效益好坏，取决于企业团队的好坏。华为人正是凭借这种群体精神，无论是执行项目还是开拓市场，都能够闯出一片天地。

企业发展就是需要发展一批"狼"。我们应该学习华为，学习狼的精神，取其精华，去其糟粕。在激烈的市场竞争中拼杀、搏斗，将狼性精神贯彻执行在每一次任务中，不屈不挠，奋勇向前。华为的狼性精神带给企业越来越多的帮助，使华为不断成长强大，成为中国通信领域的领头羊，闻名遐迩，但是华为不会止步于此，他们会更加执着地努力向前发展，追求更大的成功，战胜更强的敌人，狼性精神在华为会一直延续下去，不会停止。

华为成功的秘密是什么？外媒称是企业文化

国内众多企业林立，但是在历史发展的长河中，很多企业都在市场的激烈斗争中或轰轰烈烈，或悄无声息，最后都被时代淹没。但是华为是个例外。无论面对多么艰难的困境，遇到多么大的阻碍，华为总是能够在低潮中顽强度过，开辟一条通往成功的道路。

2005年，华为海外市场收入第一次超过国内市场收入，也是中国内地企业中唯一一家海外收入超过国内收入的公司。2012年，华为的销售收入和利润打败爱立信，成为全球电信行业的领头军。华为早已步入全球500强公司，并且一直在以销售利润持续增长的状态走在通信时代的前沿。

任正非曾在当年立下豪言壮语："10年之后，世界通信行业三分天下，华为将占一分。"不管当时有多少人质疑不屑，但是在今天，华为做到了，它的梦想已然实现。

很多人会问，华为成功的秘密到底是什么？其实成功的因素有很多，通过华为总裁任正非的多次演讲和谈话，我们可以了解到，华为成功的秘诀源自华为的企业文化价值观。

任正非在《致新员工书》中写道："华为的企业文化是建立在国家优良传统文化基础上的企业文化，这个企业文化黏合全体员工团结合作，走群体奋斗的道路。有了这个平台，你的聪明才智方能很好地发挥，并有所成就。没有责任心、不善于合作、不能群体奋斗的人等于丧失了在华为进步的机会。”可见华为对于企业文化是非常重视的，并且规范员工必须按照企业文化的指导方针路线发展。

任正非曾说过，华为的根本目标就是活下去，市场没有耐心和时间等待企业的成长，它会在落后的时候狠狠将你打下去，因此为了活下去，华为在20多年的经营发展中时刻保持警惕，一丝一毫也不敢松懈，任何行差踏错都可能给华为带来巨大的损失，这就是华为的危机文化。

在竞争激烈的互联网通信时代，想要企业一直活下去，不要被淘汰是华为一直坚持的重要目标，生存是企业发展的本质。任正非曾不止一次警示华为人：“有些人认为华为已经那么大规模了，在很多领域也有了相当的实力，‘活下去’不再是一个问题了；还有人认为，可以暂时松口气，不需要艰苦奋斗了……事实上，活下去，仍然是华为唯一的追求，我们不能有片刻的放松。”

华为在外人看来确实是成功的，但是华为人认为，成功是没有止境的，也不是持续不变的，暴风雨会在你毫无准备的情况下来临。如果不能时刻保持危机意识，那么在企业面临困境的时候就会手忙脚乱，甚至可能再无翻身之力。因此华为强调员工要时刻保持危机意识，才能在暴风雨来临的时候斗志昂扬地与之战斗。

满足客户的需求是华为企业文化的中心理念。华为强调“以客户为中心”的文化理念，时刻将客户放在首位，任何与客户打交道的岗位都是客户说了算。“为客户服务是华为存在的唯一理由”，为了强化这种核心价值观，让员工能够聚焦客户，服务客户，以客户需求为导向，华为专门设置了“最有价值需求奖”，从而在公司内部形成“以客户为中心”的良好文化氛围。

任正非在《天道酬勤》一文中写道：“愚公每天挖着山，还带着他的儿子、孙子不停地挖，终于感动了上帝，把挡在愚公家前的两座山搬走了……是我们始终如一对待客户的虔诚和忘我精神，终于感动了‘上帝’，感动了我们的客户！无论是国内还是国外，客户让我们有了今天的一些市场，我们永远不要忘本，永远要以宗教般的虔诚对待我们的客户，这正是我们奋斗文化中的重要组成部分。”

华为创业初期，在人员匮乏的艰苦条件下，常常一个项目团队只有几个人，他们每天秉持着艰苦奋斗、废寝忘食的精神，经常加班到深夜地努力工作，夜以继日地钻研技术，无论是领导还是员工，都是醒了就工作，实在坚持不住了就休息一会儿。

那会儿条件艰苦，几张床依次排开，不够的话就用泡沫板代替。当时创业初期，华为几乎每个研发人员都有这样一张床垫，平时不用的时候就收在办公桌底下，一旦遇到任务，需要研发新产品，就自动加班到深夜，困了就在床垫上休息一下，有的时候忙起来，甚至几个月都不能回家一趟。

对于那些研发人员来说，床垫就相当于他们半个家，支撑他们从创业的艰辛时期一步一步熬到现在。这就是华为最为著名的“床垫文化”。每每有老员工谈起当年的艰难和辛苦，都会引起旁人的感慨。

华为一位员工曾说：“过去，垫子是努力工作的象征，这一理念今天已经演变为将每项工作都做到极致的奋斗精神。”“床垫文化”并不仅仅是华为人艰苦奋斗的工作态度，更是华为的一种精神象征，正是这种流传下来的文化精神激励着每一代华为人艰苦奋斗、自强不息的工作态度和对企业的奉献精神。

“资源是会枯竭的，唯有文化才会生生不息。一切工业成品都是人类智慧创造的。华为没有可以依靠的自然资源，唯有在人的头脑中挖掘出大油田、大森林、大煤矿……”

我们无法断定华为的企业文化到底正不正确，适合不适合企业的持续发展，但是华为的成功是有目共睹的，华为的企业文化在其中同样扮演着重要角色。

第二章

华为团队管理：每位员工都是一支队伍

人一生下来，就在向社会索取。懂事以后，抱怨父母没有给自己很多的钱；到学校上学，没有好的成绩，抱怨老师没有把他教导好；工作以后，没有别人的福利好，待遇好，抱怨公司没有给自己提供高额的薪水。这一切都是因为“人”的私欲在作怪。

1.勇于担当，追求精益求精

勇于承担、精益求精不仅是一种工作态度，也是一种人生态度。我们在工作中常常会看到有的员工工作不认真、随便敷衍，出现问题之后，又不敢承担责任，互相推诿，谁也不愿意承认是自己的过失，这样的现象比比皆是。

为什么人在犯错误的时候，总是会找一些借口来推脱责任呢？华为公司一位CFO曾经分析过这样的现象：因为人人都有私心，不愿意奉献。事实也是如此，找一个借口来推脱责任比承担责任的风险要小得多。员工总是觉得，只要不承认是自己的责任，那么老板就不会炒我鱿鱼。真的是这样吗？一个人如果总是找借口逃避责任，那么他就永远不会有大作为，也不可能成为企业的骨干、精英，更不可能在事业上有更大的成功。

爱默生说过："责任具有至高无上的价值，它是一种伟大的品格，在所有价值中它处于最高的位置。"任正非也是这样认为的，他曾表示："一个员工的能力和绩效的评判标准，是从他的责任心来衡量的。"能力高的人才很重要，但是关键还在于这个人是否有勇于担当的责任心。华为的干部选拔一个重要的依据就是是否具有责任心、在错误面前是否敢于承担。好的干部，他首先要有良好的素质，而工作中的良好素质就体现在这个员工是否有敢于承担的责任。

华为员工的勇于担当体现在很多小事细节上面，最明显的体现就是在迟到这件小事上。迟到了他们从来不会说“路上堵车了”或者“我生病了”等，因为他们知道，错了就是错了，迟到就是迟到，任何理由都是借口，是为了掩盖自己的错误。虽然迟到只是一件小事，但是勇于担当的这种精神很高大。

华为员工很少会请假，因为他们知道，每个岗位之间都是环环相扣、缺一不可的，请假就意味着公司要临时调派其他人来完成你的工作。为了尽职尽责，不只是对公司的负责，也是对自己的负责。

很多公司的新人，经常会犯一个小错误，就是在违反了公司的规章制度以后，总是喜欢找借口，比如“我不知道”“我没注意”来逃避责任为自己开脱。最明显的就是迟到，很多员工可能工作起来很努力、很认真，但是总是喜欢犯一些这样那样的小错误，并且经常找借口，还屡教不改。一个真正纪律严明的公司，是不会容忍这样的小错误的，这些小事看起来好像没有给公司造成太大的影响，但是却会破坏员工在老板心中的形象，也会让员工养成逃避责任的不好习惯。

为了让员工能够养成良好的职业习惯，华为有一套独有的管理制度。员工在进入华为公司之后，首先要熟记员工守则，遵纪守法。华为的管理风格具有浓厚的军人管理气息，一开始员工都会感觉到束缚，不习惯，但是时间长了之后，就会高度自觉，严于律己。

任正非曾经去过很多国家，到过很多不同国家的企业去考察，他发现华为的员工相比德国等一些国家的企业员工来看，缺少扎实的基本素质和精益求精的职业精神，因此建立了一系列的员工培训制度，培养员工精益求精、脚踏实地的职业精神。

在这之后华为的员工也会出错，但是相比其他公司的员工来说，概率要低得多，那是因为华为人在工作的时候有着精益求精的职业精神。人都会犯错，犯错最根本的原因就是工作时不认真，敷衍了事。要想避免犯错，就要在工作的时候养成认真细心、精益求精的好习惯。

华为的计划员不仅要熟悉产品结构，还要熟悉产品的生产原料。每天背很多枯燥乏味的原料清单，为了熟练掌握原材料的信息，要对原材料的信息熟记于心，遇到不懂的情况就四处求教，搜查资料。因为计划员的工作与公司的成本是密切相关的，所以他们必须对数据严格把关，做到精益求精，每下一条采购信息都要经过多次决策才会敲定，然后再派发给采购部门。当采购部门接到采购计划之后，会立即成立采购小组。

在很多人的印象中，采购是一件非常简单的事情，只需要按照要求操作执行就好，没有太高的要求。但是华为的采购小组对于工作同样有着更高的要求，认真执行，确保万无一失。

采购部门一般是最后一个环节，商品周期是有一定时限的，为了缩短产品周期，需要各部门之间密切配合，采购部门也不再按照以前的方式从产品成熟期开始管理，而是在产品诞生时抓起。这种改变对于计划员来说是受益颇深的，因为他们不再害怕产品的更改，版本切换时造成的损失也逐渐降低。

正是因为华为的各个部门能够认真负责，细心谨慎，才能让公司的运行更加顺畅，为公司带来更多的利益，这就是华为人精益求精的职业精神，值得很多员工甚至管理者学习。

工作上精益求精，尽职尽责，才能缔造更完美的成功。在华为，工作上精益求精，态度上勇于担当，都是华为人一直遵守的职业精神和操守。一个人无论他身处什么职位，都应该认真负责，勇于担当，才能在企业中更好地生存，责任心决定了他的职位高低。不管工作多么琐碎简单，枯燥乏味，都不能敷衍了事，疏忽大意，一个人对待工作的态度决定了他能够取得多大的成就。

一件小事，做错了，能够敢于承认，负责，因为责任无大小，错了就是错了，再小的责任也是责任，连小事都不敢承认的人，是不可能有大成就的。一件小事，做细，做精，因为事无大小，小事同样要认真对待，精益求精，因为再小的事做好了也能带来大成功，这就是华为人的敬业精神。

2.敬业为魂，爱业为骨

“三百六十行，行行出状元”，工作本身是没有贵贱之分的，每一个职业都是值得被尊重的。很多时候，人们会觉得自己的工作不够体面，觉得自己应该担任更高的职位，职位越高才能突显自己的才能，于是对自己的工作开始心存不满，做起事情来也没有了兴趣，每天都感到烦闷、压抑，工作自然不会做好，也就不会升职。

一个企业只有管理者或者只有普通员工都是不行的，企业的正常运行需要一个完整的劳动体系，上到领导，下到基层员工，每个岗位的职责大小各不相同，但是在企业中却同样重要，任何人对于自己的职业都不应该妄自菲薄。

如果自己从心底里就看不起自己的职业，不尊重自己的职业，那么他又怎么会全心全意地为了事业奉献自己呢？当你开始轻视自己的工作的时候，工作中的敷衍、拖延，将会给你的人生造成想象不到的遗憾。因此想要别人尊重你，首先要学会尊重自己的工作，别人才会尊重你和你的职业。尊重自己的工作就是尊重自己。

在华为，所谓敬业就是尊重自己的职业。当你学会尊敬、尊崇自己的职业，对自己的职业有一种敬畏心理的时候，你就具有了敬业精神。敬业，让华为员工在工作中有了使命感和神圣感，将职业作为自己的信仰。当你的职业成了你的信仰之后，你才会用心地去对待每一项工作，才能在工作的时候更有动力。一个人只有具有敬业精神，他才会成功。为了能够提高员工的敬业精神，任正非提出了一系列的员工培训系统、员工管理系统等等，使他们在任何时候都能够坚守岗位牢记自己的职责，认真工作，取得更大的成功。

当员工将全部的心力和精力投入到工作中，才能在工作中如鱼得水，积累更多的经验，获得更大的成功，才能在工作中找到乐趣，实现自己的价值。

在华为，每个人对于自己的工作都非常尊重。所谓“干一行，爱一行”，只有从心里真正地接受自己的工作、热爱自己的工作，才能发挥自己最大的才能，更快地获得成功。任正非曾说过：“劳动不仅改变了人们的生活，增进了人们的沟通，而且也一天天地充实着我们自己，充实着我们家人的生活，也在一年一年地改变我们自己的生活。我们在分享劳动果实的同时，又增加了对未来的憧憬，这些在慢慢地加深着我们对劳动本身的体悟和认识。热爱劳动不仅仅是一种美德，更能让我们在劳动的时候品尝到一种愉悦甚至幸福。”可见，热爱自己的职业，能让我们在工作中获得一种荣誉感和成就感。

华为的一位欧洲片区负责人，常年在海外工作，每天的任务都很繁重，而且海外的市场拓展起来非常困难，其中的艰辛与心酸外人不足以体会万分之一。

这位负责人曾表示，一开始要耗费大量的时间来研究中西方的文化差异问题，详细了解欧洲人的生活习惯，解读他们不同于中国的思维方式，来制订如何和他们打交道，快速地融入他们的生活圈子的计划。对于国外的一些商业模式要吃透、钻透，才能更好地向他们展示华为的产品，突出华为的优点。对于国内的客户开发小组来说，如何和客户建立更好的合作关系，都需要投入很大的心血，何况是在欧洲的西方国家，他们与我们的生活习惯、为人处世，一点也不一样。

但是就是这样在外人看来很辛苦的工作，这位后来成为欧洲片区副总裁的人却一点也不觉得辛苦，相反，他觉得在奋斗中体会到了快乐之处。随着公司规模的扩大，海外机构的运作系统得到完善，引入了更全面的客户管理体系，为很多海外从事工作的华为员工提供了更大、更好的平台。这位副总曾经描述他的工作时，说过这样的话："通过不断地积累经验，不断地自我反思和批评，以及团队的共同努力，提升了整个欧洲的客户关系，超额实现了目标……工作是幸福的！奋斗是快乐的！"

正是因为有了这种热爱工作的态度，才能在艰苦的环境下，通过努力奋斗，实现和欧洲运营商之间的合作，才能在各种各样的困难面前，屹立不倒。这种永不言败、热爱事业的精神激励着华为的每一位员工，让他们成了华为不可或缺的一分子。

激情是员工奋斗的前提。如果工作失去了激情，没有了动力，那么员工在工作的时候就不能全身心地投入，无法完成任务，解决不了难题。工作对他来说，就变成了一种负担、一种累赘，他也就体会不到工作中的乐趣了，工作上就会停滞不前，不思进取。因此，激情是一个人工作的动力，只有在工作中充满激情，才能一直保持精力充沛的状态，才能在工作上有所成就。

任正非曾说过："一代一代的华为人，他们是敬业的，又是乐观向上的。"华为人热爱工作，热爱同事，热爱公司。在华为，敬业为魂，爱业为骨，是激励华为人不断努力奋斗的源泉，使他们在面对困难和阻碍的时候毫不胆怯，敢于克服。华为人热爱自己的职业，尊重自己的职业，不只是将工作当成谋求生计的手段，被动地执行任务，而是心怀理想，尽职尽责，在工作中寻找乐趣。这样工作起来就有了激情，有了动力，效率就会提高，才能不断在工作中进步，取得更大的成绩。

只有养成敬业爱业的习惯，才能把工作当成自己的使命和信仰，像热爱自己的生命一样热爱工作，尽心尽力。

3.成功没有捷径，唯有天道酬勤

一分耕耘一分收获，任何成功都是辛勤的劳动换来的，上天是公平的，不会无缘无故地让一个人侥幸取得成功。付出得越多，得到的报酬就越丰厚。只有辛勤劳动，艰苦奋斗，才会得到丰厚的回报。

华为创业初期的很多元老级员工都获得了华为内部的股权分配权，引起了外界很多揣测，对此任正非曾解释道："公司创业之初，没有任何的资金，是创业者们把自己的工资、奖金投放到公司，甚至很多员工都住在简陋的出租房，就是为了能够支撑公司的生产和发展。如果不是他们当时的艰苦奋斗，华为不可能生存下来，也不可能取得今天这样的成就，他们用自己的汗水和泪水，将自己的时间和精力都奉献到工作中来，应该得到应有的回报。"

成功没有任何的捷径，只有勤奋这条路可走。无论是对于个人，还是对于企业来说，想要成功就离不开辛勤耕耘。勤奋是成功的根本，也是唯一的秘诀。因此华为人一直秉持着天道酬勤的信念。

创业初期，华为的人力、财力都还很稀缺，那时候没有任何资源，条件也非常艰苦。可以说，在那个时候，很多华为人都不知道未来在哪儿，明天会不会更好。但是他们仍然选择坚持不放弃。当时有一个项目小组只有5个成员，为了交换机的研发，整整在外地奋战了一年。在那个年代，人们对于交换机也没有太多的概念，整个项目组的成员对于交换机的了解也是知之甚少，只能依据别人的机器慢慢摸索，用来研发的实验机又很差，不是缺少这个模块，就是缺少那个配件，项目组的成员只能到大街上寻找老外，每看到一个老外都觉得看到了希望，然后操着一口不流利的英语去向老外们请教，再回到实验室进行产品的调试和检验，一遍又一遍地研究对于他们来说同样陌生的机器。常常加班到深夜，有时候忙起来通宵工作也是很常见的事，实在困得不行就去实验室旁边的房间睡一会儿，再爬起来继续工作。甚至在过年的时候，都没有一个人回家和亲人团聚，对于他们来说没有节假日、没有周末，只能夜以继日地钻研技术，测试、开发、检验产品的性能。因为他们知道，这个机会对于华为和华为的每一位员工都是非常重要的。任何人都想珍惜这次机会，不愿意轻易放弃。

那段时间很苦、很累，没有任何人可以依靠，也没有任何人可以给予自己支持，勤勤恳恳，埋头苦干，累了就休息一会儿，然后再打起精神埋头苦干，互相打气。

功夫不负有心人，他们也没有辜负客户对他们的信任，在技术人员的配合下，交换机的对接测试完美通过，成功取得客户的认可，建立合作关系。这一切都缘于项目小组的勤奋努力，没有他们的勤奋，项目就不会成功。

业精于勤荒于嬉，勤奋很重要，当然也要注重方法，一定要脚踏实地，约束自我。任何一件事不踏实地去做，花费再多的时间、再多的精力也是没有用的，投机取巧只会带给你一时的成功。华为一直强调的就是艰苦奋斗约束自我，脚踏实地勤耕不辍。

任正非曾说过：“历史和现实都表明，一个没有艰苦奋斗精神支撑的民族，是难以自立的；一个没有艰苦奋斗精神支撑的国家，是难以发展进步的；一个没有艰苦奋斗精神支撑的政党，是难以兴旺发达的。同样，一个没有艰苦奋斗精神支撑的企业，也是难以长久生存的。我们现在很多干部、员工，沾染了‘娇骄’二字，开始放松了自我要求，怕苦怕累，这些现象必须防微杜渐……我们要更多地寻找那些志同道合、愿意与我们一起艰苦奋斗的员工加入我们的队伍。我们要唤醒更多的干部、员工认识到艰苦奋斗的重要意义，以艰苦奋斗为荣。”华为人一定要有艰苦奋斗的工作作风、坚定不移的信念，踏踏实实，不骄不躁。

华为产品线的一位副总在第三届新员工大会上，分享了自己在华为这么多年学到的经验，他这样说：“我刚进华为的时候，做的是CDMA WLL的终端，当时公司还是创业初期，系统是最重要的部分，终端只是系统的配套设备。有一次系统需要100部终端做容量测试，生产线觉得数量太少，不愿意加工，但是做系统的人需要起码20个终端先做测试。那怎么办？时间这么紧，生产线再做已经来不及了。于是我和当时另外一个同事带着焊工，我们从早焊到晚，中途连休息都不敢，一直盯着电路板，通宵达旦，终于在一个星期将20个终端给焊出来了。系统测试通过以后，我从实验室出来的时候，都感觉有点恶心头晕，头重脚轻。但也是因为这次高强度的训练，让我练就了一身高超的焊接技术。”

工作中，常常会遇到很多的困难和阻碍，华为人告诉自己，不要抱怨，不要放弃，要学会忍耐、克制，因为华为让他们相信，只要付出了努力，成功一定会来临。艰苦奋斗，天道酬勤。

无论在工作中面对多大的困难，都要坚持到底，艰苦奋斗，不畏惧、不退缩，辛勤的劳动总会成功。机会就像时间一样是平等的，有的人能够抓住机会，取得成功，而有的人只能错过机会，与贫穷为伍。不要幻想着天上会掉馅饼，即使是掉下来，也是先掉在早有准备的那些人手上。勤奋，就是为了迎接成功而做的准备。

4.不找任何借口地去执行

一个企业能够长盛不衰，是因为员工对于这些公司的制度和模式能够坚持贯彻，认真执行。一旦进入企业工作，每个员工都应该规范自己的言行，对上级领导的指示和公司的规则认真执行，全面服从。华为的成功在于员工对于企业完善的管理制度和经营模式能够做到贯彻到底，认真执行。

企业的制度制定得再完善、再规范，员工没有很好地去执行也是没有作用的，形同废纸。执行力是推动员工工作的前提，每一位华为人在工作中都谨记完美执行，决不放弃。

华为的一个项目小组在执行任务的时候，曾经面临了一次困境。在玻利维亚的时候，需要建设基站，有一个基站要建在玻利维亚热带雨林区的山顶，并且客户给的期限非常短暂，要求在3天之内建成。

华为当时这个项目的同事们在负责人的带领下，跟着承运商将货物运到山脚下的时候，才发现通往山上的小路是一条仅能容两人通过的羊肠小道，货车根本无法上去，这么多的货，也不知道怎样才能运上去。

按照合约，客户要求在3天之内完工，但是这条路这么窄，货车又上不去，如何才能在3天之内完工给客户一个满意的答复呢？不管怎么说，当时的项目小组只有一个念头，就是执行！无论客户有没有宽限几天的时间，总归不可能临时建一条小路来通往山上，只能自己想办法去做。

当时的承运商建议用直升机将货物运上去，又快又安全。但是至少需要8000美元，费用太高，显然是不可行的。项目小组的负责人只能再想其他的办法，毕竟合约已经签了，如果毁约，损失一大笔费用不说，对于公司的形象也会有影响。事已至此，唯一的办法就是按照合约执行，不行也得行，办法都是人想出来的，一定会有解决的方法。

在考察了一番周围环境之后，负责人决定：用人力搬上去！这个想法提出之后，大家都觉得不可思议，毕竟当时由于海拔高的原因，很多人都产生了高原反应，仅仅是站着都感到头晕、气短、胸闷、乏力等不良反应，何况是背着这么重的设备上山，这简直就是不可能完成的任务。

但是再不可能的事，没有真正做过谁都不知道会不会成功。于是项目小组雇用了当地的一些居民和他们一起搬运设备。早上六点多就开始搬，一路轮流换人，直到晚上九点多钟才把设备从两千米的山下运到山上，大家都累得瘫在地上爬不起来，腰酸背痛。

设备运到山上之后，安装就很方便了，在负责人的领导下，各个成员之间相互配合，终于在3天之内建好了基站，客户非常满意，而且费用才7000多元人民币。

世界上没有任何一件事情是不需要费力就能完成的，当面对困难，没有任何回旋的余地，只能迎难而上、不得不去做的时候，百分之百都会成功。作为一个执行者，再艰巨的任务只要有坚决完成目标的决心、有克服一切困难的信心，就一定能排除万难，取得成功。

华为每一位员工在领导安排工作的时候，都有可能被派到非常艰苦的工作环境下去执行任务，可能刚去的时候，连语言都不精通。但是每个人都选择毫无怨言地去执行。人生处处是挑战，不能在该奋斗的年纪选择安逸。如果眼下的困难逃避过去了，那么还有其他的困难在前方等着你。

如果遇到困难，我们下意识地想，怎么办？太难了，根本做不到。

越是这样想越觉得难，也就不会想尽办法去执行了。所以很多人在面对困难的时候，首先不是想如何去解决困难，而是先找借口推托，结果错过解决问题的最佳时机。失败者才会给自己的行为找借口，成功者只会去寻找解决问题的方法。

华为人就是没有办法创造办法也要做。对于任务，只有执行，没有借口。只要下定决心去做一件事，总会想到办法的。当真正开始去做的时候，就会发现，很多难题都会迎刃而解，才会发现，原来自己还有这么大的潜力。

华为产品线研发岗位的一位负责人，曾经在一家国企项目管理岗位工作，后来离开了原来的公司，来到华为。一次和朋友闲聊的时候，别人问起他，怎样才能成功的时候，他说过这样一段话："任何事情，目标并不是最重要的部分，执行的过程和质量才是最重要的。"华为人不仅要服从命令，还要不折不扣地执行，只有完美执行、不找任何借口的员工才能得到赏识和提拔。每一位华为人都清楚地意识到，自己在企业中扮演的角色就是要服从，在领导的命令面前，没有任何借口，唯一能做的就是坚定不移地执行领导的命令，并且执行到位，这样才能保证团队的协调性，使任务圆满完成。

任正非有一套很著名的管理体系：僵化—优化—固化。意思就是，前5年，不允许任何人进行创新和改造，说什么就做什么，即使方法不合理，也要执行。5年后，系统熟悉了，允许进行局部的改动，至于结构性的改动则要等到10年以后。

服从命令听指挥不只是一种工作态度，也反映了一个人的集体主义精神。企业最不需要的就是个人英雄主义。只要在公司工作，就要配合公司的制度，完成使命，对于公司的指示和制度要做到口服心更服，不可阳奉阴违，消极对待。

5.学会自我管理，持续不断地为自己充电

工作时，经常会碰到这样的情况，身边一些同事总是从早到晚怨天尤人地抱怨，不管是在上班的路上还是下班的电梯间，甚至是中午休息吃饭时，始终在抱怨着，无时无刻不在传播负能量。

很多员工遇到问题的时候，首先想的不是解决问题，而是先发一通脾气，这是现在大多数员工的通病，遇见问题不从问题的根本出发，寻找自己的不足，而是首先抱怨一番。我们肯定听过很多这样的抱怨，“为什么我每天工作这么累，薪水还是这么少？”“怎么又要重新做一遍，已经做了很多遍了”“我这么能干，公司竟然不提拔我”等等，要么抱怨老天不公，没有给他一个优越的身家背景，要么抱怨领导慧眼不识珠，自己这匹千里马被埋没了。

华为终端公司的一位财务经理曾经说过这样一段话：“人一生下来，就在向社会索取。懂事以后，抱怨父母没有给自己很多的钱；到学校上学，没有好的成绩，抱怨老师没有把他教导好；工作以后，没有别人的福利好、待遇好，抱怨公司没有给自己提供高额的薪水，这一切都是因为‘人’的私欲在作怪。”

抱怨是一种负面情绪，好的情绪可以感染别人，坏的情绪更容易传染别人，负面情绪不仅影响自己的工作效率，还会给身边的人带来负能

量。沃顿商学院管理专业教授西格尔·巴萨德说“我们要对付的是情绪传染病”。

在华为，当抱怨的情绪来临时，员工会自我管理，控制情绪，多传播一些正能量，主动寻找问题的根源，解决问题，绝不怨天尤人。负面情绪的造成因素往往是自身的努力达不到自己的预期或者领导的期望。任正非也曾说过：“我们的管理者，特别是大批年轻的基层管理者，要努力提升自身的管理能力，加强学习，积累管理经验。”

现实中确实有很多不如意，工作也是，再好的工作也会有让人想辞职的念头。有的人可能以为抱怨只是一种情绪发泄，压力太大或者烦心事太多，适当的发泄有助于平衡情绪，但是抱怨是会上瘾的，当抱怨成为一种习惯的时候，就失去了前进的动力。

抱怨是失败者逃避责任的借口，荀子曾曰：“怨人者穷，怨天者无志。”命运的主动权是掌握在自己的手里的，选择自己想要的生活，并为之努力，不怨天尤人。很多时候，抱怨是因为自己的能力还不够。抱怨自己工作时间长，每天都要加班，是不是因为自己白天工作的时候，没有认真专心工作，导致自己效率低；抱怨自己工资低，是不是自己平时工作的时候没有别人努力辛苦，绩效没有别人的高；抱怨自己辛辛苦苦完成了领导布置的任务，结果刚交上去就发现了一个小问题，是不是自己在做的时候可能有些疏漏，没有仔细检查。

华为员工的自我管理就是在工作方式和生活习惯上，能够有计划、有目标地去执行，自我约束，自觉学习，这样才能更高效地完成任务。很多成功的管理者都是后天通过不断的学习得以提升的，在工作中不断地学习、积累经验才能逐步成长，取得成功。任正非对于华为管理者的要求就是要不断学习，提升管理的能力，持久地坚持学习才能面对各种突发状况，解决问题。

华为BTS312刚开发的时候，有一个刚入职不到1年、没有任何开发经验和项目管理经验的新人希望能负责一个模块的交付，按照客户的要求要在第二年的时候实现高质量的BTS312.7.0版本的商用。这个新人刚接下这个项目的时候，其实心里很忐忑，虽然他主动请缨，认为自己一定能够完成任务，但是他从来没有接触过这些产品，他的主管也很担心，毕竟完成一个项目，只靠热情和激情是没有用的，还要有真本事。

因此，他开始下定决心，自我约束，自觉学习，白天就和技术部的一起研究产品，了解设备，晚上就加班补习各种产品知识，一有空就拿着资料向开发团队的专家请教，有问题想不明白的时候，甚至整晚不睡觉，在开着灯的办公室冥思苦想，也经常和其他人争论得面红耳赤，每次看到他的时候，不是在办公室调试产品，就是在技术部和技术工在一起安装设备。

后来经过他不断地学习和努力，终于从“技术新人”变成“技术专家”，客户也对这次的项目开发很满意，而且产品上市后也没有出现过任何问题。

在这之后，他又参加了很多重大项目的技术研究工作，每一次接触新的产品，他都无所畏惧，因为他能够主动地静下心来，认真研究学习新知识。在他看来，一个人要想快速地成长和进步，就要懂得自觉学习的重要性，只有坚持不懈地学习，才能跟得上企业的发展，才能让自己不被淘汰。

“活到老，学到老”。任正非曾说：“善于学习是提升管理能力的重要手段，善于学习的管理者才能培养学习型的组织，只有学习型的组织才能从容地面对高度不确定的商业环境。”华为人的一大优势就是能够自我约束，持久地学习，把抱怨的时间放在自觉学习新知识、新技能上面，提升自己的工作能力和效率，超越自己，走向更大的成功。一个优秀的员工，必须不断地在工作中坚持学习，只有自觉管理自己的学习，才能持久地发展和进步。

工作中有很多的困难和阻碍等着我们去挑战，只有学会自我管理，控制自己的情绪，自觉约束自己，持久学习，才能减少抱怨的频率，增加成功的概率。当你把自己的精力都放在提升自己自觉学习能力的时候，当你每时每刻都有事情要处理、都要工作都要学习的时候，你就会发现没有了时间去抱怨。

6.良好的沟通是实现工作有效进行的基础

团队，就是大家为了实现一个共同的目标而形成的一个集体，心往一处想，劲儿往一处使，所有人为了团队的利益而发挥自己所有的才能，创造更多的个人价值，为团队带来荣誉。团队精神，就是团队里的成员，大家互相认同，协同合作。俗话说，一根筷子，可以轻易地被折断，但是一大把筷子放在一起，就很难折断。这说明世界上的每一个个体，他的力量都是很渺小的，当众多个体融合在一起，他的力量就变得坚不可摧。

一个企业如果没有团队精神，那就形同一盘散沙，每个人的利益和目标达不到统一，团员之间不齐心协力，反而朝着不同的方向各自为政，对于上级领导的指示视若无睹，自由散漫，企业缺乏凝聚力，员工的个人价值观和企业的价值观发生偏移，企业达不到有效的管理，核心竞争力开始逐渐减弱，长久下去，企业将难以再发展。

《华为基本法》中曾提到：“我们重视培育一支高素质的、具有团队精神的销售工程师与营销管理队伍，重视发现和培养战略营销管理人才和国际营销人才。我们要以长远目标来建设营销队伍，以共同发展的事业、责任、荣誉来激励和驱动。”任正非对于企业的团队精神是十分重视的，在他看来，一个团队的使命感可以让员工在逆境中永不放弃地跟着领导者的脚步向着目标奋力前行，在顺境中，不断地自我挑战，追求卓越，保持高度持久的工作热情和负责的工作态度。

那么华为人是怎样培养团队精神，使员工能够互相帮助、互相关心，自觉约束自己，维护集体荣誉感的呢？

任正非曾立过这样一条规矩：“各级主管和下属之间都必须实现良好的沟通，以加强相互的理解和信任。沟通将列入对各级主管的考评。”

华为一位员工讲过这样一件事：为了能够快速有效地完成工作，我每天除了正式的上下班时间以外，还要每天坚持加班，周末也不休息，似乎只有这样才能让我安心，让我有充足的时间完成自己的工作，才能对得起同事的鼓励和领导的信任。但是这样超负荷的工作，却并没有像想象中那样完成本来可以完成的工作，效率也没有以前高了，因此那段时间动不动就发火、烦闷，脾气暴躁，经常和别人说不上两句就开始争执起来，就连家人也开始埋怨自己已经很久没有陪伴他们了。

有一次，一个项目要过技术审核点，因为有一个物料设备不妥，我没有同意他们过点，开发代表很生气，还要向公司投诉我，当时我心里很委屈，加上工作上的不顺心，于是我一生气，就跟开发代表说：“反正该做的我都做了，我只是按流程办事，你投诉就投诉，这工作大不了我不干了。”

后来我的主管知道这件事之后，专门找我沟通工作方法，还组织了“怎样做好采购代表”的研讨会，让我从中受益匪浅。经过与主管的有效沟通，我也冷静下来了，想想每个同事都已经为了这个项目努力了这么多，因为一点小事就让其他同事的利益和公司的利益受到莫大的损失，是很不值得的。

员工在工作上，经常会遇到很多的困难和委屈，这个时候，批评是不可取的，反而可能造成员工的负面情绪和更大的压力，有效的沟通可以让我们理解员工的处境，找到更好的解决办法。世界上没有什么问题是沟通解决不了的，有效的沟通可以让人与人之间的矛盾得到缓和，让企业的团队精神更加坚实。

可见良好的沟通对于团队精神的延续和发扬，起到了至关重要的作用。员工和员工之间、员工和管理者之间，人际关系都能通过沟通来缩小距离，减少冲突。在华为，任正非要求员工打破部门、专业之间的界限，各个部门之间协同合作，互利互助。因为有效的沟通可以让员工通过不同的视角看待问题，互相理解，产生共同的使命感和荣誉感，方便领导有效地管理和控制，加强企业的凝聚力，让企业能够更好、更快地发展。

华为有位核心工程师曾记录了自己在华为这些年的工作历程，他写道："有一次导师带领我们一群人在炎炎烈日下整理标签，当时我们蹲在地上，顶着大太阳，把数百个标签进行分类处理，又热又累，脖子都要断掉了，但是，当我们看到施工队因为我们而节省了工作时间时，我明白了我们没有白白地努力，我们的努力是有价值的。当同事们在嘈杂的机房布置几百根尾纤时、当同事们在大雨中冒雨等公交车时，我才懂得，再简单的工作也需要耐心和激情，有了团队的支持，我们才有了坚持下去的力量。

"我一直相信，我们经历的事情会带给我们很多的益处，核心工程营的工作很简单，也没有什么绩效可以考核，但是我会一直怀着感恩的心来怀念这段日子，因为我慢慢懂得了，什么才是职场应该有的品质。"

怀着一颗感恩的心去服务团队、回报团队，不仅让团队之间的气氛更加和谐，也会让自己的工作受益匪浅，得到提升，工作起来也越来越顺畅，越来越快乐。

有问题及时沟通，不要首先想着放弃，对工作中的同事和领导常怀感恩的心，是团队和谐相处的秘诀之一。没有最完美的人，只有最完美的团队。团队精神是一种信念，是一个企业不可或缺的灵魂支柱。每个员工都有自己的缺点和优势，只有让企业中的员工团结起来，相互依存，相互合作，有了团队荣誉感，员工的思想和工作方式才会发生转变，才能创造更大的个人价值。企业上下一心，共同努力，完成目标，才能在激烈的市场竞争中求得生存与发展。

7.细节成就品质，品质决定未来

“细节成就品质，品质决定未来。”

台湾著名企业家郭台铭曾经说过这样一句话：“品质是什么？品质就是客户愿意用两倍的价格来买你的产品，而且很高兴。”产品的好坏，很多时候是体现在一些小细节上的，想让产品的品质能够凸显出来，就一定要重视产品的细节方面，注重细节，是产品铸就品质的成功秘诀之一。

华为一位员工出身于电信科班，进入华为不久之后，就从机关被推荐到市场一线去工作。他曾经发现过这样一个问题：评标客户表示在查找信息的时候，发现搜集自己想要的关键信息很困难，因为华为的标书一般都很厚，少则几百页，多则上千页，这个问题一直困扰着评标客户和工作人员。于是这位刚上任不久的员工就开始思考：“有没有一个简单的方法能够让客户快速地查询信息呢？”因此他就把这个问题提了出来，想要寻找到一个能够解决这个问题的方法，之后得到了大家一致的认同，于是团队之间一起研究沟通之后发现，客户最关注的信息往往比较固定，他们就想到了一个主意，将以往评标客户最常关注的关键信息和公司产品中最精华、最顶尖的亮点之处制作成一个“快速评标手册”，并在向客户提交标书的同时，把这本快速评标手册一起提交上去，方便客户快速查询信息。

另外，他们发现报价单上各种产品价格五花八门，客户在查看报价的时候很不方便，那么有没有办法让客户能够更为直观地了解产品的价格？很快，他们就将想法付诸实践，站在客户的角度，做成更为直观的集成报价模板，方便客户快速地评估预算。

就是这样一个小细节，让华为的品质凸显无遗。客户能够更为直观地了解产品的报价，也能更为快速地查询信息，节省了很多不必要浪费的时间，也让客户在进行投标的时候，心情愉悦，给公司带来更多的效益。

华为不仅是在标书的小细节上做到位，在投标之前，对于流程中的每一个细节，华为员工都要做到严格把关，一丁点儿的错误都不容许出现，当所有的资料确保万无一失之后，才会拿去投标现场。在去客户现场检测之前，华为员工都会先在内部测试一遍，确保产品“零瑕疵”。和合作伙伴总代之间的材料华为员工也会严格审查，一旦产品的名称信息有格式上或者外观上的任何问题，都会要求重新书写，以保证材料在客户面前能够完美地呈现出来，这就是华为员工的细节品质。

华为人对工作上的任何细节也很关注，华为总部的很多地方甚至都贴上“下班之前过五关”的卡通标语，就是为了提醒工作人员下班之前不要忘记关上灯和电脑等一些设备。从小事做起，从我做起，每个员工养成了随手关灯的好习惯，可以每个月为公司省下几十万元的电费。

不仅在工作上华为人注重细节，在规范化管理过程中，也清楚细节的重要性。一位早期的华为员工在华为的规范化管理过程中，就记录了这样一段感受：我们距离规范化的市场要求还有很大的一段距离，老美的认真执拗导致他们怀疑我们的规范化生产和产品的品质体系，这不是一件小事，必须小题大做。因为我们现在已经到了这个阶段，每个员工都必须深刻地意识到，提升公司生产线的设备水平，规范员工的素质。因为对于我们一些开发人员来说，商场无小事，任何细节问题都可能影响产品的品质、公司的形象。我们不要求员工在工作上能有多么大的成就、做出多少贡献、有多么惊天动地的业绩，但是曾经在新模块的设计过程中，因为一个螺钉的问题，造成30%的文档不能启用，这个教训提醒我们，认真谨慎、脚踏实地地工作才是公司最需要的。

很多不起眼的小细节往往会影响产品的质量、工作的效率，要想产品拥有卓越的品质，在众多竞争企业中脱颖而出，就要从产品的细节入手，做好工作中的每一件小事，把产品的细节做到极致，才能成就品质。

在华为的新员工培训上，任正非回答员工的问题时，说过这样一段话："企业和学校不同，在华为，等待着你们做的都是一些小事。你们要把所谓宽广的胸怀收起来，安安心心、踏踏实实地做小事，要顺应华为的这个潮流，和大家一起去奋斗。"

在华为，上到管理者，下到员工，甚至华为的司机都和其他企业的司机有所不同。华为司机在驾车时，应该采取怎样的坐姿；在迎接客户时，应该怎样为客户开门；面对客户时，该说什么话、该做什么事都要一一考虑周全，做到细致入微。曾经有人开玩笑说，当你下飞机的时候，不用刻意去寻找华为的车，因为他们独有的细节情怀，让你可以在茫茫车海中，一眼就注意到他们。可见，当细节的问题被用心对待以后，那么公司的形象、产品的品质也就一目了然了。

很多消费者都反映华为的手机简单易用，其实这是由很多的小细节铸就的，消费者用起来觉得容易，技术研发人员真正实施起来却耗费了大量的人力、物力和精力，其中有很高的技术含量，真正完美的设计就是所谓看不见的设计，即使很多消费者或许看不出其中的门道，但是华为的研发技术人员却依旧很用心。所以当你真正使用的时候，才会感慨，原来这件产品的设计是如此周到又人性化。

关注小细节，成就大品质。不论是产品的品质还是员工的品质，都能从很多小细节上体现，这就是华为员工一直信奉的成功格言。

人性大师任正非谈如何保证队伍的纯洁性

企业想要员工能够把被动工作变为主动工作，贡献更多的价值基本上靠两点：一是尊重员工，关爱员工，让员工为了企业心甘情愿地去奋斗努力；二是用一套严格的人力资源管理体系去规范员工，约束员工，恩威并施，软硬结合。

众所周知，华为的人力资源与同类企业相比，更加脱颖而出。华为的岗位晋升制度分为岗位晋升线和能力晋升线。任正非曾提出“饿狼逼饱狼”的职业竞争精神。在华为，竞争上岗的基本条件是拥有任职资格，只要拥有了任职资格，就有机会竞争岗位，这就导致华为的任何一个岗位都可能有3～5个员工在竞争，所以华为的每个岗位员工都必须好好工作，这样才不会被其他的“饿狼”挤掉。

很多企业在人力资源管理方面都会面临这样的困惑，如果这个岗位的员工晋升了，那么他的工作谁来做呢？整个公司的岗位和员工就好像一个萝卜一个坑，不能轻易辞退任何一个，也不能随意更换员工的岗位。这就是企业的人才储备出现了问题，甚至有的企业的员工为了获得企业内部的晋升资格，一味地参加企业的任职资格培训，但是自身的绩效能力却不是很理想，而那些真正有能力、绩效成绩突出的员工却因为太忙，抽不出时间参加企业的任职资格培训。这就导致真正有能力的人干的是最基层的工作，而晋升上去的员工却没有足够的工作能力。

华为的员工任职资格培训就有非常严格的规定。华为的绩效考核成绩总分为15分，想要参加公司的任职资格培训必须绩效考核的成绩达到12分以上，这样就避免了员工为了参加晋升资格培训而放弃自己的绩效成绩。

华为的这种做法就是集责任、权利、技能为一体，为员工提供公平、公正的晋升环境，有能力的人才有晋升的资格。因此华为的人才才能与众多同行业职员相比，脱颖而出。

企业一旦做大了之后，很多员工就开始中饱私囊，甚至升职到一定地步以后就开始没有了追求，不再努力奋斗，这是很多企业员工的通病，也是企业最为头疼的问题之一。那么任正非是如何解决这个问题，保持华为队伍的纯洁性的呢？

任正非曾写过一篇文章《力出一孔，利出一孔》，员工只有把公司的利益当成自己的利益，才能真正愿意为了公司的效益和利益去努力，去奋斗。因此，在华为，强调员工不能以权谋私，在外做其他工作，员工的利益必须来自华为的利益，这样才能保证员工工作的积极性和主动性。

任正非在华为创业初期，曾因公司的问题、家庭的原因，以及其他方面的压力，一度患上抑郁症。2001年华为骨干的集体出走更是让任正非的情绪跌到低谷。在任正非看来，“我给了你们这么高的待遇，这么大的权力，这么多的利益，为什么你们还要背叛华为呢？”

也许是精神压力，导致任正非那段时间心力交瘁，事情发生之后的一两年内，任正非都没有亲自管理公司，而是交给了公司的管理团队。

华为的管理团队的每一位高管都是跟着任正非从创业时期熬过来的，最晚的入职时间也是在1996年，且团队内的成员都来自各个名牌大学，所有的成员均是华为自己培养，对华为有一定的责任感和奉献精神。其中很多人还参与了《华为基本法》的讨论与制定。

企业做大了以后，想要保持队伍的纯洁性是很困难的一件事。因此华为在选人的时候更加注重员工的品德，选拔干部更是要以德为先。每个企业的高管团队都掌握着企业的一手资源，以及客户信息，如果干部的品德不够高尚，很可能因为外界的诱惑而做出不利于企业发展的事情。因此在华为，管理层要每日三省吾身，自查自纠。利出一孔才能保证企业的利益不受损害，一旦利出多孔，员工对于企业的态度就会发生重大的转变，甚至有可能发展成大家都从企业割肉的现象。

现在很多企业为了避免企业内部的腐败、浑水摸鱼的情况，就对员工严格要求，一旦员工出错就立刻辞退，即使是一些小错误也坚决不能容忍。殊不知中国有句古语“水至清则无鱼，人至察则无徒”，有的时候，员工犯一点小错误，不但不能辞退他，有的时候还要偏袒他。水太浑不行，水太清也不行。华为的很多决策并不仅仅是为了约束高层管理者，还有企业的中层管理者。

保持企业的纯洁性对于任何企业来说，都是至关重要的问题。因此华为在检查出干部存在问题的时候，会给干部机会让他们自己提出整改计划，表达决心，然后重新任用，这是华为很人性化的地方，也是华为很聪明的地方。

“见贤思齐焉，见不贤而内自省也。”任正非经常外出访问其他企业，拜访一些全球各界的领导人物，就是为了寻找自己身上的不足，学习别人的优势和长处。华为的很多管理模式都是从国外或者国内一些著名的企业管理模式中改革创新而来。任正非甚至向我党学习，制定了华为特有的八项规定；向军校学习严格的管理制度，甚至学习狼的精神，等等。华为是典型的拿来主义，在别人的管理基础上，不断地强化和优化，最终形成自己的管理体系。

企业要想做大做强，不是老板一个人的事情，也不是有钱就能够做到的事情。很多企业家不明白企业到底需要什么样的人才，需要什么样的干部，如何培养和选拔干部。这是很多企业家应该思考和学习的问题。

第三章

华为人才管理：尊重人才，而不迁就人才

知识经济时代，企业生存和发展的方式发生了根本的变化，过去是资本雇佣劳动，资本在价值创造要素中占有支配地位。而知识经济时代是知识雇佣资本。知识产权和技术诀窍的价值和支配力超过了资本，资本只有依附于知识，才能保值和增值。

1.“知本主义”下的价值创造体系

华为是一家以研发通信设备为主的民营企业。自创业以来，华为拥有上万名员工，年收入利润也在不断增长，目前在全国通信企业中占据主导地位，还成功进入了很多国外地区，比如俄罗斯、非洲、南美等。

企业的成功源于什么？这个问题一直困扰着每一届企业人。诚然，一个企业的成功可能源自很多方面，劳动方面、人才方面、资产方面等，种种因素加起来形成了良好的运作机制，为企业创造更多的价值。华为能够取得如此成就的原因除了上述几点之外，最重要的是形成了自己独有的企业理念——“知本主义”。

在《华为的红旗到底能打多久》中，任正非强调：“我们这个时代是知识经济时代，它的核心就是人类创造财富的方式和致富的方式发生了根本的改变。随着时代的进步，特别是由于信息网络给人带来的观念上的变化，使人的创造力得到极大的解放，在这种情况下，创造财富的方式主要是由知识、由管理产生的，也就是说人的因素是第一位的。这是企业要研究的问题。”

在任正非看来，一些高科技企业经营中，金钱的价值相对比较逊色，知识、头脑才是企业最重要的资本，企业应该多多强调知识的力量。在华为当初建立基本法的时候，很多企业老员工认为财务资本是企业最重要的保障，财务资本增值的目标应该位于前列，但是任正非却坚持认为知识资本体系应该高于财务资本体系，最终力排众议，将知识资本体系立为核心价值体系。

人才永远是最大的竞争力，从本质上来看，掌握了更多的人才就等于掌握了知识。因此华为每年都会在各大高校进行大型招聘，源源不断地为华为注入新鲜的血液，甚至不断地根据企业政策调整招聘要求。华为不仅注重人才的选拔，更注重学习的能力，高学历不代表高能力，想要成功就要一直不断地学习知识来提升自己。

现代很多企业的员工在应聘进企业以后觉得没必要学习了，有的企业即使把员工送去高校进修深造，员工也不一定认真学习，甚至以为拿到证书就可以了，更不用说在平时抽出时间去学习了，其实这是一种错误的思想。学无止境，即使你的能力再出众，学历再高，毕业前是学校的高才生、拿过全年奖学金，在进入企业之后也要不断地学习，丰富自己的专业知识和专业能力。

在华为，每个员工每天最重要的事情除了本职工作以外就是学习，甚至连任正非都不例外，哪怕再忙，也会抽时间看书学习，在他的办公室更是摆满了书籍。忙不是理由，只要愿意学习总会抽出时间。在华为，学习不仅是一种习惯，更是一种企业文化。落后就要挨打，知识就是力量，只有不断强化自身的力量，才能在人才济济的今天确保自己不被淘汰。

为了让员工能够认识到知识的重要性，不断地学习提升自己，华为还经常在公司内部举办跨部门交流学习。一位华为员工曾讲过这样一段学习历程：

我是无线GSM部的一员，一次被委派到SPM部去学习，当我得知这个消息的时候很兴奋，有机会去交流学习不但可以学到很多新鲜的知识，也能提高自己的学习能力，不过也很担心，毕竟此次责任重大，这不仅仅是我个人的学习机会，更是两个部门达到交流学习、资源共享的机会，也是GSM下一步发展的重要因素。

GSM部领导们得知我们要去SPM部学习非常赞成，我们临走之前，领导还语重心长地交代我们一定要认真学习，不仅要学习SPM部先进的技术，还要学习他们的工作方法和工作态度，尤其是他们面对问题时的解决能力和措施。领导还亲自带着我们前去SPM部报到，可见领导们对这次交流学习的重视程度。

到了SPM部以后，SPM部的领导们更是给予我们高度重视，不仅为我们做了细致的安排，还为我们制订了详细的学习计划。

总之，这次交流学习让我受益颇深，学习了很多优秀技术和方法，无线GSM技术也得到了突破，更上一层楼。

不断地学习自己的专业知识和技能，是提高自身工作能力的关键。在华为，员工不仅懂得学习自己的专业知识和技能，还善于主动学习他人的长处和工作方法，使整个公司内部的员工实力都能得到提升。员工之间互相交流，部门之间互相学习和改进，是自身的实力得到强化、工作水平得到提升的重要因素。

华为不仅鼓励员工之间互相学习，任正非还曾拜访很多西方企业和国内大型企业，学习他们先进的技术和管理方法。对于竞争对手，华为也愿意从他们身上学习一些先进的理念和技术，来提高自身的竞争力。

任正非认为：“知识经济时代，企业生存和发展的方式发生了根本的变化，过去是资本雇佣劳动，资本在价值创造要素中占有支配地位。而知识经济时代是知识雇佣资本。知识产权和技术诀窍的价值和支配力超过了资本，资本只有依附于知识，才能保值和增值。”

现在企业的发展离不开“知本主义”，知识的作用在企业的经营和发展中占据主导地位，市场需求的变化越来越快，企业想要在激烈的市场竞争中抓住机会，赢得胜利，就要不断地吸取新的知识和技术。想要掌握更丰富的知识和技术，不仅需要大量的人力资源，更需要员工不断地学习。只有不断地积极学习，更快、更好地提升自己，强化自己，才能创造更大的价值。就像华为告诉我们的道理一样：任何资源都是会枯竭的，只有不断地发展人力资源，学习新的知识，企业才能长存。

2.不以考核为中心价值评价标准

华为自创业以来能够取得如今的成就，很多人认为是华为在管理上起到了很大的作用，但其中，华为的成功离不开华为的人力资源管理体系。华为的人力资源管理体系包括员工持股制度、价值评价管理制度、激活机制和任职资格评价体系。

价值评价一直是人力资源管理中的核心价值观。1997年，任正非就致力于打造一套科学合理的价值评价体系，能够合理评价员工的价值，分配员工相应的回报，所有员工的价值必须以企业的价值评价体系为依据。

1998年，任正非在基层员工价值评价体系项目汇报会上提出："我们要以提高客户满意度为目标，建立以责任结果为导向的价值评价体系，而不再以能力为导向。企业是功利性组织，我们必须拿出让客户满意的商品。因此整个华为的价值评价体系，包括对中、高级干部的评价都要倒回来重新描述，一定要实行以责任结果为导向。"

很多企业在对员工进行价值评价的时候，单一地以考核为评价标准，这就造成员工为了考核而考核，只有成绩，没有能力，这样的员工怎么能为企业创造价值呢？价值评价体系就是为了方便企业对员工的能力和态度做出公平、公正的评价，员工有多大的价值、能为企业创造多大的价值，这才是企业应该重视的问题。员工的能力和潜力、为公司创造的价值，比员工的学历更为重要。

因此，华为坚持以责任为导向的价值评价原则，员工能为客户提供有效的服务，满足客户的需求，提高企业的市场竞争力，为客户创造价值，客户才能为企业创造价值，企业才能取得商业成功。

“你有能力，但你没有完成责任、没有达到服务要求，我们就不能给予你肯定，给予你高待遇……老是在技术上给予肯定，而不在管理上给予肯定。管理上不给予肯定，你怎么能够肯定更改一个螺丝钉、一根线条就应该给予高待遇？如果更改一个螺丝钉、一根线条不给予高待遇，而对那些别出心裁、只做出一点没有突出贡献的东西的员工。你却认为他能力很强，给予他高待遇，这种价值评价颠倒必将导致我们公司成本增加，效益下降。

“我们要推行以正向考核为主，但要抓住关键事件逆向考事，事就是事情的事。对每一件错误要逆向去查，找出原因，加以改进，并从中发现优良的干部。我认为考核很重要，逆向的考事也很重要。”

任正非为了能够既发挥员工的价值，又能给予员工公平的回报，坚持以绩效为中心、以结果为导向的价值评价标准，努力提高员工的工作效率，为企业创造更多的价值。

在华为，如何评价一个人的能力，提拔他，重用他，不能仅仅看员工的学历和素质，更重要的是看员工的绩效成绩和结果。领导可能因为员工的品德或者自己主观上的喜好片面地断定员工的价值，从而给予员工很高的评价或者待遇。绩效和结果是实实在在的数据，以此来评价员工的能力高低是非常客观的。有了结果之后，再来谈自己的高素质、高学历这些软因素，才是加分项。

很多企业在进行员工评价的时候会有这样的误区：员工只做了一次

重大的贡献，就单方面地认为员工的能力很高，即使在这之后，员工可能并没有做出其他的突出贡献。在华为，任正非强调，员工的考核是多次的、多环节的，不能以员工一次的关键性行为作为员工的价值评价标准。员工的关键性行为确实是员工在考核过程中的重要因素，但是任何一件关键性行为都不能作为一个人一生的价值评价标准。

企业如果单单以考核为中心，将来会造成很多的问题。华为坚持以责任结果为导向，作为企业的价值评价体系的原则之一。在价值评价体系中，如果出现员工的绩效结果不达标，或者落后者，要实行减薪、降职的处罚。市场是残酷的，任何一个企业都不可能重视无为之人或者部门，来增加企业的成本。

华为的价值评价强调贡献，强调效益产出，只有对客户做出贡献，对企业做出贡献，才是企业价值评价的标准。“水壶里的饺子，倒出来才是真正的饺子。”员工的贡献能力、为企业创造的价值才是员工提高薪酬和待遇的标准。有能力、有意识的员工可以适当提供一些工作机会，只有能抓住机会做出贡献、创造价值的员工，才能真正给予晋升或加薪。如果发觉员工有潜力，是不能作为员工晋升的标准的，只有当他们真正做出贡献的时候，才能承认他们是有能力的。在华为，“水壶里的饺子”是不被认可的。

当员工为企业做出贡献的时候，并不一定代表员工就存在价值。贡献大于成本才是员工为企业创造的增值价值。企业要清楚每个员工的角色和价值，员工能为企业带来多少增值价值？员工的贡献是否大于成本？如果没有，那么这个岗位就只是增加了企业的成本而已。

“不能只讲贡献，人人都会说贡献，就是你的贡献有没有产生什么增值？……我们每设计一个流程，每设计一个岗位，每开一次会议，一定要达到增值的目的。”

很多企业认为学历、资历和外在条件是员工的能力和价值的评价标准，其实不尽然，学历高的员工不一定能力高，资历高的员工创造的价值不一定高，这就是为什么在外人看来学历高的员工在华为并不一定能力高，资历高的人也并一定待遇就好，因为华为的价值评价标准与其他企业并不相同。

华为不会和你谈理想，只和你谈贡献。你的理想不是你的价值，你的潜力也不代表你的能力，能在岗位上做出多大的实际贡献，才是企业真正的价值评价标准。

3.员工值多少钱，自己说了算

在华为，员工的工资是与员工的奋斗和贡献挂钩的，你对公司做了多大的贡献，你就能获得同等的报酬。

任正非在《华为的红旗到底能打多久》中指出：“各尽所能，按劳分配。怎么使员工各尽所能呢？关键是要建立公平的价值评价和价值分配制度，使员工形成合理的预期，使其相信各尽所能后你会给其合理的回报。而怎么使价值评价做到公平呢？就是要实行同等贡献、同等报酬原则。不管你是博士也好，硕士也好，学士也好，只要做出了同等的贡献，公司就给你相同的报酬，这样就把大家的积极性调动起来了。”

华为的价值分配体系是华为价值管理的重要环节，价值分配的问题影响着企业的激励机制，一旦处理不好，就会带来各种矛盾。因此，任正非还特别强调：想要解决企业的生存问题，首先要解决价值分配问题。

价值分配应基于社会分配、公司成员分配、公司未来分配。价值分配的理念一定是建立在给奋斗者相应的报酬这一基础之上的。在《华为基本法》中，对于价值分配的原则有明确的定义：按劳分配与按资分配相结合。也就是说，华为的价值分配体系是按照员工的劳动结果，包括脑力劳动以及知识资本和管理资本相结合，这不是一种固化的形式，可以根据企业的整体环境进行适当的调整。

价值分配体系是按照员工的才能、责任、贡献等标准进行价值分配。价值提供者在企业中创造价值的能力就是价值分配体系的依据。公司通过考核标准对价值提供者进行评价之后，给予价值提供者相应的回报。

华为的价值分配表现形式一般包括工资、奖金、股权、红利、福利等其他待遇。华为给予员工的价值分配可以总结为三种：第一种是员工所有，可以随意支配的工资、奖金或者红利等；第二种是公司所有，员工受到约束的机制，比如晋升等形式；第三种是员工所有，但是公司具有使用权和分配权，比如股权等。那么华为的价值分配实现形式是依据什么标准确定的呢？《华为基本法》中给出几例：

①工资：华为的工资职能制度

②奖金：员工的奖金和公司的利润成正比

③分配：个人或者组织为企业做出的贡献

④退休金：由员工的工作态度决定

⑤医疗保险：员工为企业做出的贡献大小

⑥股权：员工的入职时间、贡献、责任

…………

华为的价值分配不是固态的，而是随着价值分配理念、环境等因素随时进行调整，不断变化的。在华为，价值分配体系的核心是华为的工资制度。工资制度是规范价值分配体系的重要理念和形式，它能起到直接的激励作用，来刺激员工的工作效率。

基于员工能够获得与自我奉献等额的报酬，华为建立了一整套完整的价值分配体系——DGDX（岗位标准工资）。想要获得多大的报酬，就要付出多大的努力。这种平等的价值分配体系激励了员工的工作潜力，让员工更有动力。

那么华为的工资标准是怎么样分配的呢？华为将员工的职位等级分为22个级别，每个级别的员工等级又按照能力分为ABC三个等级。刚进入华为的员工等级为13级，然后根据自身的工作能力一级一级往上升。为了方便对华为员工标准工资明细进行解读，可以通过图表来分析。

华为员工标准岗位工资明细分析图

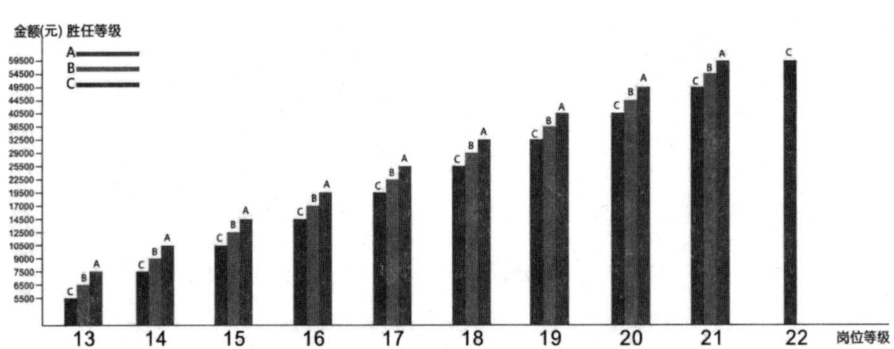

由图表可知，华为员工的工资和员工的绩效等级是相对的，假设员工的绩效评价是13C，那么他的工资就是5500元，员工的绩效评价是22C，那么他的工资就是59500元。对于奖金和分红等一些其他的福利都是另外结算的。但是也要通过考核系统来衡量，一般13级是没有期权福利的，员工级别到达15级时，期权将获得3万～4万元。

华为的工资岗位标准体系中还设置了胜任系数，对于勤奋努力的员工要适度地奖励，对于懒散不思进取的员工也要实施处罚，一般情况下华为规定员工的完全胜任系数是1，基本胜任系数是0.9，暂不胜任的系数是0.8。

此外华为的员工标准体系还根据地区的差异进行了适度调整，专门设置了地区差异系数。比如一级城市是1，二级城市是0.9，三级城市是

0.8，其他城市是0.7。

华为的岗位标准工资的等级规定一般是根据面试和员工的工作情况，以及员工的日常工作、项目的执行能力等方面的评价，总之员工在公司做出的贡献越大，得到的等级也就越高。

华为的价值分配体系主要分配理念就是：员工贡献得越多，得到的回报也就越高，反之，回报就少。努力的员工理所当然地获得更高的回报和待遇。这种价值分配体系不但激励了员工的工作效率，还激活了员工相互间的竞争意识，使企业的员工都能做到艰苦奋斗，越来越优秀。华为给优秀者发挥的空间，让懒惰者被淘汰。

华为的这种价值分配体系一改以往“平均分配”的方式，将员工的工资和个人的责任、绩效挂钩，不再出现员工投机取巧和倚老卖老的现象，你的价值不是你在公司工作了多久，而是你为公司做了多大的贡献，让员工都能处于一个公平、公正的企业环境中，是华为价值分配体系的核心体现。

想得到多大的回报就要付出多大的努力，员工的价值不再是企业说了算，而是掌握在自己手中。

4.你的能力，企业看得见

为了能够清楚地了解员工的工作情况，让每个员工都能认真工作，不存侥幸心理，华为专门设置了末位淘汰制度。末位淘汰制是将绩效考核成绩排名靠后的员工进行淘汰的制度，华为一般按照5%的比例淘汰落后的员工。

末位淘汰制的应用在华为公司内部带来了很多积极作用，不但激发了员工的斗志，还提高了员工的工作效率。因此，华为坚持贯彻执行末位淘汰制度，建立良性人才更新机制，定期引进人才，为企业注入新鲜血液，保证企业的内部机制维持稳定运行。

华为一直强调离冬天不远了，要求员工要时刻保持危机意识。在通信技术飞速发展的今天，市场竞争越来越激烈，各种新兴企业层出不穷，如果员工没有强烈的忧患意识，工作起来没有任何的压力，碌碌无为，安于现状，那么华为是熬不过冬天的。如何在冬天生存下来，一直是华为思考的问题。

任正非认为，华为人必须选择做奋斗者，不能选择做落后者，员工工作没有压力，过得太舒服，就意味着没有了上进心。很多企业的员工在岗位上工作的时间长了，就会失去热情，产生懈怠的心理，工作起来也就马马虎虎。人才是一个企业的中流砥柱，如果企业的员工没有工作的干劲，那么企业的效益自然也就跟着下降。

因此想要守住自己的一方领域，就要守住手下的兵。一旦发现有员工不求上进，浑浑噩噩，立刻淘汰，让更优秀的人加入进来。想要成为众多企业中的佼佼者，就要不断地淘汰落后的员工，这样你才能成为领域中的赢家。

华为的这种末位淘汰制看似残忍，却值得很多企业借鉴。有些人认为这种淘汰方式是一种不负责任的行为，对于这些争议，提出末位淘汰法则的杰克·韦尔奇曾经说过这么一段话："有些人认为，把我们员工中底部的10%清除出去是残酷或者野蛮的行为。事实并非如此，而且恰恰相反，在我看来，让一个人待在一个他不能成长和进步的环境中，才是真正的野蛮行径或者'假好心'。先让一个人等着，然后什么都不说，直到最后出了事，实在不行了，不得不说了，这时候告诉他'你走吧，这地方不适合你'，而此时，他的工作选择机会已经很有限了，而且还要供养孩子上学，支付大额的住房按揭贷款。这才是真正的残酷。"

没有压力就没有动力。末位淘汰制的主要作用就是为了提升员工的个人绩效，这是一种普遍的负激励方式，通过竞争淘汰压力来激励员工的工作潜能。很多管理者认为激励的最高表现形式是"自我激励"。员工主动认识到自己的责任和职责，并自觉为之努力的行为固然是一种好的办法，但是在某些程度上，负激励的方法更能激励员工奋斗。

华为的末位淘汰制是一种公平的竞争方式，无论企业的新、老员工，一线员工还是研发人员，都要无条件地贯彻执行此制度，即使是老干部，如果他的工作始终不在状态，绩效成绩长期持续下降，也会面临降职、降薪的处罚。领导会根据淘汰制度，决定落后者是被辞退还是降薪处罚、留岗察看。这种制度倡导的是压力传递的方式，把企业在市场竞争中受到的压力有效地传递到企业内部的每一个部门和员工身上。正是因为这种无形的压力始终笼罩着华为员工，所以每一位华为人都坚持奋斗，努力工作，经常加班加点地执行任务。功夫不负有心人，华为的业绩也常常高出同行企业。

华为的一位高管曾经说过这么一段话："实行末位淘汰制以后，就会发现组织的活力明显开始变化了，员工工作更有积极性了，危机意识也增强了，也会主动学习了。"这表明，末位淘汰制的推行激活了组织绩效成果，让每位员工都感受到压力的紧迫性，让各个部门开始思考效率的重要性。

落后者不断被淘汰，其他员工的工作任务就明显增加，虽然员工人数减少，但是整体却节节攀升，许多之前觉得做不到的工作，也都一一完成了，这就是末位淘汰制带来的好处。

末位淘汰制是对优秀者的激励，优秀的员工获得更高的福利和待遇，落后的员工就要受到相应的处罚，这样才是公平的激励机制；反之，如果企业对于员工的不作为视而不见，甚至给予毫无贡献价值的员工和优秀的员工相同的回报，这才是真正的不公平。落后就像病毒，一旦不加以控制，就会无限蔓延，甚至时间长了之后，同化那些本来优秀上进的员工，员工开始消极怠工，士气开始下降。到那时候，企业的内部环境就会变得越来越消极，越来越没有活力，慢慢走向灭亡。

因此华为始终坚持执行绩效考核制度，不让落后者坐享其成，享受属于优秀者的成果，而是要让真正的优秀者享受更高的待遇和福利。

华为的这种考核制度并不像其他人理解中的不近人情，而是强制性要求华为的员工能够自觉养成艰苦奋斗的习惯，如果员工的绩效成绩不佳，华为也会根据员工的表现慎重处理。这种考核制度不仅激活了组织，还提高了员工的个人工作能力。

很多员工在工作的时候，常常以为只要认真工作不犯错就万事大吉了，这种做法往往会让自己陷于被淘汰的境地，因为当所有人都在艰苦努力、奋发向上的时候，你的原地踏步就是在后退。

市场的竞争越来越激烈，企业的内部竞争也越来越激烈。永远不要心存侥幸，你的能力是不是自己想象中的高度，企业的考核评价系统会告诉你答案。

5.华为选人标准的四个原则

企业在招聘人才的时候要做到慧眼识珠，能够看出员工的潜在能力，并且善加利用。华为的人才招聘也并没有什么特别严格的条件，华为的CFO孟晚舟曾经在清华大学演讲时说过：“华为选人不以年龄、资历作为唯一的标准，只以责任、结果、贡献为考核标准。”

华为选拔人才的条件很简单，但同时也要遵循这几点原则。

任正非曾在《天道酬勤》一文中提到：“艰苦奋斗是华为文化的魂，是华为文化的主旋律，我们任何时候都不能因为外界的误解或质疑动摇我们的奋斗文化，我们任何时候都不能因为华为的发展壮大而丢掉我们的根本——艰苦奋斗。”

因此华为的选人原则之一就是要具备艰苦奋斗的精神。在华为，无论是新晋员工还是老员工都有可能被委派至一些偏远的地区和国家去开拓市场，扩大市场，如果员工没有艰苦奋斗的精神，那么他在华为的高压和高强度的任务下，是无法调整心态去面对和适应的。

华为创业初期，甚至很多员工都会接连几日住在公司，加班加点完成工作，虽然现在的华为不提倡员工的加班文化，但是对于华为的员工来说，他们已经习惯了这样的工作状态。

因此，任正非认为，华为的艰苦奋斗精神可以让员工无论面对多么艰难的环境都能迅速调整状态，扛住高压，奋发向上。正是因为华为的员工都有艰苦奋斗的精神，华为才能走到今天。

华为创业至今，经历了很多的磨难和困境，但都一一挺过来了。任正非曾在《华为的红旗到底能打多久》中提到："企业想要进步，就要发展一批狼，狼有三大特性：一是敏锐的嗅觉；二是不屈不挠、奋不顾身的进攻精神；三是群体奋斗。"想要在艰苦的环境中得以生存和发展，就要拥有像"狼"一样的进攻精神。

狼性进攻是狼的核心特性。如今很多企业想要做到像狼一样瞄准商机，主动进攻还是少数，华为之所以能够在激烈的市场竞争中，快速地抓住商机站稳脚跟，跟华为人的狼性进攻精神是分不开的。

任正非现在已经很少提及华为的"狼性精神"，但是企业的员工却还保留着不达目的誓不罢休的工作态度。想要成为华为的一员，就要有主动进攻、不屈不挠的精神。再强大的对手也会有弱点，只要能够坚持不懈，总会有所收获。因此，员工具备狼性进攻精神是必不可少的标准之一。

客观地说，华为和很多企业相比并没有太大的差别，之所以华为能在短短20多年的时间里就击败同行业众多对手，成为通信行业的领头军，就是由于华为人在做出承诺之后，立刻付出实际行动，不断努力，追求卓越的进攻精神。一旦瞄准目标，就会抓住机会，主动进攻，不达目的誓不罢休，这才是华为想要招揽的人才。

狼的特性除了进攻精神之外，还有一个重要特性就是群体精神。没有任何一只狼在捕猎的时候会丢下受伤的同伴独自逃跑，它们似乎比人类更懂得团结互助，共同进退。

很多企业的员工在执行任务的时候，过于强化自我主义，不但不能和同事相互协助，共同发展，甚至很多时候出现问题，急着撇清自己的责任，这种行为在华为是坚决不被允许的。员工更应该认识到，单独生存的狼或许可能活下去，但是单独的人不一定能够发展下去。人类是群居动物，比狼更需要团结友爱，互帮互助。

没有最完美的人，只有完美的团队，这是老生常谈的问题。任何一个企业的成功都离不开团队的努力。如果一个人在团队任务中，过度追求自我英雄主义，只关注自己的任务和荣誉，不懂得与同事共同努力，完成目标，那么他也难以在工作中得到进步和发展。

任正非曾经说过这样一段话：“我们需要组织创新，组织创新的最大特点在于其不是一个个人英雄行为，而是要经过组织实验、评议、审查之后的规范化创新。任何一个希望自己在流程中贡献最大、青史留名的人，他一定就会形成黄河的壶口瀑布、长江的三峡，成为流程的阻力。”

胜则举杯相庆，败则拼死相救。这是任正非一直强调的集体主义精神和团结合作精神，任何一件事情的成功都不能过度渲染个人的功劳，而是大家共同努力的结果。

团结合作精神是每一位华为人应该具备的职业素养，在别人需要帮助的时候主动帮助别人，才能在你需要帮助的时候受到别人的帮助，这就是一种团结互助的体现。

在华为，几乎每个岗位都设置了一个共同完成的考核目标，就是为了鼓励华为人能够懂得合作的重要性。华为不仅要服务客户也要服务同事，客户和同事都是上帝，为同事提供一些力所能及的帮助，这是华为企业文化的重要体现。

正是因为华为的这种团结合作的精神，才能让华为在人力资源管理方面做到运行通畅，和谐相处，因此拥有进攻精神的同时也要懂得与别人合作的重要性，这才是华为想要的结果。

如今人才越来越多，学历、资历、技能或许是企业选拔人才的标准之一，但是潜在的性格特质、道德素养和职业素养更是企业关注的重要标准。一个人的学历可以决定一个人能否选择自己喜欢的职业，但是他的内在因素决定了他能在选择的道路上走多远，走多快。

很多企业家不明白到底需要什么样的人才，但是华为很清楚自己的选人原则，强烈的追求事业的进攻精神以及良好的团队合作精神，吃苦耐劳，艰苦奋斗，这就是华为在选拔人才的过程中追求的潜在因素。

6.人才是如何炼成的？——华为的用人标准

对于像华为这样的国际企业来说，如何管理好企业的员工，分配他们合适的职位，让他们的才能能够最大化地发挥出来，是企业人力资源管理中最重要的部分。员工的喜好并不能成为管理者分配职位的原则，很多员工在选择职业的时候只以自己喜欢的专业为准，但有时自己并不一定适合所选的职位。

企业的人力资源管理归根结底就是管理人，如何让员工在职位上发挥更大的价值，创造更多的贡献，是管理者要考虑的根本问题。

员工在企业中的贡献一般分为两种，一种是员工的个人能力，员工通过不断学习提升自己的个人能力，获得更多的能力，成为企业中最优秀、最具有核心竞争力的员工，用自己的能力为企业创造价值。另一种就是员工的组织能力，提高一个组织或者部门的整体能力，来共同合作，完成集体目标，为企业创造出更大的贡献。

现在很多企业更关注员工的个人能力，认为培养出更多优秀的人才，能够为企业创造更多的价值，这种行为也会导致企业中的管理层出现很多的“英雄主义”人才，这类员工能力很高，但他们的管理能力却很薄弱。在华为，任正非不止一次地强调过，“英雄主义要不得”。

华为在用人方面一直遵循高层重德、中层重能、基层重干的原则。

高层的工作职能是什么？是想。企业需要的是管理者的智慧，是能够帮助企业规范员工、管理员工的能力，因此管理者更重要的是思考，是决策，是带领员工能够打胜仗，而不是自己身先士卒，冲锋陷阵，这是一种务虚的工作方式。

管理者要在自己的权力范围内做出正确的决策，合理地分配员工的任务，要有责任心，有奉献精神，组织团队的能力等，这才是管理者的主要职责。

中层和高层的区别在哪里？中层更重要的是“能力”。中层员工是企业的效益和贡献的最重要部分。中层管理者是连接高层和基层的关键因素，既要执行高层的任务指示，又要监督和协调基层的员工工作，保证任务能够圆满完成。一个企业的能力和效率是靠中层体现的。

基层主要是“做”。基层员工的工作决定了产品的质量和成本，基层员工是企业的执行者，任何任务和指示都需要基层员工来执行，因此基层员工最重要的是遵规守纪，能够不折不扣地执行上级的任务。

对于华为这种高科技通信企业来说，管理层的员工最重要的是品德，而基层到中层的员工更重视的是才能和技能，企业的用人标准是不断变化的，要从企业人才的长远发展考虑。

在华为，员工想要晋升和加薪说难不难，说简单也不简单，华为自有一套用才的方法。不同的部门、不同的管理层级，华为采用了一整套的员工选拔标准，这套管理标准包括了三个核心内容：

企业文化是基础

企业的文化就是企业的价值观。对于企业来说，员工的职位越高，就越需要员工对于企业的文化和理念有着更深一层的理解和认同，因此华为在选拔人才的时候，更重视那些在企业文化方面能够和华为共同进退、共同努力的员工。员工的价值观和企业的价值观达到高度统一，员工才能更好地为企业服务。

华为的企业文化主要表现为三方面：以客户为中心，以奋斗者为本，艰苦奋斗。因此华为在选拔人才的时候，员工必须对企业文化有着深度解读和贯彻执行的工作态度。任正非在一次会议上表示："我们要加强对中、高级干部的整顿，没有责任心、没有干劲、工作无能力、和华为文化不融合和牢骚话特别多的干部都得下台。高层干部不要害怕得罪人，也不要害怕降谁的工资，谁害怕，谁就辞去自己的职务，让不怕的人来做。"

品德是底线

华为在选拔管理者的时候，重视员工的品德，不能以员工的能力来定，很多员工或许自身工作能力很强，但是在管理方面却并不尽如人意。管理者的职能更重要的是管理，而管理靠的是把握人心，是思考，是智慧。管理者既要揣摩上级的指示和想法，又要给下属指引方向和未来，因此管理者的品德和奉献精神就尤为重要。

管理者是否能够做到一视同仁，公平公正？是否能够安排好领导的任务，监督下属的工作，承上启下？是否敢于说真话，而不溜须拍马？这些都是管理者选拔的重要因素。

能力是必要条件

在华为，绩效是员工能力的重要体现，其他的一切都是虚的。任正非对于员工的能力是非常重视的，无论是末位淘汰制，还是企业的考核制度都是华为用来鞭策、激励员工的手段。

华为规定，员工想要得到晋升的前提是绩效成绩必须是排名在前的。绩效成绩决定了员工对于客户产生了多大的贡献，对企业创造了多大的价值，只有员工真正为企业创造了价值才是真正有能力值得提拔的员工。没有绩效成绩的员工无论自认能力多么出众都只是“茶壶里的饺子”，是不被认可的。

对企业来说，员工的能力关系着企业的效益。员工的能力越强，企业的发展就越快。

无论是华为还是其他企业，对于用人都有一套自己独特的管理体系。在企业的管理中，人力资源的管理是最难的部分，也是最值得重视的部分，员工能否在企业中取得更高的成绩、坐上更高的职位都要依靠自身的能力，任何侥幸心理都不可能给自己带来进步，想要成功就要脚踏实地，一步一个脚印。

7.将员工培训当作是公司基本政策

华为的员工在入职后都必须参加华为特有的员工培训。华为把员工培训体系当成是企业可持续发展的重要条件。2005年任正非正式注册了华为大学，致力于建设一个学习型组织，专门为员工以及客户提供专业的培训课程。

华为的培训体系是由三个方面构成的：

一、上岗培训

上岗培训主要是针对华为的新员工而言的，一般新员工入职以后就要接受为期半年的封闭式训练，很多华为的新员工在接受了上岗培训之后，都对上岗培训课程的强度心有戚戚，上岗培训的课程无论是力度还是强度，都很大，员工甚至称之为“魔鬼训练营”。

华为的上岗培训内容包括：

① 军事训练

任正非是军人出身，华为的很多管理都很有军事风格。从1997年开始，任正非要求新员工入职以后必须接受军事训练，以便在以后的工作中能够扛得住严格的管理制度和高效的工作强度。在军事训练课上，所有的教官都是由部队退役的，训练的标准也都是按照部队的要求严格执行的。员工每每想起每天六点就要起床集合跑操的事情，都会觉得仿佛还在校园。

华为员工通过军事训练法的“改造”之后，在以后的工作中会具有像军人一样的纪律性和团结性，做起事情来也井井有条，秩序井然。军人文化在工作中不断地渗透到员工的血液中去，让员工时刻都能职业化地做事，培养严谨的工作作风。

② 企业文化培训

华为的企业文化一直是其他企业所称赞的文化体系。员工在接受培训的时候，华为有专门的课程来培训员工接受、认同企业的文化精神和企业的价值观。华为的企业文化可以帮助员工更好地建立良好的工作态度和培养员工养成艰苦奋斗、团结互助的职业精神，员工必须改变自己原有的观念，注入华为独有的文化理念，并且坚定不移地贯彻执行。

③ 技能培训

对于员工而言，能够为企业带来效益和收获才是员工最主要的工作。因此，华为的技能培训课程就是为了能够帮助员工快速地掌握自己的工作技能，在培训结束之后，能够尽快地融入企业中，适应自己的岗位。

华为非常重视员工的技能培训，为新员工进行培训的是很多华为一线骨干员工，新员工在完成培训之后也会被委派到一线工作，在激烈的竞争中，企业需要的是更优秀的员工。一线培训师为新员工带来的课程内容都非常广泛，涵盖了所有与通信相关的领域，在培训期间，也会对新员工进行考核，随时掌握新员工的学习情况。

④市场营销培训

华为在招聘营销人员的时候，有的新员工并不是营销专业的毕业生，所以对于营销的一些技巧和理论并不了解，因此华为会给营销员工进行营销理论和知识方面的培训，即使是营销专业的毕业生，也可以从中学到很多。

⑤实践培训

华为在进行员工培训的时候，一般都是以理论为主，但是在理论结束以后，华为会安排新员工进行实践演习。演习的内容主要是让员工在市中心繁华地段高价推销一些产品，即使有人质疑产品的价格高出一般价格，员工也不能私自降价。

经过华为的实践演习，新员工都有一种脱胎换骨的感觉，也有了信心在接下来的工作中更加努力。

二、岗中培训

岗中培训是针对华为的在岗人员设立的。企业想要与时俱进，时刻走在市场的前沿，就要保证企业的员工也能够拥有同样的想法和目标，并积极地为之奋斗努力。因此华为的岗中培训就是保证华为的在职人员能够时刻学习新型知识，随时随地给员工充电，让企业充满激情和斗志。

岗中培训的方式主要有三种：

①在职培训与脱产培训结合

②自我学习与教授教学结合

③传统培训与网络培训结合

三、下岗培训

华为坚持员工能上能下的管理机制，华为会给员工进行专门的下岗培训，帮助员工继续成长。任正非曾对那些接受下岗培训的人说：“人生走得顺利的人，你们要警惕一点，你们可能把华为公司拖进陷阱。人的一生太顺利也许是灾难，处于逆境中的员工注意看，就会发现受挫折是福而不是祸。”

华为的新员工一般要经过大队培训：

华为的大队培训一般内容包括：企业的文化——华为的企业文化有六个核心价值观，即成就客户、艰苦奋斗、自我批判、开放进取、至诚守信、团队合作；华为员工间互相交流；举办促进员工实践经验和情感的户外体验。

大队培训一般时间为每周一到周五，具体时间为：

早上7点30分到7点50分：晨跑或者做操。

早上8点30分到12点：培训。

下午1点30分到6点：培训。

大队培训结束通过之后，进入一营培训：

① 公司的运作以及服务流程培训

这部分的培训时间一般是2～3天，培训师以授课的方式对员工进行培训，方便员工了解公司的运作流程以及客户服务规范。在课程结束之后，每个员工都要参加上机考试，检验员工在培训期间的学习情况，考试不通过可以有一次补考的机会。如果员工的考核结果不合格会有相应的处罚措施。

② 产品知识培训

这部分的培训课程时间为1～2个月不等，主要培训员工对于无线、光网络&微波、接入网&数通等产品线知识。每周会进行1～3次的考核检验。

员工在一营培训结束后，会来到总部进行二营培训：

为世界各地的客户讲解公司所属的产品知识，一般要求员工中英文讲解，并且要熟练操作PPT，培训员工制作与宣讲的能力。

员工在经过培训之后，明显提高了对于工作的态度以及处事能力。在华为，员工培训是基本政策，不但为公司培育了各种优质人才，还提高了员工对于公司的认可度和归属感，让员工在今后的工作中能够按照公司的规章制度，不折不扣地执行任务，为企业做出更大的贡献。

华为的未来战略：让一线人员拥有决策权

华为创业初期，无论是人力资源还是财力资源都很匮乏，生产线也比较单一，产品的研发种类也相对简单集中，公司的组织结构也比较简单。当时的华为规模不大，采用的也是直线式管理结构，为了防止公司的权力分散造成不好的影响，华为初期坚持高度中央集权管理体系。

在任正非的最高领导下，华为分有五个大的监管系统，即中研总部、市场总部、制造系统、财经系统、行政管理系统。每个部门的管理者在其可管辖范围内，有着绝对的权力，同时每个部门的管理结构也是直线式管理，即部门主管只能监管直接隶属于部门的员工，同样，每个部门的员工也只能向自己的上级直接报告。这种简单直线式的管理方式在华为初期起到了很大的作用。

随着产品的研制成功以及在乡镇市场上取得的销售业绩，华为的规模越来越大，员工人数越来越多，生产线越来越多元化，产品也从单一的交换机转向其他通信产品领域扩张，企业迈上了飞速发展的前进道路。这种情况下，直线式管理带来的弊端就开始慢慢暴露出来，业务量越来越复杂、产品出现不合格现象、员工之间发生矛盾等等，这些问题都交给一个主管来处理，常常应接不暇。自从创业初期以来就实行这样的管理模式，在短时间内也找不到其他有能力的人来暂管，甚至一旦部门主管辞职或者出现其他情况，那么这一整条“食物链”就会彻底瘫痪。

任正非认识到直线式管理的弊端之后，决定在依靠先进的技术之下，在直线式管理结构上进行细分管理系统。1998年，任正非废除了以往这种中央集权的管理模式，以提高效率为根本目标，设立了包括产品、地区、市场等若干事业部，并且不断地学习西方的先进管理体系，引进到公司进行优化和测验，形成自己的管理模式。

任正非在销服体系奋斗颁奖大会上的讲话中提到：“我们从以技术为中心，向以客户为中心的转移过程中，如何调整好组织，始终是一个很难的题目。刚开始我的认识也是有局限性的。我在EMT（经营管理团队）会上讲了话，要缩短流程，提高效率，减少协调，使公司实现有效增长，以及现金流的自我循环。但提出的措施，确实有一些问题，单纯地强调精简机关，压缩人员，简化流程，遭遇一部分EMT成员的反对。他们认为机关干部和员工压到一线后，会增加一线的负担，增加了成本，并帮不了什么忙。”

后来任正非在访问北非地区时，从其维护客户关系的模式中得到启发，因此华为员工在和客户沟通、维持关系的时候，经常是由客户经理、解决方案专员和交付专员三人组成的基层小分队，也就是赫赫有名的华为“铁三角”工作小组。

任正非曾说：“我们后方配备的先进设备、优质资源，应该在前线一发现目标和机会时就能及时发挥作用，提供有效的支持，而不是拥有资源的人来指挥战争、拥兵自重。”

“让听得见炮声的人来做决策。”这是任正非始终坚持的管理理念，“谁来呼唤炮火，应该让听得见炮声的人来决策……机关不了解前线，但拥有太多的权力与资源，为了控制运营的风险，自然而然地设置了许多流程控制点，而且不愿意授权。过多的流程控制点会降低运行效率，增加运作成本，滋生了官僚主义及教条主义。当然，因内控需要而设置合理的流程控制点是必需的。去年公司提出将指挥所（执行及部分决策）放到听得到炮响的地方去，已经有了变化，计划预算开始以地区部、产品线为基础，已经迈出可喜的一步，但还不够。北非地区部给我们提供了一条思路，就是把决策权根据授权规则授给一线团队，后方起保障作用。”

很多企业的决策者都是一些高层管理人员，他们或许在管理方面很有能力，但是他们的工作环境和氛围决定了他们不能下到一线工作环境中，贴近市场，体察民情，那么他们决策出的结果必然不会是市场所需求的，这就造成很多企业的高层决策起不到良好的效果，而那些真正能够体会“民间疾苦”的一线员工却没有决策权。

如何解决这个问题呢？任正非已经意识到，下放权力到一线是最佳答案。

2009年，任正非提出“授予一线团队独立思考和追求最佳的权力，后方只起到保障作用”。同时，华为内部也展开了组织结构的变革以及人力资源机制的改革。华为的组织变革，充分赋权，让一线员工拥有决策权，打破常规的管理模式，让华为能够更加贴近客户，贴近市场，缩短决策时间，符合市场真正的需求。从过去的中央集权管理，过渡到现在的分权制约管理模式，华为的主旨就是让一线员工拥有更多的决策权，让企业能够适应变化多端的市场需求。

高层虽然拥有更多的权力和资源，但是却不了解市场，这对华为的经营造成了很大的阻力。而一些一线骨干不但熟悉公司的运作流程和模式，还能了解市场的需求，抓住机会点，可谓既有能力又有经验。

没有最好的管理模式，只有最合适的管理模式，华为也是在不断的教训和经验中摸索出一条适合自己的发展道路。现今企业正面临着激烈的市场竞争，华为也不例外。要时刻提醒自己身处怎样的环境，多一些自我省察的意识，保持头脑清醒，向着正确的方向努力，才能在风浪中奋勇前进，永不后退，屹立在世界的舞台之上。

第四章

华为绩效管理：高效执行力密码

10年来我天天思考的都是失败，对成功视而不见，也没有什么荣誉感、自豪感，只有危机感。也许正是这样才存活了10年……失败这一天是一定会到来的，大家要准备迎接，这是我从不动摇的看法，这是历史规律。

1.人人都要保持强烈的忧患意识

华为自成立以来，经历过多次商业危机，之后在华为全员的共同努力奋斗之下，一一化解了。现在华为已然是中国通信企业的领头羊，在国内外的通信市场上都有着举足轻重的地位。华为能够在激烈的市场竞争中，始终占有相应的企业份额，就是因为华为人保持强烈的忧患意识。

2001年底，华为总裁任正非曾经发表过一篇《华为的冬天》，文中提到："公司所有员工是否考虑过，如果有一天，公司销售额下滑、利润下滑，甚至破产，我们怎么办？我们公司的太平时间太长了，在和平期升的官太多了，这也许就是我们的灾难。'泰坦尼克号'也是在一片欢呼声中出的海，而且我相信，这一天一定会到来。面对这样的未来，我们怎么处理？我们是不是思考过？我们好多员工盲目自豪、盲目乐观，如果想过的人太少，也许就快来临了。居安思危，不是危言耸听……"

因此，华为人时刻都有忧患意识，使得华为人不断谋求内部改革创新，以便应对各种可能出现的意外和危机。华为人的忧患意识让华为人对于周围的环境充满警惕性，同时也锻炼了华为人艰苦奋斗、不断进取的精神。

时刻保持强烈的危机意识，可以激发员工的斗志。企业内部的每个人都时刻想到生存危机，为了个人和组织的目标去努力奋斗、拼搏。华为的这种危机意识给员工增加压力，让员工化压力为动力，催动生产力，促使员工艰苦奋斗，积极向上，在危机意识的不断刺激下，员工发挥出巨大的潜能，提高自身的工作效率，创造更大的价值。

很多国外企业也深知保持危机意识的重要性。日本松下企业不论是办公室，还是通道墙上随处都可以看到这样一幅画：一艘海上行驶的轮船，即将撞上一座冰山。画面透露出强烈的危险信号，在这幅画的下面写着这样一句话："能够挽救这艘巨轮的，只有你。"

任正非曾拜访过很多国外企业，也曾前往日本去观摩和学习一些优秀的企业管理模式，对于日本连续10年遭遇低增长、零增长、负增长的经济危机，任正非有感而发："如果华为连续遭遇两个冬天，不知道华为人是否还会平静，沉着应对，克服困难，期盼春天。"

企业在发展长河中，是不可能一帆风顺的。时刻保持危机意识，可以在企业面临困难和挫折时，能够坦然面对，临危不乱，即使身处危机，但是员工的信心和斗志丝毫不减。华为意识到，危机意识能够在企业身处险境的时候，激发员工的生存技能和工作潜能。

在华为，无论是管理层员工还是基层员工，无论是面临成功还是失败，都必须具有强烈的危机意识。

早期华为的程控交换机，故障率出奇高，因为是采用国外的用户电路套片，电路板经常被烧坏，有时雷电、高压等干扰就会导致板子整个被烧成灰烬。对于这种情况，华为一直在思考是继续沿用国外的电路套片还是自己自主研发？继续使用可以节省大量的资源，但是质量不受自己控制，故障率可能会持续增长，未来可能会造成严重的影响。如果是自己研发，不仅需要引进专业技术，还需要大量的人力资源和物力资源，甚至可能要尝试几百次才能成功，风险极大，十分麻烦，但是质量可以保证。

后来华为再三思考之下，还是决定自己研发，企业的形象和客户的认可度是非常重要的，不能因为雷击烧坏电路板而吓倒市场。

之后，华为的研发团队几年如一日地艰苦工作，夜以继日地研究技术，不断地测试、优化，最终在团队的努力下，研发出了属于自己的电路套片，投放市场以后得到客户的一致好评。但是研发团队并没有自我满足，而是不断地强化、改进电路套片，提高其质量水平。

程控交换机是各种电信业务连接的终端，由于外线电缆的暴露环境复杂，稍微处理不好就会引起雷电、高压等干扰，导致交换机受损，损坏用户板。为了解决这类故障，设计人员查阅各种资料，分析数据，深入研究维修工段，对失效、故障的用户板进行研究分析，模拟实验，最终确定了几套防护方案，再联系邮电和电路专家组进行测试，几经测试，终于设计出有效的防护方案，解决了长期困扰公司的雷击故障。

取得成功的喜悦，并没有冲昏华为人的头脑，他们很快从喜悦中脱离出来，将目光放在更长远的目标上。任正非指出：“10年来我天天思考的都是失败，对成功视而不见，也没有什么荣誉感、自豪感，只有危机感。也许正是这样才存活了10年……失败这一天是一定会到来的，大家要准备迎接，这是我从不动摇的看法，这是历史规律。”

一时的成功对于华为人来说并不意味着什么。一个人如果取得小小的成绩就扬扬得意，安于现状，那么必然会被时代抛弃。现在的社会是一个急速发展的社会，不能满足于现状，原地踏步，而要逆流而上，积极进取，走在时代的前沿。

对于眼前的成功不沾沾自喜，不满足于一时的成就，小小的成绩并没有阻挡华为前进的步伐，而是在喜悦之后，立刻投身到下一个任务中，不断地充实自己，提升自己。在这个竞争激烈的时代，一时的成功并不代表永远成功，如果不能时刻保持忧患意识，那么很快会被其他企业超越代替，最终被时代淘汰。唯有时刻保持忧患意识，不被一时的成功迷惑了双眼，才能保证企业持续发展，才能在激烈的市场竞争中生存下去。

2.全员持股，每个人都是公司的主人

全员持股计划属于企业股权激励的手段之一。股权激励，是企业以股权的形式给予员工相应的分红奖励，使他们有权利参与到公司的决策中来，共同享受利润，承担风险，从而激发员工不断进取，努力奋斗的积极斗志，让员工能够勤勉尽职地为公司的长期发展做出贡献。

众所周知，华为是一家全员持股的私营企业。华为通过对员工进行股权激励的方式激励和留住企业的核心人才，股权激励是一种有效的、长期的激励手段，属于期权激励的范畴。华为给予员工相应的股东权利，使企业内部的核心员工与企业结成利益共同体，从而实现企业长期稳定发展的奋斗目标。

华为在创业初期无论是资金还是资源都非常匮乏，公司需要拓展市场，扩大经营，需要大量的资金周转，很多的华为老员工都把自己的工资拿出来，投放到公司，以解公司的燃眉之急，住简易的房子、吃简单的食物。后来任正非就决定推行华为内部股权和分红制度，给这些投入自己工资的老员工分发股票，这样员工们有了盼头，更加努力地奋斗着，即使拿着微薄的工资也始终保持着激昂的斗志，期望着年底分红。

1990年，华为提出内部员工持股制，当时每股10元，华为以15%的利润作为员工的股权分红。员工进入公司一年以后，根据员工的等级、

职位、绩效等进行合理的股权分配。一般员工的年度奖金用来购买公司的股票，如果员工的年度奖金不够购买股票，公司会帮助员工从银行贷款。

华为推行的这种全员持股的方式，给企业带来了很多好处。一方面减少了公司内部的现金流动风险，降低了财务风险，企业员工内部融资无须支付任何利息，并且公司也不需要向企业外部股东支付高额的分红。

另一方面全员持股可以增强员工的归属感，每个人都是公司的主人，员工有了主人翁意识，自己的利益和企业的利益是一体的，员工的责任感和荣誉感也随之而来。全员持股保证了员工的绩效和分红挂钩，员工想要更高的报酬就要付出相应的努力，越努力效益就越好，效益越好未来的分红就越高。

全员持股的激励方式效果显著，以利益共同体的方式，让每个员工和企业的利益绑在一起，共同奋斗，努力提升自己的绩效，让那些“躺在纸上的数字复活”，为此，员工会更加努力，奋斗拼搏。员工的职位越高，其对企业的贡献也就越大，想要企业能够持续发展，就要采取长期激励的措施，把员工和企业的利益紧密联系起来，发挥员工的积极性和创造性，实现更大的成效。

随着华为员工的不断努力奋斗，华为的市场效益越来越好，公司的盈利也越来越高，员工们的奖金也越来越高，大家也更有信心，争取获得更大的利益，维持利益持续增长的现状。

全员持股虽然是绝佳的激励措施，但是在华为取得巨大成就的同时，也承载着很大的风险。为了消除员工的不安全感，任正非信守承诺，从来没有爽约过，每年分红都按时兑现，这种行为也让员工对未来充满信心。如果对于员工的承诺不能及时兑现，那么企业的形象也会遭受重大影响，所谓的全员持股也成了“画饼充饥”。

全员持股是一种长期的激励手段，在企业发展过程中，员工很容易在工作中消磨耐心，热情退散，如果员工不能时刻保持工作的热情和斗志，那么全员持股也就失去了作用。因此任正非以身作则，每天亲力亲为，通过演说、行动来激励公司的每一位员工，重视员工的精神激励，使员工能够时刻保持精力充沛的状态，精神抖擞地迎接新的挑战。

华为的全员持股激励并不是一成不变的，华为曾面临多次危急时刻，因此华为的股权激励也随着经营环境的变化而变化，这样才能保证企业的发展更加长久。

华为创业初期，曾受到IT泡沫破灭的影响，也就是华为成立以来遇到的第一个“冬天”，为了避免公司内部出现现金流紧缺的弊端，华为开始实行“虚拟受限股”的变革方式。

任正非说：“我们虚拟受限股的实行是经政府批准的，有红头文件的，是合法的。历届中央首长都在关怀过问这件事情，看其能否促进产业发展，称其为中国特色社会主义的一种尝试。我们也经常去北京汇报执行情况，我们是遵纪守法的。”

虚拟受限股是华为最为独特的激励措施。所谓虚拟受限股，是指华为公司给予内部员工的一种特殊股票，凡是拥有虚拟受限股的员工，可以获得公司盈利的相应分红，以及相对应的净资产增值部分，但是虚拟受限股只是借用股票的名头，实际上是一种承诺，没有所谓的股东，员工也不能进行决策和占有，不能转让也不能出售，一旦绑定不能更改，员工辞职之后离开公司，所持有的虚拟受限股将由华为控股工会回购，确保华为的内部股权不会流失。

华为后来还出台了一些新型激励政策。新员工不再分配一元一股的股票，老员工的股票逐渐向期股转化。2008年经济危机时期，华为又开始新的大规模配股，根据员工的不同职位分配不同的期股额度，使员工的绩效和职位挂钩。这种新型股权激励措施，不仅缓解了企业资金的压力，还提高了员工的收益。

直到现在，华为还在寻找有利于企业发展的股权激励政策。通过股权激励，可以使员工参与到企业经营管理中来，员工持有公司股票，不仅让员工重视自身的发展，也让员工更加关注企业的长久发展，并且对企业真正负责。

3.用“三高政策”打造执行力

用“三高政策”打造执行力，是华为保持绩效显著的重要因素。“三高”指的是高工资、高压力和高效率。

员工拿着高工资就会有高压力，高压下的工作就会产生高效率，高效率就会有高绩效，高绩效就会产生高工资，这是一个无限循环的过程。

华为始终贯彻“三高政策”，尤其是高工资政策，在任正非看来，正是由于华为的高工资、高待遇、高福利，才让员工产生了高绩效和高压力。“重金之下必有勇夫”，因此他认为高工资是打造执行力的首要因素。

华为的高工资待遇令很多其他企业的员工艳羡不已，据华为2010年年报显示，2009年的华为员工工资总额高达300多亿元，以当时华为11万员工来看，平均每个员工的年薪将近28万元。

到了2016年，华为年报显示，2015年华为所支出的员工工资、员工福利等将近1000亿元人民币，再加上给大部分员工的分红和股票升值的净利润大概369亿元，总共算下来，分发给员工的工资高达1377亿元，当时华为的员工大概有17万人，人均年收入高达80万元。

可能很多人对于1377亿的概念不够强烈，拿中国一线城市的房价来看，2015年深圳住宅成交均价是3.2万多元每平方米，成交量大概是6.6万套，成交额大概在2300亿，如果按照房价的40%的首付来算，1377亿元能买下价值3440亿元的房产，而2015年深圳房产成交额才2225.8亿元，也就是说，华为2015 年的员工工资总额可以买下1.5个深圳。

可见华为在高工资政策方面是十分慷慨的。华为实行的是职级制度，一般本科毕业生或者硕士毕业生在刚进入华为时职级是13级，博士职级达到15级，每两年升一职级，一般海外的员工职级上升较快，但是越往上越难升，职级越高，职责也就越大，压力也就越大，当然相对的工资也就越高。员工升到17、18这样的职级一般都是基层管理者和中层管理者，到了21、22职级的话，在公司就是总裁和副总的级别了。

2015年，华为的虚拟股票每股股价1.95元，升值0.91元，合计2.86元。华为的员工持股数量和员工的职级、年限都有关系，比如，一个员工的职级是17～18级，他进入华为的年限大概在2003—2004年，大概配股小几十万，税前分红大约60万～70万。如果该员工是在2000年前到华为公司的，税前分红大概超过100万。华为内部员工20级以上的大概有2000～3000人，只算年底分红就有200万～250万。如果员工的职级在21～22级，税前分红加上升值大概超过500万。

华为的全员持股政策给员工带来了很多的福利。华为员工每年的股票分红占据收入的大头，华为的年利润大部分情况下都以分红或者升值的方式分发给员工。据华为内部员工表示：“一般的员工在进入华为两年之后才有权利参股，不过现在公司针对15级以下的员工已经不发放股票了，改为TUP，这种TUP类似股票，但是不用花钱买，只有5年的有效期，每股收益和股票是一样的。”

华为公司奖金也是非常丰厚可观的，但是差异同样也很大，主要和每个员工的绩效息息相关。一般在进入华为3年左右的，年终奖金大概在15万元。

总体而言，对于高端人才，华为是愿意花高价聘请的。新员工报到后，华为在发放第一个月工资时都会把路费或者相关费用发放给员工，即使是在新员工培训期间，工资和福利也都照常享有。在华为入职10年，绩效中等以上的员工，年薪在50万~100万元。

华为这种豪放的薪金待遇让很多企业望而生畏，但是在高工资政策的背后，是华为尖端人才的会聚，正是因为高工资带来了高压力，才能让华为人不断地突破和奋斗。

想要获得高工资、高待遇，就要背负同等的压力，当员工在高压力下努力和奋斗，那么获得高工资是理所应当的事情。

华为的高工资不是人人都可以唾手可得的，支付员工高工资，当然也设置了相同强度的绩效目标，想要获得高工资必须承受更多的压力，完成更大的绩效目标。事实上，高工资的背后带给员工的是高压力。员工必须经过艰苦的努力和奋斗才能获得相应的回报。高额的分红和升值很诱人，但是同样地，压力也是真实存在的。

随着市场的竞争越来越激烈，华为的市场开拓也越来越艰难，很多员工都要前往一些危险地区进行市场开拓，可见高工资政策的背后是多么残酷的斗争。华为还设置了末位淘汰制度，绩效考评不过关或者连续绩效指标倒数的员工都会被辞退，即使是管理层也不例外，当一个人创造的价值低于公司给予他的报酬时，那么他对于公司也就没有了价值。

高压之下出效率，压力可以激发员工潜在的斗志，提高员工的工作效率。压力越来越大，员工的绩效也越来越好。研究表明，当员工的压力明显存在时，员工为了消除压力，就会不断地付出努力，效率得到快速的提升，而当员工的压力持续增长时，员工的潜在能力就会被激发，迸发出巨大的动力。

很多华为人，在刚进入公司的时候甚至没有任何的缓冲时间，必须立刻投入到新项目或者新任务中，不能有一丝一毫的迟疑，这对于很多新人来说，压力不可谓不大，但是没有任何人会轻言放弃。因为压力是时刻都存在的，必须打起十二分的精神，随时迎接挑战。

对于华为内部个别管理层、干部层的安于现状，任正非还发起了竞聘上岗的方式，有能力的员工可以留下或者升职，而没有能力或者不思进取的员工要么辞退，要么转岗，这种方式极大地增强了员工的压力感，让每个员工都时刻保持自我竞争意识。

华为用“三高政策”打造员工的执行力，让员工时刻保持强大的竞争意识，形成内部竞争与选择机制，增强员工的紧迫感和事业心，让员工时刻保持热情和激情，才能提高员工的执行力和生产力，让华为在激烈的市场竞争中迅速发展和强大起来。

4.客户满意是最高绩效导向

华为一直坚持“以客户为本”的经营战略。任正非认为，华为一切工作的出发点都是创造客户，为客户着想，满足客户的需求是上到管理层下到基层员工的出发点和落脚点。满足了客户的需求才能获得更大的利润。

华为在设置绩效目标的时候，都是以客户的需求为基础，客户的满意是最高绩效的导向。如果绩效管理不能遵循客户的实际需求，那么绩效目标的设定也就毫无意义，甚至还会严重影响公司的形象。

很多企业都要求员工在工作的时候要埋头苦干，只要把工作做好就可以了，其实完全不是这样，认真工作不一定会给公司带来非常好的效益，这也是很多企业绩效管理一直不理想的头疼问题之一。

2009年以前，华为的产品无论是构造还是设计都很简单，但是华为的研发人员在研发产品的时候仍然时刻关注客户的喜好和需求，为客户创造更多的价值空间，于是华为的研发人员在研发新型产品的时候一直走低成本、高性能的研发策略，这样客户在选择产品的时候也更偏向华为这类高性价比的产品。因此，华为在那时候就以产品的良好品质和卓越的服务成为全球销量第一。

后来由于产品的更新换代太快，华为遭遇了一次危机。为了让产品的成本再度降低、性能再提高，研发人员在进行单板的大规模升级时，出现了意外，由于初始的架构设计没有考虑长远的发展，单板、硬件、软件的结合太过紧凑，导致升级之后，产生了对网管、主机等的影响，使得每一次的产品升级都要变动所有的环节，给客户带来了很多不便，甚至有的客户投诉说：禁止再进行升级，即使原始的单板速度再慢，也不允许再升级！

原本研发部门计划再次降低成本和提高性能，为客户省钱，结果最后却造成了这样严重的影响，客户不但不满意，反而还增加了各项人力、物力的成本。

从这个案例中可以看出，华为的研发人员出发点是好的，都是为了客户考虑，站在客户的角度想问题，想为客户节省开支，结果却只关注了产品的成本问题，忽视了客户内心真正的需求，导致客户的不满意，造成这种尴尬的局面。

想让客户满意不是只会埋头苦干，把自己的想法强加在客户身上，以自己的心理去揣摩客户的需求，这是大忌，要懂得了解客户真正的需求，以客户的需求为中心，研发出让客户满意的产品，这才是真正的高绩效。

任正非曾不止一次地强调："在任何时候都不要忘记以客户的需求为导向。"他还很幽默地把不以客户为导向的工作态度称为"冬天去北极"。2000年以前，IT专业还是一个冷门专业，很多IT专业的人都选择去美国发展，当时美国的IT行业失业率很高，这个时候去美国，不正是"冬天去北极"吗？

华为拒绝任何不以客户为导向的项目开发，只有真正了解客户的需求，产品的发展路线才是正确的、稳定的。任何绩效指标都不是华为人自己制定的，而是全部来自客户，客户的需求就是绩效的导向。

任正非曾指出：“华为的产品开发最大的问题就是简单的东西做不好，而复杂的东西却做得很好，这是为什么？简单的东西大家都不愿意去做，这是典型的以技术为导向，而不是以客户为导向。”

员工如果缺乏正确的工作方法和态度，一味地以自我为中心，不按照公司规定的制度、流程、标准严格执行，那么员工就会散漫、自由。所以要想员工能够贯彻以客户需求为导向的工作指标，就要让员工养成不折不扣执行任务的态度，培养员工养成以客户为导向的工作习惯，在执行任务的时候，有意识地、规范地去执行。

华为人坚信，时刻站在客户的角度想问题、满足客户的需求、获得客户的认可，是实现高绩效、高增值的关键因素之一。

无论是什么样的难题、承受多么大的压力，只要是客户的要求，华为的每个项目团队都会想尽一切办法去执行，目的就是为了让客户满意，获得客户的认可，赢得客户的好评，为以后开拓市场打下基础。

著名管理学大师德鲁克曾经提出三个问题：“我们的业务是什么？我们的客户是谁？客户心目中的价值是什么？”甚至德鲁克大师还亲自给出了答案：“从规定企业的宗旨和企业的使命来讲，这样的中心论题只有一个，就是客户。”

客户是企业的衣食父母，不光对于华为是这样。很多企业认为客户服务是一个消耗资源的项目，它并不能为企业创造营业额，其实在为客户服务的过程中并非无利可图，把客户服务好，满足客户的需求，会增加客户对企业的满意度和忠诚度，客户的满意度提高了，自然会购买更多的产品。因此企业应主动去发现客户心中的真正需求，将其转化为产品的特性加以生产，满足以客户为导向的市场需求，提高企业的销售额，创造利润。

华为就是要培养一批懂得为客户服务的优质员工，客户的错误、客户的刁难都是一种考验，任何客户都是上帝。正是华为人始终保持着“以客户的满意为导向”的工作态度，对客户保持耐心，尊重客户的意愿，理解客户的想法，为华为赢得了更好的口碑。

始终保持谦逊的态度、给予客户贴心的服务，时刻针对客户的需求做出改变，秉持着“为客户服务”的理念，尽最大的努力让客户满意，是华为在激烈的市场竞争中的优势之一。客户满意才是最高绩效导向。

5.围绕客户需求，强化创新能力

任正非曾不止一次地强调：“为客户服务是华为存在的唯一理由，客户需求是华为发展的原动力，我们必须以客户价值观为导向，以客户满意度为标准，公司一些行为都以客户的满意程度作为评价依据。”

1998年，华为在CDMA项目招标中不幸落选。当时的3G产品有两个版本，一个是IS95版，另一个是IS2000版。华为在招标之前，多次开会研讨和分析，公司的项目团队认为IS95版是旧版本，而IS2000版是新版本，还可以兼容IS95版，所以华为投入了大量的资源和人员用以研发IS2000版。

结果在招标的时候，中国联通认为IS95版虽然是老版，但是相对新版较成熟，性能稳定，而IS2000版是新研发的产品，可能很多性能不够稳定。考虑到之后系统的运营稳定性，权衡之下中国联通选择了IS95版产品。

华为的这次项目投资采用的是压强战术，几乎所有的心血都投入到这次项目之中，结果由于没有抓住客户真正的需求，团队的所有心血都打了水漂，导致招标落选，给了华为一次严重的打击。

从这次失败的案例可以看出，正是由于华为的项目团队没有把握住中国联通真正的需求，盲目地改革创新产品，以技术为导向，而忽略了客户真正的需求，导致招标失败，公司也浪费了大量的资金和资源。

产品创新是通信企业发展的核心动力，如果员工在创新的时候，一味地追求技术上的创新和改革，忽略客户的需求，盲目地坚持技术越高客户越喜欢的错误方针，那么不仅不能给企业带来增值，反而会给企业带来损失。

盲目创新等于浪费，不仅浪费了企业的资源，还消耗了客户的好感度。客户的需求是产品创新的根本，客户的需求对于创新的重要性就如同创新对于企业的重要性，应该围绕客户的需求改革创新，而不是自作主张地盲目创新。

相信很多企业都明白创新要从客户的需求角度出发，抓住客户的需求就等于抓住了市场的需求，围绕客户的需求进行创新，会给企业带来很多益处。但是客户的需求我们应该怎样把握呢？不妨大胆假设一下客户的需求，再进行求证。

华为一开始开发的微蜂窝基站由于覆盖面窄，不能满足客户的要求，销售量也日渐降低，想要在微蜂窝基站的基础上再进行创新突破难度是很大的，于是华为的项目团队准备开发一种新型基站。为了能够满足客户的需求，项目团队没有盲目地进行创新，而是先假设客户的需求是什么，在经过多次的调研和求证之后，华为的项目团队在微蜂窝基站体积小、易安装的基础上，结合大功率和扩容性好、覆盖面广的特点，研发出一种新型的基站。

经过项目团队的努力，半年之后终于研发出了一款新产品，即微基站，新产品一经推出，立刻取得了市场的认可和客户的认可，不到一年的时间就达到了2万套的销售量，销售额高达2亿美元。

围绕客户的需求进行创新，是企业提高销售量，带来盈利的有效决策。客户的需求是企业和员工共同的工作目标，不断地给客户提供优质的服务，满足客户的需求，得到客户的认可，让客户能够长久稳定地同企业合作。

想要企业在市场竞争中获得更大的竞争力，就要学会比其他企业更多的客户服务能力。时刻关注客户的需求，站在客户的角度思考问题，针对客户的心理设计符合客户消费心理的产品，是华为一贯的项目方针。

华为在与联通的多次合作中，曾经为联通量身定做了一款IGATE平台，该平台不但能够同时兼备GSM、CDMA、固定数据网三种网络功能，还大幅度地降低了联通的建设成本，适应联通持续发展的战略。到了2001年，华为为了让联通智能网能够充分发挥自我优势，在了解了客户需求之后，联合联通在上海和内蒙古等地开通了统一账号业务和综合业务等，从而帮助联通树立了综合智能业务的典范。一直到2005年，华为的IGATE平台还在多个城市一直被使用，占据了当时大半个GSMC新增容量的市场份额。

华为围绕联通的需求，量身定做了符合联通企业发展的IGATE平台，降低了客户的运营成本，还帮助客户拓展了业务，甚至维持了和客户之间的持续合作，自那以后，联通的很多设备都是从华为采购的。

服务和业务是企业前行的两条腿，任何一条腿跟不上节奏都会导致企业的发展缓慢，甚至跌跟头，企业想要始终处于市场的领先地位，不仅要优化产品，突出特点，还要提高服务质量，保证服务与业务并驾齐驱。

为了保证服务和产品能够时刻领先，华为制定了统一规范的管理制度。

① 服务规范

华为严格制定了员工的服务标准，规范员工的服务流程，无论参与员工的职位高低，都要按照标准执行任务，保证员工的服务质量以及服务水平达到一流程度。

②服务热线

客户遇到任何问题都可以通过800服务热线获得优质的服务，无论是技术咨询还是产品服务，或者是故障维修，都可以通过服务热线得到快速的解决。

③服务监控

华为不仅制定了专门的服务流程和服务标准，建立专业的服务团队，还成立了专门的服务监控部门，对所有的服务质量和流程进行监督管控，确认客户对服务的满意程度和服务质量。

产品的创新要从客户的需求出发，紧紧围绕客户的需求寻找商机，认真分析客户的心理，确定目标客户，抓住市场需求，满足客户对于产品的需求，提高客户的满意度和认可度，这样企业在发展过程中，才能创造出更大的价值。

6.打造专业高效的行政队伍

1997年，任正非在《在秘书座谈会上的讲话》中提到：华为秘书是为了解决生产力的。企业为什么要设置秘书岗位，聘请秘书呢？在华为看来，秘书的职责就是让管理者、技术研发人员、市场营销人员专心从事自己的本职工作，因为他们的专业性和技术性让他们的工作只能自己亲自做，而别人无法去做。有了秘书的话，他们就可以节省大量的时间，把重要的时间用在自己的本职工作上。秘书的职责很大一部分解放了管理层和技术人员的工作，降低了整个企业的总体成本，建立了人性化服务体系，否则让一些管理层或者技术人员自己去整理文件、管理档案，无疑是浪费时间和效率。

企业的行政团队是企业稳定发展和扩大规模的重要因素，随着经济的快速发展，很多企业的内部存在一些问题，进而影响企业内部的发展。因此，一支专业高效的行政团队是企业发展的重要保障。

企业的行政部门主要负责企业内部的日常行政事务，或者提供一线业务的支持，华为的内部就有一支专业高效的行政队伍。众所周知，华为公司遍布全球各个地方，无论是华为的项目实施还是业务谈判，都会有专门的行政队伍安排所需事项，负责团队的行程、起居等等，并且要保障人员的日常事务或者后勤帮助，让企业的员工能够没有后顾之忧地全身心投入到工作之中。

华为的行政后勤人员主要负责一些接待客户、会议准备、会展活动、文档整理、人员协调等日常行政事务，或者领导指示的任务，同时还要为企业外派人员或者来访客户的日常生活提供帮助。

一般华为的行政后勤职能人员要能全力保证华为一线人员的需求，衣食住行医等方面要面面俱到，保障一线人员能够毫无后顾之忧地把全部精力投放在工作之中。一支专业高效的行政队伍能够保障一线员工全身心地投入工作，提高企业的整体效益。

华为还建立了让很多企业望尘莫及的秘书体系。在华为看来，不论是管理层还是基层员工，精力毕竟是有限的，如果忙于处理自己在工作中的任务之后，一些琐碎的小事就会不经意间忽略掉，因此为了保证员工能够集中精神来处理工作中的任务，任正非专门设立了秘书岗位。华为的秘书体系是公司一支重要保障队伍，目前华为全球秘书人数在2000人左右，深入企业各个部门，保障企业工作持续发展。

任正非指出：“*秘书是走向管理者的通道，秘书就是管理者。管理最初级就是秘书。80%～90%的例行工作是由秘书进行管理，秘书有处理例行问题的权力，华为公司有很多高层领导都是出自秘书。*

“*作为秘书就是要下定决心，不顾一切地去分担管理者的压力。这个分担管理者的压力，不是替他决策、出主意，而是要减轻他的大量事务性的重复劳动，保证他在主攻方向上投入主要力量。*”

华为和一些国际巨头企业还是有一定距离的，任正非也深知这一点。因此如果不想华为在激烈市场竞争中被淘汰，就要全力以赴，奋发向上，努力追赶。因此，这种情况下就要求华为的员工能够集中自己全部的精力，全身心地投入到企业的发展中。华为聘请了大量的秘书就是为了让管理层和员工能够专心从事自己的本职工作，不浪费时间，一些不需要自己亲自去做的事情，可以交给秘书来做，充分发挥每个人的职能。

为了能够规范和强化华为秘书管理体系，任正非特意引入了英国NVQ行政管理职业标准体系，并根据不同岗位、不同级别的秘书体系来规范秘书的任职资格。华为的秘书体系是华为最早推行和完善的一套体系，并且华为秘书的专业化程度在国内企业也一直是遥遥领先。

在华为，秘书的日常工作看起来简单易做，好像平时就是端茶倒水、复印打印等等，但实际上并不简单，身为一名合格的秘书，打字、复印，这些都是基础职能，熟练操作计算机和办公软件是每一个行政人员都应该具备的素质。

作为管理者的助手，秘书必须熟练掌握上级的工作习惯和工作事项，合理地安排，协助上级，及时有效地帮助上级处理一些力所能及的工作，减少上级的工作量，节省时间。

秘书通常要花费大量的时间来处理一些琐碎小事，因此建立一套秘书体系是非常重要的。任正非曾指出：“像我们公司这么庞大的秘书队伍，发达国家是养不起的，因为成本太高，美国的公司一般只提供很好的工具，要求科技人员自己做文件，下班之前务必做完。这一系列管理制度目的就是降低成本。华为公司处于中国特色环境下，所以养得起，有这么一大群秘书。”

在华为，秘书的职责一般包括这几个方面：

主管助理的日常事务

合理安排上级的日常工作，能够及时整理文件和信息，归纳保存，并且在使用的时候，快速地找到，跟踪上级的工作进度，帮助上级管理时间，准确把握行政管理工作中各个流程和环节，保证任务的顺利进行，协助上级的工作。

维护工作关系

秘书要善于维护和上级以及其他员工的关系，建立自己的关系网，协调华为企业内部人员的关系，融洽与其他员工之间的工作关系。

跟踪业务进展

上级分配的任务和工作要及时完成，对于上级的日常工作要及时跟踪，适当地提醒。对于上级执行的任务要事先了解全面，做好记录，帮助上级做好相关工作，减少风险。

推动流程制度

协助上级召开会议，会议前的准备做到完善，跟踪会议的落实情况，并在会议中记录重要信息。企业内部的一些流程和制度要协助上级规范和管理，建立完善的流程制度，提高部门运作的流畅性和员工的工作效率。

优化氛围

善于营造高效的员工工作氛围，定期组织多样的活动和宣传，促进员工之间的交流和感情，营造华为特有的工作氛围。建立上级和下级之间的友好关系，作为上下级沟通的桥梁，通过有效的转达，帮助企业内部的员工更好地完成工作，为上级减轻压力，帮助企业持续高效地发展和运作。

7.在项目计划中形成卓有成效的约束机制

华为作为国内通信企业中的佼佼者，分公司遍布全国各地，在收益大大增加的同时，麻烦也随之而来。最为明显的就是在跨地域、跨部门合作中，容易出现各种各样的问题，带来很多不好的影响。为了避免这种情况的出现，华为在多次探索和摸索中，形成了华为独有的项目管理方法——项目计划。项目计划的诞生使得各地域、各部门之间的矛盾和冲突大大弱化，同时还提高了企业的绩效。

在制订项目计划的时候需要制定有效的约束机制。华为在项目计划实施中首先在执行过程上下功夫，用来约束各部门的行为。华为的项目计划共分为五大过程，即：启动、规划、执行、监控、收尾。每一个过程都详细标明了在执行项目过程中应该注意的事项，这种方法避免了项目在执行过程中可能因为各部门配合不协调而导致进度缓慢、效率低下的问题。

华为项目展开过程，如下：

项目	启动	规划	执行	监控	收尾
整体管理	制定项目执行的初步范围，并附上说明书	制订项目执行计划	执行过程中注意项目的指导和管理	时刻监控项目任务的完成进度，保证项目掌控性	项目收尾
范围管理		规划项目范围，分析项目结构		控制项目执行范围	
时间管理		估算项目时间，合理安排项目执行先后顺序，制定进度表		控制各个阶段项目执行的进度，确保时间充足	
费用管理		估算费用		控制费用	
质量管理		质量规划	保证项目实施的质量	控制项目质量	
人力资源管理		规划项目所需的人力资源	组建项目执行团队	项目团队成员管理	
沟通管理		沟通规划	信息交流		
风险管理		规划风险识别计划，进行风险分析，制订应对计划		风险监控	
采购管理		采购和发包	比价，选择卖家	合同监控	合同收尾

如表所示，华为的项目计划中，每一个过程都有着详细的说明和流程，每个部门、每个阶段的流程也都一一规范明确，只要寻找相对应的过程就知道自己在执行过程中担负什么样的职责和任务。这种方式在一定程度上约束了员工的行为，使得后续项目开展起来更加顺利。

华为的项目计划很好地约束了项目团队中的每个个体和每个部门，它让员工与员工之间、部门与部门之间能够消除隔阂，打破界限，使团队之间能够协调合作，共同努力，让项目计划能够顺利开展。我们可以再详细地介绍一下华为的项目计划。

一、项目启动

华为的项目计划在启动时包含了四个方面：

①立项申请

②项目组建

③项目策划书

其中，华为项目策划书的制定有五个关键步骤：

第一，描述项目计划成立的背景和目的，解释该项目属于什么性质的项目计划，为什么要开展这个项目，目的是什么。

第二，项目执行的关键点。比如项目在执行过程中会遇到哪些风险，应该怎么避免和防范，项目的利润点在哪个阶段等。

第三，项目的评价标准。评价标准尤其重要，它是项目成果验收的重要依据，华为的每个项目在执行之前都会设置相应的评价考核系统，用来规范和约束员工的工作行为。

第四，制定约束条件。项目的约束条件是项目在执行过程中的限制性条件，项目的约束条件也影响着项目执行中会遇到的风险程度。

第五，项目关系人。项目执行的团队成员、项目负责人，以及在执行中会涉及的客户、主管、有关部门和相关负责人，等等，都要一一罗列出来。

④项目开工会

二、项目计划

华为的项目计划包括五个阶段：

①工作分解

工作分解之前先确定项目的范围和目的，将项目工作分解成不同的项目任务，明确每个人的目标和任务，划分责任，分工明确，并且制定相关的分工明细表，将责任落实到个人，确保项目的有效执行。

②排序

通过对项目任务的完全掌握，按照项目的要求，分清轻重缓急，合理安排项目执行次序。

③资源协调

项目执行过程中最重要的就是资源的支持，无论是人力、物力，还是财力，做到合理分配，协调发展，会大大提高项目的执行进度。

④进度管理

在制订项目计划的时候一定要考虑到项目的进度问题，事先安排好项目执行所需的资料、工具等，以免延迟进度。

⑤风险，沟通计划

在项目沟通中，必须事先做好项目风险识别计划以及风险防范计划，在遇到问题的时候及时沟通，避免发展成大问题，扰乱项目的正常执行。

三、项目过程

严格按照项目计划的流程执行任务，监控项目执行过程中的每个环节和流程，避免出现意外，在这里着重以下两点：

①项目监控

项目执行中的进度和成果及时跟踪，记录员工的工作情况，时刻关注项目的日常报告，一旦发现问题立即处理，保证项目过程中无一疏漏。

②项目变更

项目在执行过程中不可能按照事先计划的进行下去，很可能会有超出预期的事件发生。要学习华为人，提前做好方案，以便应对突发状况。

四、项目收尾

凡事做到有始有终，开好头更要收好尾，不论项目的大小、难易，在收尾阶段都要认真对待，事后更不能忘记吸取经验，总结成果，这对以后的项目执行也有很大的好处。

从项目的开始到项目收官，中间阶段会出现很多无法预料的事情，想要在项目计划中形成卓有成效的约束机制，就要在项目执行过程中下苦功，严格规范项目的每一个过程、每一个环节，认真对待，按标准执行。

同样是减员增效加薪，看看华为如何做绩效管理！

在这个飞速发展的互联网通信时代，很多传统企业被现实打败，但是华为这样著名的公司并没有被现实颠覆，反而迎着阻碍奋发向上，不但每年的绩效成果持续增长，还超越了一个又一个对手。

很多企业人会思考，想要实现员工人数越少，但是人均劳动力增长带动销售业绩增长的方法是什么呢？其实很简单，就是如何在人数越来越少的情况下，增加企业的核心竞争力。减员、增效、加薪这六个字看似很简单，但是很多企业这样做了之后，效果甚微，甚至有的企业虽然减少了员工数量，但销售量也跟着降低，到最后得不偿失。

那么同样是减员、增效、加薪，华为又是如何做绩效管理的呢？

很多企业在给员工分配任务的时候，会给员工事先定下任务量，结果有的员工在执行的时候并不尽心尽力，甚至很多时候，员工并不能按时完成任务。而华为在这方面恰恰相反，华为会首先问员工想要拿到多少工资，然后根据员工提出的工资倒推出他应该完成多少任务量，比如员工说想要拿30万的工资，那么员工就需要完成相对的绩效成绩，这种情况下，员工自己内心给自己定下了能够完成的任务，在之后的工作中，就会主动去做，并且想方设法去完成。自己定下的绩效目标就会有认真完成的动力，如果是别人给自己定下的目标，就可能觉得是在逼着自己去完成，产生相反的效果。

企业绩效管理的核心问题就是能够把公司的组织目标和员工的个人目标联系起来，利用员工想要加薪，获得高收入、高待遇的心理，激励员工提高工作的效率和能力，增加企业的效益和利润，达到双赢的局面。

很多企业想要员工工资够高，每天的生活水平也高，赚的钱都多得没处花，还认真工作，效率高，不出错，这是企业管理最想看见的画面。但真正的事实是，很多企业的员工效率低，导致员工的工资也很低，但是员工又每天没有事情做，还一天到晚嫌工资低，嚷嚷着要涨工资。这是企业管理者最痛苦的事情。

怎样才能把最痛苦的事情慢慢改变成为最幸福的事情呢？在华为，公司的规定就是必须给企业内部的核心员工加薪，然后根据员工的工资推算员工应该完成多少绩效任务。比如每年完成任务的前20%的员工，加薪20%；中间完成任务的20%员工，加薪10%。另外，如果员工超额完成了任务再加薪10%。

很多企业在员工绩效成绩差，公司销售额下降、利润减少的时候，最常用的手段就是减员、减薪。绩效成绩越差，就越不给涨工资，结果导致绩效差的员工被辞退了，绩效优秀的员工也走了，因为不给人家涨工资。

在华为，绩效做得再差，也要涨工资，给那些优秀者涨工资，鼓励其他员工提高自己的绩效，不过对于那些绩效差的员工，也会选择辞退或者降薪、降职。华为有一个非常著名的绩效管理法“末位淘汰制”，这个方法就是针对员工的绩效成绩如果一直居于末位的话，就要面临被淘汰或者辞退的风险，即使是管理者也不例外。

华为的员工工资普遍都很高，这是众所周知的事情，很多中小型企业的工资不可能像华为一样达到这么高的标准，但是针对核心员工、优秀绩效者，适当地加薪，提高其待遇是必然结果。

总之，减员是被允许的情况，但是如何留住优秀者才是企业应该思考的问题。很多时候，不妨学习一下华为的倒推任务方式来提高员工的工作动力和绩效成绩。

企业在针对员工不努力提高销售收入的情况时，可以采用提高人均毛利的方法来激励员工。

华为首先会把毛利分成六个包，即研发费用包、市场产品管理费用包、技术支持费用包、销售费用包、管理支撑费用包、公司战略投入费用包。然后针对这六个包分别找到包主，每个包的包主再根据毛利分配给下面的员工。

在任何一个企业中，人均毛利是唯一的生产指标。一般情况下，企业最低的收入水平是人均毛利35万元。假设人均毛利是35万元，人工成本就是35×60%，即是21万元，剩下的25%是业务费用，而最后的15%就是净利润。目前，以一线城市的收入标准来看，如果企业的员工一个月工资不到8000元的话，那么他就没法保证生活质量。

毛利基本是在30~100倍之间，华为能够实现员工人均毛利100万元的目标，是因为华为要求员工必须拿到28万元的固定工资。

因此，提高人均毛利的问题对于各大企业同样适用，人均毛利率的增长决定着工资包的增长，工资包的增长就决定员工的工资也在增长，那么即使减员也能保证优秀员工不会流失，企业的利润才会跟着增长。

每个企业都想要一个员工尽可能做两个员工的活儿，甚至三个员工的活儿，但是往往在减员之后，员工的工作效率也跟着下降。因此，减员的同时，保证员工的绩效增长才是企业首要达到的目标。

华为在招聘的时候很简单，最常考虑的问题就是为什么要招这个人？他能给企业带来什么贡献？如果换成别人行不行？这些问题的背后答案是什么呢？其实很简单，如果招一个员工的工资是2000元，但是他的工作其他核心员工也能加班去做，不如给核心员工增加加班费，这样不但可以精简人员，还能节省成本。

在华为，优秀的管理者就是能够将很多岗位根据职责合并成一个岗位，然后进行减员，让更多核心员工来做，减少企业的成本，增加企业的绩效。在合并岗位的时候，要遵循一定的规则，最好是管理岗位和职能岗位合并，一个岗位可以有不同的职能，但是类似于研发部门经理、市场部门经理等一些产出岗位却要越详细越好。

绩效管理的核心也是人的管理。在制定绩效管理方法的时候要注意科学、合理的绩效管理方式，任何一个企业的管理模式都是在不断地摸索和实验中，最后实施并固化的，所以每个企业都应该找到适合自己发展前进的绩效管理方法。

第五章

华为项目管理：打造以项目为中心的管理体系

适当增加成员在执行任务中的乐趣，让成员对自己的岗位时刻保持热情，这样才有利于团队之间的和谐发展，才能保证团队的稳定性，不会轻易地被改变和破坏。

1.做好项目启动前的准备工作

中国企业有一个共通的劣势，就是企业内部缺乏优秀的项目管理人才，很多时候，一个小小的问题不知道如何解决，导致问题变得越来越复杂，从小问题变成大问题，一发不可收拾，越来越严重。

华为创立初期，企业的项目管理由于资源和条件的限制，一直是公司内部最薄弱的部分。在执行项目的时候，经常出现一些问题，比如项目不能按时完成，超出期限太多时间；项目完成之后，客户不满意，又要从头开始，等等，一度给公司造成不良影响，让公司陷入危机。那时候，员工和公司都承受了很大的压力。

公司开始重视这个现象，着手解决之后，发现了很多问题。项目经理在接到上级领导的指示之后，不知道什么时候开始执行、怎么去执行、要注意什么、任务的期限又是多久，这些统统不知道，只知道在接到任务之后就去做，先组建项目团队，然后看到什么就去做什么，也不管自己应该做什么、不应该做什么。结果导致任务失败，浪费了大量的时间，做的都是无用功。

华为为了避免这种现象造成的影响，明白项目启动前，做好准备工作是很有必要的，因此在项目开始执行之前，华为的项目团队会做好以下几点准备。

第一，清楚项目的目标

很多企业常常出现结果和预期完全不相符的现象，是因为很多员工在工作的时候，不知道自己应该做什么，不知道什么时候开始做。因此在上级领导交代任务的时候，作为项目经理一定要认真记录项目任务的有关事项，避免之后造成对项目任务的误解。遇到不明白的地方要及时向领导确认，不能一知半解，否则不仅会耽误项目的工期，也会给企业造成不好的影响。

当华为的项目经理接到一个任务的时候，首先要考虑这个项目的任务是什么，要清楚真正的目标是什么。当“我要做什么”这个问题可以得到准确的答案时，说明项目的目标已经明确了。有了明确的目标之后，项目团队才能正确地掌握工作方向，整个项目才能如期按时完成。目标是引导团队前进的指示灯，明确项目任务，是项目顺利开展工作的前提。

第二，了解项目的需求

项目团队在执行任务的时候，一般是站在自己的角度想问题，比如什么时候能完成任务、任务难不难等，而忽略客户的需求，客户可能在意的是系统的稳定程度，或者产品的使用寿命等。因此项目团队可能会为了尽快完成任务而没有认真考虑这个任务真正的需求，常常项目已经按时完工了，但是客户却不满意，还要重新退回，回炉再造，再次耗费人力、物力和精力。

一个合格的项目团队，就是要了解项目的真正需求，领导想要的是什么结果，客户想要的又是什么结果，学会站在客户的角度考虑问题，节省很多不必要的时间，更有效地完成任务，让领导和客户都满意。

第三，目标分解细化

在项目执行过程中，很多团队都会发现这样一个问题，如果只有一个大的目标需要去完成，就很难让每个成员都能明白自己具体要做什么。只有让大化小，让复杂简单化，项目执行才会很简单。项目任务有时候是一件很繁杂的工作，如果不能合理地分配好时间和团队成员的工作范围，就会导致任务不能按时完成，给企业造成无法想象的后果。

华为的项目经理在项目管理中就重视将一个繁杂的项目工作分解细化成一个个小目标，根据任务的期限合理分配各个阶段需要完成的小目标，再针对成员的个人工作能力，分配不同层次的任务，能力高、职位高的员工就会承担任务的重要部分，将任务一级一级分配下去，每个阶段挑选一名负责人，然后一个阶段一个阶段地去执行。任务细化得越详细、越清楚，每个人的目标就越明确，工作起来也就越顺利。

第四，目标的量化

目标的制定必须具有可实现性。当制定了目标以后，要考虑这个目标是否可行，是否可以完成，完成的衡量标准又是什么。因此在细化任务之后，要明确任务的可行性，以及任务的评判标准。

考虑到这一点，华为的项目经理就把项目团队需要完成的目标具体量化了。一般在执行目标时，根据员工的自身情况、能力等方面，从完成的时量、数量、质量这三个方面考虑，以这三个“量”作为项目的评判标准。力求员工在执行任务的时候，能够保证任务按时完成、按量完成、按质完成，这样对于检验任务的完成度就有了一个直观的体现，对于每一个任务的情况也就一目了然，便于管理。

华为之所以能一直保持着骄人的成绩，缘于企业的项目团队。自华为的项目管理体系成立以后，就以惊人的发展速度，在众多企业为了项目管理这个问题头疼的时候，华为却不断创造奇迹，成为中国通信行业的领头羊。

无论接到的项目是大是小，是简单是复杂，在项目启动前，项目经理都要事前统筹安排，做好准备工作，把每个阶段应该完成的目标仔仔细细地记录下来，做好说明分析，明确每个阶段的职责和目标，具体到每个小目标的负责人，大大小小的事情和细节都要全面考虑到，合理分配，科学执行，这样在项目执行的时候，才不至于手忙脚乱，本末倒置。

2.组建一支高效率的项目团队

任何一个项目都不可能靠一人之力去完成，即使这个人的能力再强，经验再丰富，也需要一个团队其他成员的辅助。项目团队的效率决定了任务完成的效率，没有一个高效率的项目团队，就不可能高效率地工作、执行。

有这样一个案例：华为的一个项目经理在执行任务的时候，按照启动前的准备工作完成了项目的细分和量化之后，开始组建团队的时候，遇到了一个麻烦。项目经理一开始只是从各个部门抽调了一批优秀的员工，然后把他们召集起来组建了一支项目团队，但是当他给这些员工安排好任务之后，发现项目任务执行起来并没有想象中的那么顺利。

每个成员一有问题就直接找项目经理，因为他们每个人都不知道自己应该找谁对接，有了问题之后应该向谁反映，结果项目经理每天都要处理各种问题，忙得焦头烂额。有的员工虽然能力很强，但是对于接到的任务却并不擅长，结果这么多优秀的员工组成的团队，竟然没有一点效率，各种问题层出不穷。

于是项目经理通知大家暂停工作，然后将成员统一召集起来，按照每个成员的优势、劣势，重新分配任务，并且将成员之间的协作关系画了一张结构图，明确分工，具体到个人，将他们之间的上下级关系和渠道全部做了标注，规范团队间各个岗位的职责和权力。

重新规划之后，项目团队开始再次投入工作，出现问题之后，也明白该找谁反映了，矛盾、摩擦也渐渐减少了，任务的执行效率终于有了起色。

从这个案例中可以看出，要想项目团队能够高效率地完成任务，就要组建一支高效率的项目团队。因此华为制定的项目管理法中就提到，在组建一支高效率的项目团队时，要从以下几点出发：

第一，规划项目团队的结构

组建一支高效率的项目团队，首先要分析这个项目团队的组成成分，也就是团队的成员结构。根据分析得到的结论选择合适的成员来加入团队，相互配合完成工作。项目团队的成员是团队能够顺利执行的基础，一个高效率的项目团队需要一个稳固的团队结构来支撑，也就是成员的配合要默契、协调。

华为吸取之前一些项目团队组建失败的经验，明白团队成员间不能随意拼凑，一个设计合理的团队结构是保证团队取得成功的必要因素，否则将会拖累团队间的执行进度。

团队的结构不是一成不变的，随时可能会有新的员工因为新的需求加入进来，因此，在团队的结构上，要注意随时调整，确保团队间的协调性，让项目顺利进行。

第二，控制项目团队的规模

项目团队的规模不一定越大越好，很多时候，规模越大，问题也就越多，浪费的时间和成本也相对更多。人数多了，职责就不好区分了，很多时候人数越多，分工就越不明确，越模糊，上级布置的任务也就不会及时有效地被执行。比如一个人能够做好的事情，找了两个人同时去做，那这两个人可能会互相推诿，都以为对方会做，结果谁也没做。

项目经理要学会控制项目团队的规模，严格规范团队的人数，避免责任分散，影响团队效率。要根据每个成员的工作能力，合理分配任务，既要在员工的能力范围之内，又不过于简单。将责任细化到每个人的身上，这样团队的效率才会变高，员工才会有工作的动力。

第三，选择合适的成员

很多项目经理都以为，组建一支高效率的项目团队，就是把所有优秀的员工都聚集在一支队伍里，这种想法其实是很片面的。最优秀的不一定是最合适的，如果一味地关注员工的学历和背景等，一定要挑选出全能人才组建在一起，那么可能他们工作的效率更低。

华为在组建团队的时候，更注重成员的能力是否符合项目的执行和发展，而不是看这个人的学历。根据岗位的需求来选择合适的成员，每个岗位的职责不一样，所需求的人才也不一样。

在华为，一支高效率的项目团队的成员不一定是最优秀的，但一定是最合适的，每一个成员都愿意为了团队的利益共同努力，不以自我为中心，懂得相互配合，相互协调，在工作中懂得发挥自己的优势，扬长避短。

第四，合理搭配，优势互补

每个成员都有自己的特点和优势，一个成功的团队也需要多种人才，项目经理在组建团队的时候，要根据成员各自的性格、优势，将他们合理搭配，优势互补。掌握每个成员的技能和优势，将每个成员的才能发挥到极致，就会创造1+1大于2的价值。

第五，增进成员间的默契

当项目团队的全部成员都安排到位以后，就会发现他们之间还缺少了解，所有人都互不熟悉，工作起来完全没有默契，甚至一点小小的摩擦都可能变成大矛盾。

这个时候，就要组织一些活动来增进成员间感情，可以举行一场小会议，让每个成员自我介绍一番，或者开一场自由讨论会，帮助成员了解其他成员的性格、兴趣、爱好等。也可以下班之后组织一些户外运动，增加成员在一起的时间，方便建立默契。

培养一支高效率的项目团队对于项目经理是很有必要的，要做到统筹安排，合理搭配，严格要求，扬长避短。要知道，高效率的团队成员创造的价值要远远高于其他普通团队的价值。高效率的团队不仅可以节约时间，能够更快速、更经济地完成上级指示的任务，还能节省成本，带给企业更多的效益。任何企业都是功利的，如何让企业的效益最大化？就是组建一支高效率的项目团队。

3.确保团队内每个人各尽其责

很多企业的项目管理中经常会出现这样的现象：当一个任务分配给个人的时候，效率很高，即使是出现问题，也能立刻确定负责人，及时快速地解决问题；而当任务分配给一个小组或者群体的时候，效率反而变得缓慢，甚至出现问题的时候，大家互相推脱、逃避，谁也不承认是自己的原因，项目经理在追究责任的时候却找不到事件的具体负责人，明明参与的员工人数众多，但就是无法落实责任。

曾经有心理学家提出“责任分散效应”这种心理。就是当一件事，如果是单个个体或者个人被要求单独去完成的话，那么这个个体或者个人的责任感就会很强，而且也会很积极地去做，因为出现问题的话，只有自己独自承担责任。如果是要求一个群体或者很多人去执行这个任务，群体中的每个个体的责任感就会被减弱，面对问题和困难的时候，就会退缩和逃避，因为都想着会有别人去承担责任，人多不负责，责任落实不了。

造成这种现象究其根本是因为在执行任务的时候，管理者没有将每个人的职责划分清楚，只是将任务分配给一个团队，结果一些任务简单，而且很容易获得奖励的工作，大部分员工抢着去做，而一些任务执行难度很大、很难完成，对于员工的能力也要求得更高，这样的工作没有人愿意去做。

如果出现这种情况，项目经理想要落实责任的话，可能追究来追究去，最后却不了了之，或者实在没有办法只能让团队成员一起承担责任，但是这样会对团队成员产生不好的影响，也会让团队成员有委屈和不满的心理，最后导致管理上的混乱，影响任务执行的进度，而且有可能还会因为工作上的矛盾影响团队的稳定和成员间的感情。

在华为，项目经理在分配工作的时候，就会把责任落实到每个人的身上，以免造成员工不主动去工作或者逃避责任，导致工作出现延误或者失误，给公司造成损失。

每个成员都明确自己应该承担的责任，明确分工，大家都知道什么事该自己负责、什么事不该自己负责，分工越明确，工作起来也就越认真，效率也就越高。

在确保团队内的每个人都能各司其职、各尽其责的时候，要注意以下几点：

一、根据员工的能力分配任务

每个人都有自己擅长的领域和自己不擅长的领域，每个人的工作能力都是体现在不同方面的，如果不能按照成员的工作能力分配任务，会发现员工在工作岗位上的表现不尽如人意，和预期完全不符。

成员的个人能力其实是没有问题的，只是有些项目经理没有把他们放在适合的岗位，导致他们在一些不擅长的岗位上，发挥不出自己的优势，结果，工作效率受到了影响。

因此，华为的项目经理在分配每个成员的工作职责时，不是按照自己的感觉分配任务，而是能够深切了解员工的工作能力，根据他们擅长的领域来合理分配任务，确保他们能在自己的岗位上发挥最大的长处，创造更高的价值。

二、确保每个人都有事可做

项目经理在分配任务的时候，一定要避免分工不明确、责任划分不清楚的情况，不能宽泛地将任务分到哪一个部门或者哪一个小组，没有将具体的任务明确分配到个人身上，那么每个人都不知道自己具体负责哪部分、应该承担哪部分责任，导致一些人整天无事可做，而另一些人每天都忙得焦头烂额。

一个项目参与的人数越多，不见得完成得就越快，相反，人数越少，也不见得完成得就越慢。群体执行任务的时候，可能会导致员工之间出现推诿、逃避的状况，每个人都有旁观心理，认为自己不做的事情，还有别人会去做，结果大家都这样想，任务完成的效率就越来越慢。

因此，项目经理在分配任务的时候，要清楚地界定每个成员的工作范围，确保每个成员都有事可做，将责任清晰化，这样才能激励员工认真负责地执行任务，杜绝工作中出现旁观者的心态。

三、任务分配合理均衡

很多管理者在分配任务的时候，经常把大部分事情交给自己看好的下属和能力高的员工去做，或者让这些员工在执行任务的时候比其他员工多干、多做，因为管理者觉得交给这些员工让他们放心和省心，而且这样分工相对比较稳妥，效率也有保障。但其实这种行为往往会给项目团队造成不好的影响，有些员工越来越忙，能力越来越高，而有些员工越来越闲，能力也日渐下降。还有可能出现这种情况，任务多的员工为了抓紧时间完成任务，工作起来就会压力过大，频繁出错；任务轻的员工就会无所事事，工作起来没有动力。

团队成员间的工作量严重失衡，可能会引发很多不必要的矛盾，破坏团队之间的和谐和团结。事实上，这种让有能力的员工承担更多的责任并不是非常明智的行为，虽然“能者多劳”，但不利于企业的项目团队长久稳定地发展。领导安排的任务给了员工表现自己、证明自己的机会，也是激发员工进步的动力。如果分配明显偏颇，一方面会引起员工的懒惰和不负责任，另一方面也会让员工觉得公司不重视自己，或者自己在公司的地位是可有可无的，对公司也就没有了归属感。

公平、均衡地分工合作，给每个成员相对平等的任务量，这样既可以保证员工的高效率发挥，也可以让员工感到自己受到重视，工作起来更有动力和激情，有利于企业的平衡发展。

因此，管理者在给项目团队分配任务的时候，一定要确保每个人都各尽其责，责任一定要具体落实到每个人的身上，不能出现责任分散的情况，任何地方出现了问题都能第一时间找到负责人，然后尽快处理，避免更大的损失，这样员工在执行任务的时候，才会更加认真负责地执行，不敢怠慢，项目的效率也会大大提升。

4.制定一份可行性项目计划书

凡事预则立，不预则废。华为人在执行任务之前会制定一份合理可行的计划书，来保证任务的执行能够高效稳定。

创业初期的华为曾经有一次因为项目没有提前制定一份计划书而付出了惨痛的代价。当时开发一个新项目，合同金额超过800万美元，对于当时的华为来说是很有诱惑力的，虽然合同上要求要在两个月之内完工，但华为还是答应了下来，并且开始紧锣密鼓地行动起来。

结果在项目开展以后，由于没有针对项目做出一份可行的计划书，导致项目在执行过程中遇到了各种难题，眼看两个月之内不能按时完成任务了，公司的领导不得不联系客户，希望能够延长时间，但是效果仍然不是很理想。为了让客户满意，只能硬着头皮继续工作，结果不出所料，整整用了一年的时间才算勉强完成，并且花费了上千万美元，这次项目的草率执行给了华为一个莫大的教训，在那之后，每次项目工作开展之前，华为人都要首先制定一份可行的项目计划书。

那么华为在制定项目可行计划书的时候是从哪几个方面入手的呢？

一、提前做准备

项目执行过程中，经常会遇到一些困难，如果项目团队的成员没有事前针对项目执行过程中可能出现的各种问题，提前做好应对的准备，当困难出现的时候，就会措手不及，处理起来耗费时间和精力。

华为的项目经理在接到任务之后，首先会告诉团队的成员需要注意哪些方面，在执行过程中可能会有哪些难题和困难，事先告知成员，让他们能够有充足的心理准备去迎接新的挑战。

当团队中的成员事前意识到任务的重要性的时候，在执行过程中就会重视自己的任务，打起十二分的精神来对待，因为他们意识到自己责任重大。有了压力才会有动力，才能保证成员最大限度地完成任务。不要轻视项目任务，也不要隐瞒成员任务的艰巨性，要坦诚地告知成员项目的重点、难点、要点，让他们能够提前做好准备。

二、给任务排序

项目经理在安排项目成员执行任务的时候，却发现项目要执行的任务太多了，每天都有处理不完的事情，而且任务分配下去以后，团队的成员也每天面临着这样的难题，总觉得有很多任务要做，但是不知道先做哪一个，想到哪件事就做哪件事，看到哪件事就做哪件事，结果越做越乱，工作也越来越多。

华为员工经常要轮换岗位，因此非常注重科学做事的方法。当接到任务的时候，首先要按照任务的轻重缓急将任务排好顺序，分清哪些是重要的，哪些事就先做，不重要的事留在后面做，做到井然有序，忙而不乱。

三、设置时间限制

项目团队的成员在做事情的时候，总是会有部分人喜欢拖延时间，认为时间还很充足，做起事情来慢慢吞吞，能拖就拖，结果到了规定的时间，可能还没完成任务，或者完成得不够好，却没有时间来修改。

时间就是金钱，项目经理在给成员分配任务的时候，可以按照成员的任务的困难程度，制定相对足够的时间限制，让成员有一定的压力，能力才能得到更好的激发，这样一方面可以避免员工拖延，另一方面也可以提高任务完成的效率。

给每个任务都安排好时间限制以后，我们会发现，并不是所有的任务都可以按时完成的，因此华为的项目经理在设定时间界限的时候，会着重把更多的时间放在最重要的任务上，将重要的任务居于其他相对不重要的任务之前，并且为重要的任务留出更充足的时间和更多的资源，把握工作的重心，让工作更有价值。

四、配置任务所需的资源

作为一名管理者，一定要对任务执行过程中所需要的资源着重关心。如果没有事前配置齐全任务所需的资源和人员，那么在任务的执行过程中，就会因为资源的不到位而影响工作的进度。

在华为，项目经理必须锻炼出强悍的资源配置能力，在资源配置方面拥有强有力的主导地位，不能处于被动，这样才能带动项目顺利进展。无论是从公司的角度还是员工的角度，让资源能够合理、充足地调动使用，是推动项目发展的首要条件。

五、制订风险防范计划书

每个项目执行的过程中，都有可能会出现各种各样的风险。据调查，项目能够勉强实现目标的概率不到两成，而高达1/3的项目会出现彻底失败的现象。项目中存在的风险是无法预料的，因此在对待风险上，一定要谨慎，否则很有可能面临项目失败的窘境。

在华为，项目团队一般会采用经验法来防范风险，将以往执行项目中的风险一一列举出来，罗列在一张清单上，并研究分析造成风险的原因，以及风险来临之后的解决办法，评估执行项目可能会发生的风险，以免重蹈覆辙。

华为人在识别风险方面一般遵循三条原则：

不拘泥于眼前的事物，要用长远的眼光看待问题。

不局限于某一方面的问题，要多角度地考虑问题。

不拘泥于细枝末节，要看透事物的本质。

通过风险评估和识别之后，基本可以预测项目执行过程中可能出现的风险问题，再进行有针对性的规避和防范，以便项目能够顺利进行。

六、沟通计划

沟通计划是项目计划书中很重要的一个环节，只要有人的地方就需要沟通，当工作中遇到一些需要对接的程序或者有任何疑问的时候，成员之间要相互沟通，无缝对接，确保计划顺利进行。

在华为，项目经理要提前制订沟通计划，明确沟通的方式、沟通的内容和信息的发放时间等，制定详细的信息表。

项目不管大小、不论规模，哪怕只有一个人完成一个很小的项目，也要制定一份可行的项目计划书，只有切合实际地对项目进行计划，才能在开展工作时有计划、有目标地执行，不至于像无头苍蝇一样盲目乱撞。计划书可以让员工明确自己的职责，防范未来的风险，方便管理者的有效控制。

5.优化作业流程，确定工作标准

如果项目团队在完成工作的时候，没有按照项目的作业流程进行工作，就会在任务的执行过程中出现很多麻烦。因此，每个项目团队在执行任务的时候，都有一整套独有的作业流程。一个固定的项目模式，可以推动项目前进，使项目经理能够顺利地带领团队成员完成工作。

华为在创业初期的时候，企业的项目团队并没有考虑到项目流程的不完善会带来很多的麻烦，因此，那时候大部分的华为项目团队在完成任务的时候，并没有重点进行流程的建设，后来任正非发现了项目中的很多无效流程浪费了团队的大量时间之后，才开始意识到项目流程的重要性。

自那以后，进入华为的每一位新员工都会在员工培训的时候进行相关培训。华为的管理者要求华为的员工一旦进入操作状态，就要严格按照项目工作中的作业流程来进行，在这种情况下，能够提升员工的工作效率，确保任务顺利完成。

因此，界定项目任务的作业流程是很有必要的，它不但能降低员工在执行任务时的出错率，还能节约任务的执行时间，更重要的是，方便了项目经理在各个阶段的检查和把关。

但是很多时候，项目的作业流程太过繁冗复杂，不少员工在按照作业流程执行任务时，发现做了很多的重复工作，工作的效率也开始变得低下。

华为的项目团队在一次执行任务的过程中，由于某产品的版本规模很大，在进行维护工作的时候，进度缓慢，产品又需要升级，结果客户一直投诉。项目的团队聚集在一起分析原因，发现客户在投诉问题的时候，项目团队的成员互相推脱，谁也不去处理问题，导致客户反映的问题没有及时得到解决，因为员工都习惯了共同工作，造成责任不明确的后果。

后来项目团队对作业流程进行了组织优化，经过一系列的梳理和规范之后，明确了内部员工的责任，简化了部分多余的流程，这样产品的制作周期也缩短了不少，员工的工作效率也提高了。

每个项目团队在执行不同的任务时，作业流程是不一样的，可能有的流程只有几个小环节，有的流程可能有成百上千个环节。在华为，当项目经理发现作业流程中出现不合理的地方时，会摒弃原有的作业流程，通过诊断原有流程中的不当环节，满足现有的资源和需求，重新设计符合项目团队执行任务的一套新的作业流程。

重新设计一套新的流程，必须充分地了解即将执行的任务，对原有的作业流程的核心环节深入解读，把握原有流程的关键步骤，作为新流程的设计基础。新的作业流程是为了更准确、更省时、更高效地完成项目任务，因此在决定设计新的作业流程之后，要广泛地征求成员的意见，而不能随随便便地设计新流程。

只不过在设计新的作业流程之后，不代表这套作业流程就可以投入使用了，而是需要观察作业流程的适用性和实用性，全面多角度地测试和验证，取得准确度高的测试数据，项目经理在执行任务的过程中进一步改善和强化作业流程，让新流程的运作更加流畅和顺畅。

所以项目经理应该适当地对作业流程进行优化，必要的时候，可以重新设计作业流程，化复杂为简单，这样成员在执行任务的时候，就能避免重复工作，优化作业的程序，提高工作的效率。

项目的作业流程有各种各样的评判标准，有的标准过于复杂，成员要花很多的时间去完成，项目经理在考核的时候，也会很难做出评价。因此，将复杂的执行标准简单化，成员在执行任务的时候就可以省下很多的时间，工作也会变得更有效率。

项目的作业流程的制定标准要简单易懂，如果成员因为误解了流程的标准，而使任务执行过程中出现偏差，那样的话，制定的标准就毫无用处了。

因此，要想成员能够执行到位，优化作业的流程固然重要，但是作业流程的易操作同样必不可少。

在华为，项目团队的执行小组在工作之前，会做好各自的工作计划表，将每个任务需要的相关资料和能够用到的工具全部备齐，然后按照工作的轻重缓急把所需要的用具依次排列整齐，对于一些常用的工具和资料就摆在随手可以拿到的地方，一些不常用的资料和工具就放在离自己稍远的地方，为自己省下空间。类似一些会议的文件，或者资料等用过之后就不再需要了，因此要尽快清理，节省空间。而用过之后，不确定是否还有重新使用的概率时，就把资料放在相应的区域，标上期限，期限一过，如果还是毫无用处，就果断地处理掉。至于一些重要的内部资料或者特殊资料属于不能废弃的文档，就要长期保存下去。

为了方便员工搜索资料，华为人专门制作了一个便于文件搜索的检索表，将所有文件的内容名称，一一罗列出来，使查阅者能够一目了然。

这些细节方面的处理是因为华为人明白，在工作中要把事情按照轻重缓急划分出来，对于自己办公的空间也要按照相同的标准分隔开来，这样自己才能节省更多的时间和空间来创造一个简洁有序的工作环境。

项目团队的成员在执行工作的时候，需要用到的资料和工具太多而又琐碎，如果不能及时地进行清理，就会妨碍成员的工作效率，因此，懂得给自己创造一个有序的工作环境，是节省时间、提高效率的好习惯。

在华为，严格、细致的作业流程一直是项目团队执行任务的标准，想要项目工作能够快速、高效地完成，不仅要有一套专业的作业流程模式，还要注意优化流程的环节，少一些复杂多样的操作标准，多一些简单易懂的操作方法，也有利于提升成员的操作水平和主动性，使项目任务得以顺畅执行。

6.在项目中，树立领导的权威

每一个项目团队都是由各种各样的成员组成的，成员都有自己的思想和习惯，很多时候，管理者在对成员进行管理的时候，可能会遇到很多小麻烦，但如果让项目成员自我管理自我监督，又达不到管理者的要求。

一次，华为的一个项目小组为了实现对客户的承诺，要在一个月之内把ETS铁塔安装完成，当时所在的地区环境非常恶劣，多雨气候，台风又不断，华为当时负责这次项目的项目经理带领员工一起去安装的时候，很不巧地遇上大雨，风也很大，爬上铁塔的话肯定有一定的风险。当时的团队成员都不愿意爬上去，于是项目经理身先士卒，二话不说脱下雨衣，开始一点一点地爬上铁塔，冒着危险进行安装，最后如愿完成了任务，因此项目经理也在项目团队中树立了领导的权威，团队的成员自那以后也都很佩服他，从心里服从他，只要他分配的任务大家都会认真执行。

其实项目管理最难的不是成员不好管理，而是管理者没有立下规矩，导致项目成员不知道应该遵守什么样的规矩。

在华为，管理者是如何明确管理制度的呢?

一、确定制度与规则

一个企业如果没有建立起完善的、严格的管理制度，管理起来就很困难，企业的发展也会受到影响。同样，一个项目团队如果管理制度不够完善严格，项目也就难以开展进行，最终面临失败的局面。

华为的项目经理在项目开展之前，首先要提前制定项目团队的制度与规则，并且要求成员都能够认真执行遵守。不以规矩不能成方圆，制度就是为了约束成员的行为和思想，有了明确的制度，才能有效地解决团队中的矛盾和问题。因此，一个项目团队一定要有一套严格的制度要求，才能确保成员按时完成任务。

制度就是为了规范成员的工作行为而存在的，当成员对制度产生歧义的时候 ，就会导致项目工作出现混乱的情况，规矩立了也相当于没立，如果成员不能理解、接受管理者定下的规章制度，不但无益于管理者的管控，还会造成成员的排斥和反对，产生很多不必要的矛盾，影响团队的工作进度。

因此，制度的确立不但要严格规定，还要确定成员都能够遵守，按照规章制度执行，项目经理在制定规矩时，也要考虑全面，细致具体，这样才能统一成员遵守的标准。

二、以身作则

管理者是项目团队中的领袖人物，很多时候，成员不知道怎么做的时候，会参照管理者的行为来要求自己，如果管理者自己不遵守规定，随意破坏，那么员工也会有样学样，不把规矩放在眼里，因为团队的成员会觉得，“你自己都不遵守，凭什么要我们遵守呢？”

有的管理者会觉得团队的制度是用来规范员工的，自己不需要遵守，其实团队的制度既是为了要求成员，更是为了要求项目的管理者。

如果项目的管理者首先破坏了团队的规则，那么成员也会无视团队的规则，制度的订立也就没有了任何意义。当管理者在埋怨成员不够认真、不守规矩的时候，应该适当地反省下自己，是不是自己没有遵守规矩，破坏了团队的制度。

在华为，项目的管理者要做到的就是以身作则，只有管理者自己遵守了规定，给员工做了好榜样，员工才会去遵守规定。在华为的发展过程中，即使是再艰苦的环境，华为的管理者也一直牢记着“以身作则，从我做起”的精神，只有管理者和员工并肩作战，才能激发员工奋斗的劲头。

三、坚持原则，不搞特殊

每个项目经理都想管理好自己所带领的团队，处理好和成员间的关系，但是团队中的成员人际关系错综复杂，给管理带来很大的困难。项目经理在管理项目团队的时候，常常因为制度和人情处于两难境界，惩罚不行，不惩罚也不行，左右为难。

但是对于一些原则性的问题，一定要坚定自己的立场，对待所有的成员，一视同仁，不搞特殊化，如果因为一个人破了例，其他的成员就会想，他可以这样，那我也可以这样，就会有第二个人、第三个人来破坏制度，团队的管理制度就会陷入混乱的状态，如果这个时候管理者再出来制止其他人，就会让成员产生不服气的心理，导致人心不齐，制度也就没有了约束力。管理是刚性的，不能因为任何一个人而破坏原有的制度。就是因为华为能够坚持走制度化管理的道路，项目经理在带领项目团队的时候，不因为任何的个人感情而破坏原则，才有今天的成功。

并不是所有的事情都能靠妥协达到目的，想要成员能够服从你，不是靠一次次的妥协而达到的，而是坚持维护制度的存在，做到有错就罚，有功就奖，才能让成员在公平的环境下工作，让所有员工都受益。在华为，作为管理者，就要维护自己的领导权威，任何人违反了制度都要严肃处理，不能心慈手软，只有这样，才能在团队中树立自己的领导威信。

四、放下架子，锻造魅力

项目经理在管理过程中最忌摆官架，可以和员工保持适当的距离，树立自己的威信，但是不能对成员颐指气使，觉得自己高人一等，否则不利于和团队成员间培养信任和情谊。

一个亲民的管理者更容易管理团队，“以理服人，以德服人”展现自己的领导魅力，才能得民心，受到成员们的拥护，一个有魅力的领导才能更好地带领团队走向成功。

领导的作用在于影响和引导团队中的成员，领导权威是一种影响力，好的领导可以激励员工尽心尽力地做好本职工作，不断地完善提升自己。作为一个管理者有没有领导权威，决定着他带领的团队能否高效地完成任务，因此树立领导权威不仅可以提高自己在团队中的威望，还可以为企业创造更大的利益。

7.保证项目制定一次到位

很多项目团队在执行任务的时候，经常草草了事，想着赶紧做完，很多方面都没有注意到，结果等到审查的时候，发现到处都是漏洞，又要重新返回再做，浪费自己的时间和精力，这种做法不仅使任务效率下降，还会给公司造成很多的影响。

在华为，就曾经出现过这样一次情况：

有一年春节，华为的某个基站出了问题，当地的用户一直投诉不断，大年三十的晚上，华为的开发经理连夜召集项目团队紧急出发，前去“救火”。

到了之后，经过仔细勘察、检测，发现是因为当地的温度太低，导致了基站不能够正常运作了。得知问题出在哪里之后，项目团队的成员都觉得不可能，因为他们在执行任务的时候，已经对基站的低温环境进行了测试，当时测试的结果是基站在零下40摄氏度的环境中仍然通过了测试，甚至当时还做了数据记录。

于是，项目经理只好带领成员立即回总部召开研究会议，在对实验检测进行了分析和探讨之后，他们才发现真正的问题出在了哪里。

原来在发货之前，由于市场缺货紧急，项目团队就和测试人员一起联合做环境检验，当时测试环境的工具箱在另一个地方，和用于基站连接的交换机不在一个地方。为了节省时间，工作人员就想了一个投机取巧的办法，既然交换机和基站不用连接，就用一个测试软件来测试吧，结果导致基站成了“漏网之鱼”，顺利通过了环境测试。

这件事情的起因就是因为项目团队的成员没有把工作落实到位，因为自己投机取巧的办法，不仅没有过好大年夜，还导致公司的形象受到了严重的影响。

此后，华为的项目管理法中强调在执行项目任务的时候，要保证项目工作一次到位。所以项目经理应该重视对项目成员的工作态度的培养以及监督，并且传授他们一定的工作技巧。

一、改掉拖延的习惯

每一个项目团队中，都有一些成员习惯拖延，本来随手就可以完成的事情，他们却觉得既然这么简单容易，那以后有时间再做吧，结果一拖再拖，一直拖到最后才把工作完成。实际上，因为事情拖到最后，已经没有时间认真去执行了，任务就做得没头没尾，漏洞百出，严重的话还要返回重做，耽误更多的时间。

在华为，项目经理要想成员一次把工作做到位，就要改掉成员拖延的习惯，因为机会总是稍纵即逝的，一不留神就被别人抢走了，谁先做谁就能把握好成功的先机。因此要想一次性成功，项目经理就要唤醒成员们快速行动起来的意识。

给团队成员设置好时间界限，让每个成员都能清楚地意识到自己的职责，培养他们的责任意识和时间概念，做好考核标准，将成员的考核和薪资挂钩，提高员工的工作积极性。成员要学会自我监督和反省，严格要求自己，做到今日事今日毕，绝不拖延。

二、从小事做起

项目的目标是一个大目标，在执行任务的时候要脚踏实地，做好任务中每一件小事，才能完成更大的目标。很多成员都觉得做一件小事不能体现自己的能力和才干，每个人都瞄准一些大事件和大目标去做，却忽视了很多简单但是同样重要的事情。

华为人认为，完成项目目标是一个循序渐进的过程，在这个过程中，把每一件小事都做到位才能由易到难，由小到大，逐步完成更大的目标。

我们可以学习华为的项目经理，把复杂的工作分成每一个小阶段来进行，通过模块简化的方式，有效地执行工作。华为的项目经理也会经常对成员做一些心理疏导，帮助他们克服浮躁的心理，平衡自己的工作状态，专注于自己眼前的每一件小事，认真用心，确保一次到位。

三、琐事集中处理

项目团队在执行任务的时候，会发现任务中有很多琐碎的小事让成员不得不去处理，结果因为这些琐碎的事情浪费了很多不必要的时间。

华为的员工参照曲线学习法则来将任务中的一些琐碎的事情集中起来，一并处理，比如一次性买齐所有的办公用品，或者一次性打印好所有的文件，这样不仅能节省很多时间，还可以提高员工的工作能力。

四、有节奏地做事

如果在工作中受到外界因素的打扰，那么工作效率也会大幅度降低，研究表明，人们一般每8分钟就要受到1次打扰，这样每个小时就会被打扰7次，每天达到50～60次。因此很多项目成员在执行任务的时候，常常被外界的事物打乱自己的工作节奏，造成自己的工作效率直线下降。

那么应该如何避免自己的工作节奏被打乱，又不得罪其他人呢？

华为项目经理的经验是：成员根据自己的实际情况和工作习惯，在任务执行中不走“弯路”，减少不必要的工作步骤，明确自己的工作方向。公示自己的工作时间，并提前告知别人“正在工作，请勿打扰”。如果有需要和其他成员共同完成的任务要划分出来，提前留出足够的时间，以便和其他成员合作交流，这样一方面可以避免自己的工作节奏受到影响，另一方面也为其他成员节省了时间。

排除外来的干扰，保证自己工作的节奏，不要轻易被外界影响，这样才能保证项目团队能够在有限的时间里，更快速有效地完成任务。

培养员工做事细致、周全的习惯，是确保员工能够把项目任务一次做到位的前提。但是习惯也不是一天可以速成的，需要管理者的长期监督和员工的自我监督，身为管理者更要以身作则，在带领好员工的同时，也要把自己的工作一次性做到位，这样才能在员工面前有说服力。如果身为管理者，每天粗枝大叶，做事情马马虎虎，就不要指望员工能够认真谨慎了。只有当任务一次性做到位了，才是真正地节省时间。

8.确保项目成员之间的沟通顺畅无误

项目成员之间进行有效的沟通，能够保证项目经理对于项目团队进行有效的管理，一个沟通顺畅的项目团队才能更高效地完成任务。

华为的一位人力资源部主管在给员工进行任务分配的时候，有的时候会出现一些含糊的指令，比如“把这份文件尽快整理出来”“把这份文件装订得好看一点”等这些让员工无法明确执行的行为，“尽快完成”是多快呢？是一个小时？还是一天？还是一星期？主管没有明确地下达指令，也没有交代具体的完成期限，时间长了，主管和员工之间就造成了一些误会，主管认为员工在完成任务的时候拖拖拉拉，不按照自己的想法做事，而员工认为主管交代任务的时候，故意没有说清楚。

可见，为了确保项目成员在执行任务的时候，顺畅无误地进行有效的沟通，管理者在传达指令的时候，首先要厘清自己的思绪，搞清楚命令的要点是什么、应该向成员传达什么，这样成员在接到指令的时候，才能理解工作任务是什么，才能明确自己要注意的工作内容和注意事项。

项目经理在传达指令的时候，不要说过多的话来浪费双方的时间，要抓住重点，掌握指令的要义，不宜滔滔不绝也不宜惜字如金，要言简意赅，确保自己所传达的指令没有任何的歧义，能够让成员清楚地了解自己应该做什么、怎么样做。只有团队的成员能够了解清楚领导的指示，才能有利于成员间的沟通，团队才可以快速地开展工作。

华为公司一直坚持“以人为本”的宗旨，在他们看来，和公司的基层员工一起沟通交流，能够更准确把握市场。华为的管理者有时候还会和员工进行面对面的交流和探讨，甚至有时候还会听取一些员工的决策意见。领导在巡视的空暇时间也会了解员工的生活状况和工作状态，根据员工反馈的意见，适当地进行内部管理的调整。

当员工感受到了来自领导的重视和关心之后，他们在和领导产生、不同意见时，也会站在领导的角度思考问题，而不是只把领导当作“指令”一样的存在，甚至还会更加努力工作，多替领导和公司的利益着想。

因此项目经理在和员工沟通的时候，要耐心地听取员工的意见，懂得换位思考，了解员工内心深处真正的想法，尊重和重视员工，才能让员工打开心门，出现问题的时候愿意和其他工作成员进行沟通，共同解决问题。

事实上，每个项目团队在执行任务的时候，都离不开沟通，尤其是一个项目中间需要好多不同的部门共同协作完成，在这个时候，沟通更显得尤为重要。

很多时候，团队成员间造成任务对接不协调的误会就是因为沟通不到位，如果成员间的沟通意识能够强烈一些的话，就不会出现一些不必要的误会了。

想要让各部门之间能够实现高效的工作效率，就要学会资源共享，项目经理建立一个可以共同传递信息的平台，让成员方便在得到一些信息的时候，将信息发布于平台之上，实现项目团队内部之间的资源共享。

像华为这样以信息化为主的通信企业，在项目团队实现资源共享的时候， 一般也是采取一些通信方面的渠道，比如微博、微信等一些常见的通信工具来强化成员之间的沟通，达到信息共享，才能减少成员之间矛盾和误会的滋生。

华为的一位员工曾经提到过，有一次他和几个同事在电梯里抱怨说，为什么公司不在开发的基站建立一个财务系统，这样就不用再因为公事出差报销或者一些其他的支出而两头跑了，结果当电梯运行到总裁办公室所在的楼层的时候，华为的总裁任正非正好走出电梯，向自己的办公室走去。这下可吓坏了那几个在电梯里抱怨的年轻人，他们觉得总裁听到自己的抱怨之后，肯定要把他们裁掉了。

结果没过几天，他们就听到了开发基地的财务系统正在建立当中，他们也不用在基地和总部之间跑来跑去了。在那之后，华为公司还专门设立了一个意见箱，让员工能够及时大胆地发表意见。

即使是再好的团队氛围和环境，也会有员工感到不满和抱怨，任何一个项目经理，无论他多么优秀，都不可能阻止员工产生一些负面情绪，这是很正常的一件事。当员工在产生负面情绪的时候，项目经理要正确对待成员的抱怨和不满，不能通过制止和惩罚来强行消除员工的抱怨，要懂得疏导员工的负面情绪，让员工将不满发泄出来，这样才能缓解员工的心理压力，有利于员工身心健康的发展。

在华为，任正非认为，员工的意见和建议对于企业的发展是很重要的，只有知道员工的心里在想些什么，才能更好地和员工进行沟通，积极地针对问题做出改善和调整。

很多项目经理在项目团队执行任务的时候，常常忽略员工的想法，只强调自己的主观意识，久而久之，成员的意见越来越大，表面的和谐只是一种假象，项目团队的内部矛盾也越来越大。由于某一部分人的意见被无限地放大，在产生矛盾的时候，人们就会越来越偏向呼声高的那一方，而另一部分人的意见就会越来越弱，直至被淹没，这种情况下，是不利于员工之间进行有效的沟通的。

任正非强调，华为的管理者不能每天坐在办公室里，靠听取员工的汇报做出决策，而要主动走出办公室，与员工进行沟通，听取员工的意见和反馈，即使对于员工的意见不能全部采用，也能根据自己的经验和技能正确地做出判断，配合项目成员更好地完成任务。

9.经常给项目团队一点激励

在团队中想让项目的员工工作起来更有激情，只靠冰冷的管理制度是没有太大用处的。一个好的项目经理懂得如何调动员工的积极性，来确保员工在工作中能够认真、用心、快速地完成任务。

员工缺乏自信就会在执行任务的时候产生自卑的心理，每次执行任务的时候，就会怀疑自己是否能够做好这件事，在工作中遇到问题之后，更加觉得自己能力不足，连修改错误的勇气都没有了。

很多时候，项目经理在给员工分配任务的时候，会下意识地问一句：“你能做好吗？”“你能行吗？”“你可以吗？”其实项目经理可能并没有怀疑成员能力的意思，甚至可能是故意刺激成员，想要让成员能够在这种“激励”的情况下，挖掘出自己潜在的能力，达到激将的效果，但是这种缺乏信任的话语会让一些不够自信的成员感到自己不被信任，觉得领导怀疑自己独自处理事情的能力，时间长了就会对领导产生不满的情绪，一点小问题也会觉得领导是故意针对自己，在团队中就会越来越不服从管教，导致团队的效率变慢。

事实上，每个项目团队的成员都希望得到领导的重视和信任，所以项目经理在给成员分配任务的时候，多说一些“我相信你”“你肯定能行的”“这件事做得不错”，当成员体会到来自领导的重视和信任，就会想尽办法地突破自己，完成任务，因为领导的信任让成员的心中充满了激情和动力，觉得自己如果不加倍努力的话就会辜负领导的信任。

当一个人感受到了来自他人的鼓励和信任的时候，就会产生超乎自己平时水平的正面效果。因此，团队的项目经理应该适时地给予成员一些鼓励、信任，激发他们工作的热情和信心，完成领导布置的任务。

了解员工真正的需求点，要什么就给什么，有的员工更在乎奖金，而有的员工更在意领导的重视，员工的需求是什么，管理者就满足他们什么，当员工的需求被满足了之后，员工就有了动力。有效地激励员工的前提就是准确掌握员工的需求，这样，项目成员才会更加主动地完成任务。

如果一味地追求员工的满意，而放任员工自主完成任务的话，可能会造成团队成员出现懈怠和拖延的问题，所以有时候正面的激励之后，也可以给成员适当地增加一些负面激励，比如给成员施加一些工作的压力。

项目经理有时候给成员设定的完成期限太长，成员在完成任务的时候很容易出现拖拉的情况，明明在眼前的事情，随手就做完了，却因为期限太长，而一直向后拖延，其实这是因为成员在完成任务的时候，没有任何的压力。

适度的紧张感和压力能够让成员的精神高度集中，时刻保持警惕的心理，不会因为时间太过充足而放松自己。员工有了压力，才会有工作的动力，在华为，任正非就鼓励一些员工挑战极富难度的工作，从而“激活”员工。

同样的工作重复久了之后，员工就会产生懈怠、疲惫的心理，觉得每天重复做同一件事，多么无聊和枯燥。一旦有了这种想法，员工在工作的时候就开始感到烦躁，做起事情来也就不再用心去做了，对自己的岗位失去了兴趣，同时也就失去了责任感。久而久之，就会在工作中出现越来越多的问题和漏洞，导致工作效率低下，严重的甚至给企业带来更多负面的影响。

项目经理要注意员工的工作状态，适当增加成员在执行任务中的乐趣，让成员对自己的岗位时刻保持热情，这样才有利于团队的和谐发展，才能保证团队的稳定性，不会轻易地被改变和破坏。

华为的很多员工在刚到公司的时候，甚至还没来得及熟悉自己的工作岗位，就被派到另一个城市或者其他工作岗位。对于员工来说，意味着自己要重新开始，从头做起，所有的一切都要开始慢慢地了解、熟悉。华为的这种做法就是为了调动员工的积极性，让员工不至于在一个岗位上“沉淀”。这种做法在一定程度上确实激发了员工的斗志，也促使员工始终保持高度集中的工作态度，以免在激烈的竞争中被淘汰。

挖掘成员的能力极限，在成员的极限范围内，最大限度地发挥成员的优势，创造最大的价值，但是也要注意压力的大小程度，过大压力只会适得其反，所以项目经理在给成员制造压力的时候，要注意施压的程度，将压力控制在合理范围之内。

作为一名项目经理，不能时时刻刻地跟在成员的身后，发现成员出现疲惫懈怠的时候，立刻出现，给成员适时的激励。激励员工不是只靠项目经理一个人的力量就能完成的，要培养成员自我激励的能力，让他们明白自己的责任。毕竟通过项目经理的激励是不能长久地维持下去的，只有让员工学会自我激励，懂得自我激励的重要性，才能彻底起到激励的效果。

很多时候，员工过于依赖外部的力量，从而不知不觉中弱化了自我激励的能力。但凡一些成功的企业家，都不是靠别人时刻的激励和鞭策才能成功的，而是靠自己的能力和坚持，在面对困难的时候，不断地进行自我激励，才能看到明天胜利的曙光。

每个人都有自我激励的能力，但还是要看项目经理能否给予成员有效的指导和激励，让员工能够自主学习，自我激励，共同完成团队的目标。

10.项目收尾，工作继续

很多项目团队在执行任务的时候，以为任务的开始是最重要的部分，而当任务快结束的时候，项目团队的成员就会放松警惕，然后匆匆做完项目的收尾工作，把项目团队的成果提交上去，结果由于项目任务后期的收尾阶段处理得太过草率，导致任务的结果不尽如人意，还有可能会返回重做，那么项目成员前期做的各种努力也都白费了。

在华为，项目团队在项目的收尾阶段，项目经理会从各个角度识别项目任务的成功标准，为此，华为的项目管理制定了一个有效的衡量标准，叫作目标管理卡。目标管理卡的内容包括了任务内容、任务要求和完成期限等，目标卡中还列明了实现目标的过程中所需要的时间和解决方案，执行目标的责任者要在执行过程中自我管理，而领导者要对成员进行监督，双方共同管理控制。目标管理卡规定了目标数值和执行标准，项目成员在完成工作的时候方便对项目成果进行评价和考核。

每个项目团队的评估方式都是不同的，项目经理通过对项目成果进行目标评判，来作为员工的绩效考核标准，这样成员在项目的执行过程中，才会有始有终。

华为的项目经理在项目收尾阶段，一般会从项目的支出费用和初始计划的费用相差多少，任务完成的时间期限和计划的时间是否一致，产品的质量是否符合客户的要求等方面进行项目成果的评估。

目标管理卡的作用就是当项目执行过程中，项目经理发现评估的结果没有达到客户或者领导的预期时，方便项目经理重新审视项目，迅速做出行动，对项目进行改善和弥补。

当团队的成员做好项目收尾工作，项目目标圆满完成以后，项目经理需要把项目成果提交给客户。这个过程其实就是技术转交的过程，将项目的最终成果，以及操作方式、技术维护等相关资料悉数转交给客户，而客户就凭借这些文件和资料判断项目成果是否达到客户预期的理想效果。当这些文件全部如数交给客户，并且确认客户满意之后，这个项目的工作才算告一段落。

但是，项目团队的内部工作还在继续。

项目成员的工作结束以后，项目经理要根据成员的工作成绩做出相应的奖励，无论项目的成果是好是坏，但是对于项目成员来说，都是他们不辞辛苦，努力付出，为这个项目尽心竭力，共同完成的结果，所以当项目工作收尾之后，项目经理都应该对成员的努力和成绩做出表扬和肯定。项目成功了，也不是项目经理一个人的功劳，项目失败了，也不是项目成员的问题，项目经理不能把所有的功劳都归功于自己，也不能把所有的责任归咎于项目成员的身上，否则项目成员就会和项目经理离心，不管以后工作中有什么其他合作的任务，可能都不会积极地配合他，甚至还会故意和他反着来，这样也会让项目经理在以后开展工作的时候不能顺利进行。

肯定项目成员的成绩是一件很简单也很必要的事情，有的时候，哪怕只是一句简单的表扬也会得到很大的回报，所以项目经理在对成员的成绩做出表态的时候，要适当地进行激励和表扬。

真诚的表扬会让成员感到尊重和重视。但是表扬的力度不宜超过成员的成绩太多，否则会让成员感到自我膨胀，产生自我满足的情绪，但是也不宜太过敷衍，否则会让成员感到不受重视。所以项目经理在表扬成员的时候要适度，最重要的是讲究实事求是，不宜夸大事实，随意奖励，关注成员的成绩是否与事实相符合，要根据成员的成绩来进行表扬和奖励。既能让其他成员心服口服，也能得到成员的爱戴和尊重。

奖励也要因人而异，不同的情况要采用不同的奖励方式，有的成员生性腼腆，并不希望自己在公共场合受到领导的表扬，因为可能会带给成员额外的心理压力，而有的成员虚荣心强，领导的当众表扬会满足他们爱表现的心理，甚至会提高他们的工作积极性。项目经理要根据成员不同的心理需求，给予恰到好处的奖励，会起到很多意想不到的作用，不仅可以激励成员产生积极的行为，还能给项目经理以后的工作带来帮助。

有奖就有罚，项目中有一些成员的表现实在不如人意，有的项目经理为了成员的面子或者担心自己和下属之间的关系由此紧张，而对那些犯了错误的成员视而不见，这其实不是在帮他们，而是在害他们。有的成员的缺点可能会给项目团队带来很大的伤害，如果不加以制止，不仅是对当事人的不负责，也是对整个项目团队的不负责。只有严肃指出成员的错误，帮助他们纠正，才是真正意义上的为他们好，否则他们永远不知道错在哪里，也就无法认识到自己工作上的缺点，并且加以改正了。

项目经理在指出项目成员的错误时，要注意有理有据，不能毫无根据乱加指责，这样才会有说服力，成员也会知道自己的问题究竟出在哪里。项目经理要注意的是最好不在公共场合指出成员的错误，为了成员的自尊心和面子考虑，减轻成员的抵触心理。在指出问题之后要注意鼓励对方，加强成员的自信心。

该奖励的奖励，该惩罚的惩罚，才是对所有成员最大的公平和尊重。

项目的最后，一定要总结在这段工作过程中的得与失，哪些优点是应该延续的，哪些缺点又是需要加以改正、以后避免再犯的。聪明的人不会犯相同的错误，关键在于项目团队的总结和自我反省。

华为人凡事都做到有始有终，不管项目是成功还是失败，都要在项目的最后总结教训，认真做一份工作报告，将自己在任务执行中的所感、所想一一记录下来，对任务执行过程中出现的问题认真反省，找出更完美的解决方案，在以后的任务执行中，能够不断地提升自己，更好、更有效地完成任务。

华为项目管理十大板块

华为的项目管理共分为十大模块。

模块一：项目组成员表（Project Team Members）

在制定项目组成员表的时候要注意以下两点：

一、项目基本情况。包括执行的项目名称、项目执行人、项目的执行日期、项目完成之后的审核人、表格的制作人，都要一一确定规范，做到有章可循。

二、项目组成员。项目组的每一个成员的名字、所属部门、所负的职责、受管于哪个部门经理、成员的联系方式，以及开始执行任务的起始时间。

模块二：项目策划/任务书（Project Plan/Charter）

一、项目基本情况。

二、项目描述。

1.项目背景和目的。阐述为什么要制订这份项目计划，源于哪一个商业问题做出的项目计划。

2.项目目标。针对项目的质量目标、时间目标、费用目标和交付的产品特征做出主要描述。

三、项目里程碑计划。里程碑的时间和成果。

四、评价标准。项目成果在什么情况下或者什么程度能够被接受，要有明确的项目完成的考核标准。

五、项目假定与约束条件。项目执行中的主要假设条件和限制条件。

六、项目主要利益关系人。参与项目执行的高管、客户、部门经理、供应商、项目投资人、项目组成员等。

模块三：WBS表（Project WBS）

一、项目基本情况。

二、工作分解结构。R－负责 responsible； As－辅助 assist； I－通知 informed； Ap－审批 to approve。

将工作分解成不同的任务记录在表格中。每个分任务的名称、工期的估算、费用的估算、需要的人力资源、其他资源等，都要一一标记清楚。

需要注意的是，在表格中工期及费用的估算要用最可能值。

模块四：项目进度表（Project schedule）

一、项目基本情况。

二、项目进度表。按照一个月为一个周期，制作项目进度表，将表格中项目工作中的每个阶段完成的任务用不同的颜色标记出来，记得在每个项目任务的后面写上项目负责人的名字。

模块五：项目风险管理表（Project Risk Management）

一、项目基本情况。

二、项目风险管理。项目执行之前进行风险发生概率的评估预测。在表格中详细记录风险描述，风险发生的概率、项目受到影响的程度、风险的等级、风险响应计划。风险等级划分标准为：>60%可能发生的风险为高风险，30%～60%可能发生的风险为中风险，<30%可能发生的风险为低风险。

模块六：项目沟通计划表（Project Communication Plan）

一、项目基本情况。

二、项目沟通计划。项目成员在进行沟通时要制定计划表，针对项目沟通内容、频率、时间、沟通方式等做出详细的表格，便于直观了解。

模块七：项目会议纪要（Project Meeting Minutes）

一、会议情况。会议举行的目的，会议名称，会议的时间、地点，参与会议人员，会议记录人，会议审核人。

二、会议的目标。在会议纪要中需要简要说明会议举行的目标，包括可能达到的期望目标。

三、参加人员。会议参与人员，并标明每个人员的职位或者在会议中担任的角色。

四、发放材料。会议中所需要和用到的所有材料。

五、发言记录。每个人员发言的观点、意见和建议，统统记录下来。

六、会议决议。会议的结果说明，会议结束之后，得到的结论。

七、会议纪要发放的范围。会议的过程和结论在会议结束之后发放给项目相关人员。

模块八：项目状态报告表

一、项目基本情况。

二、当前任务状态。简要描述当前还未完结的任务状况，对每一项任务做出状态描述以及记录任务的进展情况。

三、本周期内的主要活动。

四、下一个汇报周期内的活动计划。需要和WBS以及项目计划相结合。

五、财务状况。

六、上一个周期的遗留问题。对上一个周期的遗留问题、解决方案和处理结果做个详细说明。

七、本期问题与求助。将本期解决不了的问题以及需要寻求帮助的问题做个详细的说明汇报。

模块九：项目变更管理表（Project Change Management）

一、项目基本情况。

二、历史变更记录。在项目执行过程中，可能因为很多外在因素或者其他因素导致项目计划做出变更，项目管理表要求按照时间顺序记录项目的每一次变更情况，包括项目变更的时间、涉及的项目任务、变更要点、变更理由、项目变更申请人、项目变更审核人等。

三、请求变更信息。描述申请项目变更的内容、原因。

四、影响分析。项目变更造成的进度影响、费用影响、资源影响等。

五、审批结果。

模块十：项目总结表（Project Overviews）

一、项目基本情况。

二、项目完成情况总结。

1.时间总结。项目开始日期、项目计划完成的日期、项目实际完成的日期、时间差异分析。如果实际完成的时间和预计完成的时间不相符，要特别做出说明。

2.成本总结。项目计划费用、项目实际费用、成本差异分析。如果项目实际费用超出项目计划费用，要特别做出说明。

3.项目交付结果总结。计划交付的结果、实际交付的结果、未交付的结果、交付结果差异分析。如果实际交付结果和计划交付结果存在差异以及逾期未交付结果的项目，要特别做出说明。

三、项目经验总结。在本次项目计划中，有哪些错误是不应该犯的？有哪些错误是可以避免的？项目成员的工作态度是否有问题，应该如何开导？哪些成员应该提出表扬，哪些成员应该受到批评，都要从中总结教训和经验。

员工在执行项目的时候，可以参照华为的项目管理十大模块进行项目管理。如果能够灵活运用华为的项目管理十大模块，不但可以协调和控制项目中的各种任务，减少任务烦琐造成的时间浪费情况，还能提高员工的工作效率，获得更多的效益。

企业运用项目管理十大模块也可以有效地控制财务状况和人力资源状况，节约成本，还能加速企业员工的成长，提高员工的责任感，让员工在以后的工作中更加自信。

第六章

华为细节管理：将细节做到极致

老子说：“天下大事必作于细，天下难事必作于易”，任何细节都不容许忽视。一只蝴蝶扇动下翅膀，都可能引起一场龙卷风。一只苍蝇都可能影响整个餐厅的卫生，一点污渍都可能毁掉一个人的形象，一个音符都可能破坏整首乐曲的和谐。

1.工作无小事，成败在细节

现在是一个“细节至上”的时代，任何一个细节的失误，都可能带来巨大的危害。一个企业想要不断进步，创造更大的价值，就必须注重细节的把握。

老子说：“天下大事必作于细，天下难事必作于易”，任何细节都不容许忽视。一只蝴蝶扇动下翅膀，都可能引起一场龙卷风。一只苍蝇都可能影响整个餐厅的卫生，一点污渍都可能毁掉一个人的形象，一个音符都可能破坏整首乐曲的和谐。

工作中的每一件琐碎的小事都有着关键作用。一个企业的运营，是由诸多的细节构成的，个体与个体之间分工明确，环环相扣，任何细节上出现一个小小的失误，整个企业的运作系统都可能崩溃。

很多时候，个人的成败、企业的成败，不是被大事件影响，而是在一些琐碎的细节之上没有做到位。

华为在创业期间也遇到过种种问题。当时因为销售量的逐渐增大，华为内部的管理又有疏漏之处，一些具体的细节常常被忽略，导致各种问题出现。当时，华为市场部的一些经理，每天的任务就是安抚那些气恼的客户，向他们赔礼道歉，挽回损失。一次，一位刚在华为公司入职不到半年的新人，被派到某省会办事处，当时该省的另一地级市的电信局订购了华为公司的一套设备，但是由于上层管理上的疏忽，没有做好交接任务，导致电信局一直没有收到设备，催了无数次之后，好不容易终于收到货了，却发现收到的设备和订购的完全不同。由于逾期半年之久，又出现发错货的情况，电信局领导一气之下，将投诉信传真到了华为总部，同时表示，如果华为不能就此次事件给出一个合理的解决方案，将终止与华为的合作。

接到投诉之后，总部立即指派了一名高层带上当时办事处的新人一起连夜乘坐火车前去处理，冒着严寒在一家小旅馆住了一夜，第二天赶到电信局，当时电信局的领导已经决定和其他公司签订合约了。华为高层立即对此次危机公关做出了处理，代表公司向对方致歉，承受对方的怒火，按照对方的意见做出整改，用最快的速度给电信局更换新的机器，并承诺他们终身免费维修，才勉强让电信局的领导满意，答应继续合作。

仅仅因为一次管理的疏忽，认为工作中的这点小事不值得慎重，造成了如此严重的后果。可见细节的管理在企业的整个管理过程中，是不容忽视的。

世间万事最怕的就是“认真”二字，细节的重视和执行，是企业管理的重中之重。一个真正成熟的企业，来源于它成熟的管理制度。因为他们认为，任何细节都有可能给公司造成不可估量的后果。为了让员工能够认识到细节的重要性，任正非甚至不惜“自伤”。

20世纪末，华为在一次发送产品的过程中，因为细节的疏忽，将故障机当成新机器发了过去，这个时候，公司的危机公关为了减少损失，弥补过失，建议立即用新设备将故障机换回来。但是任正非却说：“不能换，换回来他们就不知道后果的严重性，不会感到痛，我要让他们痛一痛。”后来因为这件事，华为付出了巨额赔偿。这种行为也给员工留下了深刻的印象，之后无论是工作还是生活上，华为人在细节的完善与执行上，效果显著。

事无大小，在工作中，任何一件小事都不能被重视，任何一个细节都不能被忽视，做小事的人和做大事的人一样，都是公司的中坚力量，小岗位和大岗位也一样，都是不可或缺的。

举个例子：从项目团队管理来看，像华为这样大规模的公司团队，管理起来是很难的，如果还要在细节上做到位，更是难上加难。因此，华为的项目团队在做了无数次的调整适应之后，为了能够让一个项目团队更好地完成团队间的合作和管理，决定将合作的项目团队分成若干个小的管理单位，我们都知道，团队的人数越少越容易管理。一般情况下，为了能够保证团队工作的正常进行，管理的人数确定在5～6人，所以通常华为的项目团队会被分为开发一组、开发二组和其他维护小组等，每个小组都会任命一个组长。

项目小组的组长负责规划组员每天的工作量，具体细化到每个小时。每天对组员进行一次工作进度的检查，以便能在问题发生的时候，及时采取措施，减少损失。跟踪和关注组员每天的状态和能力，在结束的时候，将团队一天的情况汇报给项目经理。每个小组的组长都会准备一个红黑事件簿，把员工当天值得表扬的事情记录在红色事件簿上，做得不到位或者错误的地方记录在黑色事件簿上。红黑事件簿上都有相关的奖惩依据，月底绩效考核的时候，就根据当月的评分制度进行考核，有理有据，客观准确。

精确客观的管理方式，不仅规范了项目团队的管理制度，也规避了很多问题的产生。华为非常重视细节方面的管理，无论是公司制度上的细节，还是员工思想上的细节，因此，华为在刚入职的员工培训上，都会给新员工讲《谁杀死了合同》这个案例，以便员工能够深刻意识到千里之堤，很可能毁于蚁穴。

一个人想要成功，就要学会重视细节，把每一件小事情做好。一个企业要想成功，同样要把小问题处理到位。将细节的管理制度化、具体化，渗透到企业的每一个环节、每一个岗位、每一个人。华为的成功之处就在于华为人能够把细节做到精，做到细，做到极致。

2.激烈的市场环境要求精细化的管理

如今，很多企业开始普遍感觉到获利越来越小，由此带来了很大的压力，这是因为市场的激烈竞争导致利润空间在逐渐减小，整个市场进入了微利时代。利润空间骤然变大，那么就会导致短期资本迅速流入，市场的竞争力就会猛然增大，利润就开始下降，市场就进入了微利时代。

要想在微利时代赚到更多的钱就不能单纯地依靠旧观念和旧思路来经营，而要讲究转变和创新，改变赚钱的新思路和新方法。

华为企业成立于1987年，在当时，中国的通信行业正处于高速发展的时代，对于华为来说，是一个难得的机遇，但是中国的通信企业已经被爱立信、朗讯、西门子这些实力强大的跨国公司所主宰，想要占据一席之地，对于当时资源、人员匮乏的华为来说是难上加难的一件事。

然而20多年后的今天，华为成了中国通信行业的领头羊，其中成功的奥秘和华为的精细化管理是分不开的。

现在国内有很多企业树立了良好的企业形象，但是经营上却惨不忍睹，最大的原因就是因为在实现目标的过程中，不注重对细节的追求，对于一些执行上的偏差，不能够及时地加以改正，导致最后企业的形象也遭受影响。

企业若是能够在专业化的领域把产品做到极致，做到精细，即使是在微利时代，仍然能够快速发展。但是现在很多企业都在盲目发展其他领域，想要实现产品多元化的局面，插足一些自己并不擅长的领域，结果造成“样样都通，样样不精”的局面，本来是想在市场竞争中赢得更大的利益，却因为没有一件可以被别人认同的产品而逐渐淘汰于新的时代。

华为多年来一直致力于研究符合客户需求的产品技术。为了能够更加深入地了解客户的真正需求，华为曾在多个国家和地区做过很多的调研和测试，结果表明，大部分人对于通信产品的选择，受到年龄和收入的影响，不同年龄的消费者选择的产品不同，所需要的通信增值业务也大不相同。

传统的经营模式已经不能满足客户多样的需求了，如何在市场竞争中取得更大的成功才是华为一直在考虑的事情。因此，华为抓住不同的客户需求差异，根据他们的需求提供不同的增值服务，将激烈的竞争市场进一步细分和细化，吸引更多的客户，赢得更大的机会，成为微利时代的赢家。

我们所知的很多优秀的国际大型企业，基本上都是自始至终地专注于一个领域，不轻易涉足其他领域，把自己专业化的产品做到典型，实现“生产专业化，管理精细化”的发展路线。

想要在激烈的市场竞争中占据一席之地，就要从企业的管理、企业的战略、产品的设计和经营方式等方面推出属于自己独特的模式，从细节中体现差异化，从细微之处满足客户的需求，做到精细化管理和经营。

华为在创业初期的时候，给员工们算了一笔账，当时公司有1万多不到2万名员工，假设，每个员工每天多打一分钟的电话，那么所支出的电话费用一个月累计下来，可以够贫困地区10个孩子一年的学费，而每个员工若是一次浪费一两米饭，累计下来相当于两千多斤的粮食。

因此华为人从细节上就注意不能铺张浪费，为了节省纸张，华为公司建议员工在作废的纸张后面贴上一些报销单据，这样下来，每年也可以省下很多纸张。即使是一件小事，长久累积下来也可能造成很大的后果，即使是一个小节约，也会为公司省下更大的开支。因此，华为人在很多细节方面都很注重节约。

通常情况下，了解一个企业最简单的方法，就是从一些细微的地方或者最容易被忽视的地方开始观察，如果一个企业的卫生间，或者茶水间没有一点污渍的话，说明这个企业的精细化管理很到位。反之，这个企业的管理就存在疏漏。

事实证明，无处不在的细节问题已经成了客户选择产品的第一要素，因此华为不仅在很多的小细节上注重精细化管理，对于产品的研发和服务，也同样要求员工能够做到精，做到细。在产品同质化严重的今天，能够把自己的产品和服务打造成令客户满意、认同的地步，才能被客户接受，才能在微利时代站住脚。

不要小看产品存在的微小差异，要知道，客户在选择产品的时候，相同的产品之间存在的1%的产品差异都可能影响客户的选择，只有产品靠得住，消费者才会愿意购买。因此，企业的产品细节是企业竞争的优势。产品专业化是企业精细化的基础，只有把产品做到专业，才能更长远地发展。

细节决定企业的竞争力，一个精细化管理经营的企业可以创造出具有核心价值的差异化竞争。充分了解产品的技术和客户的需求，再落实到每个细节之上，将产品的细节做到极致，突出产品的差异化，消除客户的疑虑，建立市场缺少的细节优势，增加市场占有率，才能保证企业长久稳定地发展。

微利时代并不是一个可怕的时代，市场从高利润阶段再进入微利时代，是市场发展的规律之一，在这样的时代，企业家不能再安于现状，故步自封，而要时刻有危机意识，致力于精细化管理，提高产品的专业化和差异化，及时调整战略目标，了解细节管理的重要性，不断地创新和发展，赢得更大的利益局面。

3.创新源于积累，细节成就伟大

很多人可能觉得创新就是要在原有的基础上，进行一番大改造才能让别人看到创新后的效果，其实创新是一个循序渐进、逐步改善的过程，很多创新的点子都是从小细节开始改变的。对于一些细节的修饰、改进，往往能得到出乎意料的效果。

2014年年中，华为手机P7上市，这款被多家媒体争相报道的智能手机，被称为“2014年夏最美丽的礼物”。P7拥有6.5mm的超薄机身和双C内外一体设计，工艺卓越，设计独特，从外观和功能上来看，是华为年度最重磅的一款新型智能手机。

华为P7的智能功能比之华为之前推出的智能手机，提升了不止一点，无论是大幅升级的高清摄像头，还是精致超薄的机身设计等都是华为的一次完美升级，但是华为P7有一个非常实用的细节特点，就是插槽的独特设计所在。

华为P7的设计理念就是要推出一款创新型智能机，摆脱其他智能手机的缺点，在细节上突出华为独有的创新理念。

由于华为P7支持双卡双待的智能功能，所以机身必须设计两个SIM卡的插槽，而P7同时又需要外置内存卡扩展内存，那么意味着需要三个插槽，于是问题就来了，P7超薄的机身设计，不足以承担三个独立插槽的空间，因此想要在6.5mm的机身厚度基础上设计三个独立插槽的想法并不现实，而且智能手机设计三个独立插槽，不仅影响手机的美感，可能还会引起消费者的反感。那么对于这三个独立插槽要怎么处理才能显得美观而又实用呢?

在华为设计师们的研究下，终于想到了一个办法。华为的设计师们将P7的其中一个插槽设计成了多功能实用插槽，这样，这个多功能的插槽不仅可以读取SIM卡，还可以让那些习惯用一张手机卡的消费者在手机支持双卡双待的情况下，在多功能的插槽里插入内存卡。这个想法一经提出，马上得到众人的支持，于是这个看似很难解决的难题在华为P7上迎刃而解，既可以满足消费者选择双卡双待的功能，又可以满足消费者扩大内存的需求，一举两得。

看似不起眼的一个小细节的设计，带给消费者的感受却是那么与众不同。也正是由于华为在这个细节上的不断创新，使得华为P7智能手机一经推出就受到广大消费者的喜爱和推崇，华为也在众多智能手机品牌市场上站稳了脚跟，甚至现在很多的国人都越来越关注华为手机，大有取代其他企业成为龙头的趋势。

一位著名企业家曾经说过：“创新并不等于高新，创新体现在产品的每一个细节之上。”谁也想不到，就是这样一个不起眼的细节设计，就可以提升华为在市场竞争中的优势，就像美国的一家生产牙膏的企业，仅仅是牙膏的开口扩大了1mm，就可以给企业带来不可估量的利润。而日本的一位小职员仅仅是因为刷牙的时候经常被牙刷磨出血，就想到把牙刷的刷子从直角磨成圆角，从而吸引消费者的选择。可见创新就在每个人的身边，只是很多人不愿意把目光停留在这些细节上面。利用好细节上的关键信息，才会给企业带来意想不到的收益。

创新其实不必非要大幅度地改造或者升级，仅仅是一个细节的小设计就可能给产品带来锦上添花的效果，很多创新都是从不起眼的细微之处开始发生的，把每个小细节做到极致就是创新，假如我们不把眼光放在观察细节、思考细节之上，就会忽略很多细节可以带来的优势，从而错失很多关键性的信息。

华为的创新思想其实源于企业在发展过程中不断地吸取经验，总结教训，不管是在技术创新方面还是管理创新方面，坚持“于细微处见精神”的企业文化理念。为什么华为人都能坚持从细节出发，关注细节，就是因为华为的企业基本法管理中的细节管理制度。

华为企业是一个半军事化管理的企业，严格的制度规则规定了员工必须遵守公司的管理制度。就拿华为的项目团队管理来说，项目管理的制度严格明确地规定了很多条款，大到公司的企业形象不得受损，小到个人的办公环境保持高度整洁，并且给这些条款制定了不同的扣分制度，违反其中任意一项，都要扣相应的分值，百分制，扣到80分以下之后，就要罚款，50～100元不等，而连续三个月满分的成员也会给予相应的奖励。这些细节之处的管理就是为了培养员工对于细节的关注和完善，也正是很多现代企业缺少的“细节精神”。

在总结管理经验时，任正非曾说过：“世界上还有很多好的管理方法，但是我们不能什么都学，那样的结果只能像一个白痴。”认真做好工作中的每一件小事，善于观察工作中的细节，并且能够用心把它做好，这才是华为人应该具备的工作态度。

细节管理是所有管理制度的基础，严格的管理制度是每个企业都遵循的模式，但是将管理制度细节化才是企业制胜的法宝。每个员工都严格遵守企业的管理制度，重视细节，完善细节，将职责细化到每个员工的身上，落实自身责任，从小事做起，从细节之处管理。作为企业的管理者，更要以身作则，从点滴做起，关注工作中的细节之处，将工作做到规范细致。一个优秀的管理者，只有深入细节，才能长远地发展和提升。

很多成功企业的经验告诉我们，创新要从细节开始，即使每一个细节看起来毫不起眼，但是积累在一起之后，就会完成“质的飞跃”，使企业能够持续稳定地向前发展，为企业创造更大的价值。因此，只有在细节中找到机会，不断地创新，企业才会最终走向成功。

4.微利时代，从细节中创造利润

市场需求的逐渐增大，企业也在不断地扩大规模，迅速发展，但是由于市场的竞争越来越激烈，企业的发展势头很快开始衰败，这就是典型的粗放型管理模式。和中国很多企业的经营模式相同，华为在创业初期，采用的一直是粗放型经营模式，长久之后，这种大手大脚的经营模式的弊端就显现出来了，所谓增产不增收的现象导致企业的效益日渐下降。

创业初期的华为曾经遭遇了一次重大的问题。华为人具有其他企业缺少的“狼性”精神，依靠敏锐的嗅觉来抓住市场的消费需求并且迅速地研发产品，占据有利的市场占有率。但是当技术人员在研发产品的时候，却过度关注产品的功能开发，忽略产品的服务和质量，因此，虽然准确地把握住了市场竞争力，但是产品上市之后，一些不被注意的问题就开始暴露出来了。

当时华为开发的产品有一部分是一些极度复杂的大型产品系统，技术人员从研发到测试，历时太长，导致在激烈的市场竞争下，华为推出的产品的销售量并没有增长，反而日益下降，利润急剧减少，而且在开发产品的过程中，产生了大量的研发费用和损失费用，已经远远超出了预算，加上上市周期缓慢，等到重新获得市场竞争优势的时候，已经落后于其他企业一大截。

因此，华为总裁任正非开始认识到闭门造车的错误模式，毕竟要管理好一支庞大的项目团队，并且要确保其中每一位员工在工作的时候不能有任何的差错，不仅需要超强的管理能力，更需要一种强大的管理模式。此后，任正非专门奔赴其他国家或者一些大型企业，学习新型的产品开发的设计理念和模式，来加快产品的开发速度和上市周期。

刚开始实施IPD这个产品开发模式的时候，很不习惯，在实际运行的过程中经常出现问题，后来经过多次实施和修改，终于能够顺利流畅地实施起来。

IPD就是对开发流程的规范和控制，产品设计的细微之处做出重新调整，节省更多的开支，缩短产品上市的时间和周期，为客户提供更多有价值的服务，最终提高了产品的利润，为企业带来效益。

一个企业想要生存，想要获得效益，主要靠的是提高销售量和降低成本这两个方面。著名管理学大师德鲁克说过："企业家要做的只有两件事，一个是营销，另一个是削减成本，其他都可以不做。"尽可能地控制成本，减少额外的支出，才能为企业创造更多的价值和效益。那么如何才能控制预算，削减成本呢？

华为的项目团队在进行成本预算控制的时候，首先把需要用到的费用统一罗列出来，再针对每一项预算认真核算，并提出假设，是否这项预算一定要支出，如果不支出的情况下，不会造成影响和后果，那么这笔预算就是不需要的，就可以把这一预算从清单上删掉。很多项目团队在进行产品研发的时候，没有事先进行成本预算控制，导致在任务过程中造成预算超支，这个时候再开始找原因、再想办法进行补救、制止，可能为时已晚。

花钱是一门艺术，规模再大的企业也要合理控制每一笔支出，把钱花在刀刃上。很多企业在成本管理上存在多处浪费，过度生产导致库存膨胀，囤货销售不畅；工人在生产的时候大肆浪费原材料，增加原材料成本；人员安排不合理，一个人可以完成的事情，交给两个人，资源浪费。这些浪费完全是可以避免的，只不过很多企业不够重视，导致经常入不敷出，利润微薄。

企业想要控制成本，就要在很多细节上下功夫，不能忽视任何一个造成浪费的小地方，即使浪费的是一分钱，每个人累积下来也是不小的金额，把小细节注意到，才能一点一点，慢慢累积成功。

在工作中，除了必要的节省开支以外，还要懂得提高员工的工作效率。华为要求员工在执行任务的时候，要节省时间，避免出错。管理者给员工下达指令的时候，通过规定严格的完成期限，要求员工摆脱拖延的习惯，尽快完成任务，并且时常关注员工的工作进度和状态，有效地从细节上把握工作节奏。提高员工的工作效率是控制成本的必要因素，避免员工在执行任务时浪费大量的时间做无用功，造成项目成果返回重做，浪费大量的时间和金钱。

强调细节是提高工作效率的有效途径之一。在华为，管理者把细节问题具体落实到每个人的身上，规范每个员工的工作流程和目标，对每一套工作流程严格把关，要求员工严格按照标准制度执行。那么出于对自己和公司利益负责的态度，员工在工作中，多观察一些细节问题，考虑周全，用心把细节做到位，就能大幅度地降低出错率，整个任务的完成效率也会跟着提高。

大管理来自小细节。管理的规则越细化，员工的工作效率也就越高。有了具体的管理制度，员工就会更迅速、更高效地完成任务，从而提高任务一次性通过的概率，提高企业的效益。如果规则不够细化，员工在执行任务的时候就会模糊自己的职责，造成现场环境的紊乱以及操作上的失误，导致任务成果达不到客户满意的程度，造成企业形象受损，严重的，甚至要返厂重做，再次消耗资源和资金，造成不必要的开支。

微利时代，如何创造利润？企业要培养全员细节管理的意识，端正员工精益求精的工作态度，只有企业的全体员工参与其中，做到细节管理，才能发挥出意想不到的成效。让细节管理成为每个员工的习惯，将关注细节的重要性落实到每个员工的身上，贯彻实行精细化管理，才能保持企业在竞争中立于不败之地。

5.注重细节，才能防患于未然

细节的危险往往是最容易被人们忽视的，俗话说：“千里之堤，溃于蚁穴。”土白蚁不断地在河堤上蚕食、繁衍，导致河堤内部的结构被破坏，慢慢被掏空，从表面上来看河堤还是完好无损，但是只要汛期来临，水位高涨，河堤就会立刻崩塌、决堤。很多看似微不足道的小隐患，却是问题的源头。任何对细节的忽视，都会带来难以想象的后果。

想要在工作中完美地完成任务，保证任务达标，就不能忽略工作中任何的小事，不能忽视任何的细节，要时刻关注细节方面的问题，科学细致地研究和观察，防患于未然，做到完美执行。

同样地，在企业中，细节的问题是最显性的问题，员工每天随时可以注意到的问题，甚至是随手就可以解决的问题，却没有主动去解决。对于细节方面的隐患很多企业的员工即使注意到了，往往不会重视，最后发展成为影响企业效益的大问题。

之前《人民日报》的记者曾经报道过一则新闻。一家水电站的电机设备出现问题，导致企业损失上亿元，记者在采访中发现，电机设备的零部件加工难度也不是很大，设备的材质也没有问题，那是什么原因导致电机设备出现各种各样的问题呢？深入调查之后，才发现仅仅是设备上的螺丝没有拧紧。

细节是什么？细节就是干净整洁的地面上一片小纸屑，是工作完成之后的最后一遍检查，是随手关门、随手关水龙头的好习惯。细节是很琐碎、很不起眼的，但是魔鬼就藏在细节之中。在餐厅，一根头发丝落在餐桌上，就会引起客户的反感；在工作中，一个小数点的错误，就会给企业带来额外的损失；在施工中，一颗螺丝钉的不规范使用，就可能给工人带来意想不到的灾难。任何一个不注意的小细节、一个容易被忽视的小问题，都会在最后的关头，给予企业凶猛的一击。

华为一位某办事处的主管，当时他接到的任务是策划一次商业演出活动，领导千叮咛万嘱咐，要求他务必把这次活动办好。

这位办事处的主管在接到任务以后，首先在自己的脑子里构思了整个活动流程，也加入了很多与众不同的小环节，为活动增添一些小乐趣。结果在活动真正开始的那天，才发现现场的秩序非常混乱，不是少了话筒就是少了音响，要么就是客户的名单没有及时印刷出来。总之现场的活动并不是这位主管之前设想的模样，反而因为很多细节的不到位，让整个活动混乱不堪，即使现场的工作人员紧急处理事故，尽力弥补，这次活动的效果还是不太理想，主管也遭到了领导的批评。

事后，主管无奈地说："我只顾着在脑子里构思整个活动流程，却忽视了很多细节的问题，我总是觉得只要演出节目成功，环节新颖就好了，不必在意一些细节，但其实细节才是整个演出活动必备的关键因素。"

华为的这个案例就是在警示我们细节的重要性。那么，为什么很多的企业员工在工作中仍旧忽视细节？就是因为细节之微、之小，让人们以为细节是微不足道的，不值得重视，长久的忽视之下，人们就会习惯性地认为细节是不重要的，从而在任何工作中马虎过关，殊不知这正是企业发展的大敌。

想要保证一个机器的正常运转，就要保证机器的所有零件都达到标准，就必须贯彻执行技术标准和管理标准，从每一个细节上严格把关，形成一个统一的系统。同样对于企业而言，只有通过细节管理才能提高员工的执行能力，提升企业的市场竞争力。细节固然微小，但它却是企业构成整体全局的基础，在企业的长久稳定发展中，细节起着至关重要的作用，重视细节可以促进企业的稳定发展，忽视细节则可能导致企业举步不前。

细节管理是一个长期积累的过程，如果没有经验积累，企业就会处于一个低效率、高成本的运作状态，这种情况对于企业的发展是没有好处的。当管理者解决了一个问题，却不去总结和规范，形成企业独有的细节管理制度，等到下次再遇到这种问题的时候就无法有效地进行管理和控制。

一个企业的细节管理不到位，就是因为对细节的管理没有坚持积累和规范，就像建筑工人打地基一样，没有细节管理的积累，就没有制度的积累和知识的积累，地基就不稳固，企业的地基不稳固，继续向上发展，就会摇摇欲坠，直至坍塌。

在华为看来，一个企业只有把细节管理好，它的成长步伐才是坚定的。如果细节的管理不到位，无论企业的表面维持得多么光鲜亮丽，它的内部都可能已经被腐蚀，只要一次小小的风险，就会衰败。

因此，华为的细节管理就是不断地从过去的失败里总结教训，积累经验，把这些宝贵的失败教训，作为第二次创业的精神食粮。吸收业界的最佳思想和管理制度，在施行管理过程中，不断对员工的行为规范进行强化和优化，加以正确的引导，确保员工把每一个环节、每一个细节，做到位、做到精、做到细，让华为能够正确地发展。

注重细节，防患于未然。树立细节决定成败的观念，坚决克服“差不多”的错误思想和行为，杜绝工作中的“将就”，消除工作岗位中的小错误和小疏忽，从每一件小事做起，从每一个细节关注，尽忠职守，严格遵守企业的各项管理制度，加强自身的管理和约束，规范自己的行为和职责，认真负责，一丝不苟地完成工作中的各项任务。

6.执行力的关键在于细节

企业员工的执行力对于企业的发展是至关重要的，执行力的强弱不仅关系着员工的工作效率和工作质量，还关系着企业的形象和市场竞争力。

很多企业都会出现这样的现象：有一支很好的项目团队，一个很有创意的计划，各类人才很充足，资金也很到位，但就是出不了效率，总是与成功失之交臂。为什么会出现这种情况呢？相信很多企业都会有这种困惑，并且都在想办法解决这类难题。其实这类问题的首要根源就在于执行时忽略了细节的重要性。执行力的关键在于细节上的重视，员工细节上没有做到位，执行起来也就没有实质性作用。

2004年年底，国际航空联盟决定在亚洲遴选一座资质最佳、软件和硬件都过硬的机场，作为国际客运以及货运的航空枢纽。预计每年的客运量在3000万人次以上，货物的运输量高达20万吨，如果哪家机场有幸入选的话，那么每年的营业额就会有将近2亿美元。

消息一出，亚洲的各个机场摩拳擦掌，积极申报参与竞逐，想把这块肥肉据为己有，最终只有几家机场的软硬件等条件合格，从众多的参与者中脱颖而出。

国际航空联盟的官员们开始对这几家机场进行调研，很快，其他一些机场都被淘汰掉了，只剩下两家机场进入了最后的竞争阶段。这两家机场无论是地理位置，还是各项条件，都不相上下，竞争尤为激烈，接下来能够从中一举夺魁的就看两家的软件服务哪一家更强了。

为了能够公平、公正地进行调研，联盟的官员乔装成普通的乘客，偷偷对两家机场进行暗访，登记时两家的服务和专业都难分伯仲，但是在下了飞机，取行李箱的时候，他们发现其中一家机场拿到的箱子非常干净，而另一家机场的行李箱却脏兮兮的，甚至有的箱子还有裂缝，好像被摔过一样。

为了查清这个小细节的原因，联盟官员开始到机场的行李托运现场进行调查，发现那家行李干净的机场服务人员，在乘客的行李从滑梯上滑下来时，面带微笑，小心翼翼地接过行李箱，然后用抹布把行李箱仔仔细细地擦拭一遍，确保不留污渍，再放到行李车上，等待客户来取。整个过程，机场的地勤人员都像服务客户一样，全身心地投入，一丝不苟地执行，对于任何细节都考虑周全。

而另一家机场的地勤服务人员，在行李箱滑下来的时候，直接拿起扔到一旁的行李车上，有的行李箱被撞击之后，甚至出现了裂痕，但是机场的服务人员好似没有看到一样，不闻不问。整个过程，工作人员都显得很不耐烦，感受不到一点他们应该有的专业性和执行力。

显而易见，行李箱始终保持干净整洁的那家机场赢得了这次的合作机会，理由就是：不能把客户的行李和货物交给一群既没有执行力，又没有职业化的人来随意对待，这不符合国际航空联盟的初衷，也不符合乘客的心愿。

知道失败的原因之后，那家机场追悔莫及，谁也想不到仅仅是一个细节的问题就会损失这次合作的机会。甚至之前为了迎接检查做的努力和工作也全都白费了。

员工的专业性再强、能力再好，在执行任务的时候，如果没有注意细节上的问题，他的执行力就是不合格的。很多时候，员工执行力的强弱关键在于对细节的重视程度，所谓成败在细节，细节上的忽视会给企业带来巨大的损失。

华为人也在细节问题上跌过跟头，一位员工曾经这样记载：“今天的任务是去崇左大新县进行三处站点整改，包括环城路北站店（RRU断链）、财政局站点（RRU断链）和大富药店站点（脱站）。来回六七个小时的路程，以及两个多小时的寻找问路，耗费大量的时间，到最后才发现设备出现异常问题的原因是RRU光模块没有安装牢固，导致模块脱落，仅仅是因为这一个细节上的施工不慎，就需要我们大费周章地一路奔波，前来整改，看来用心做好每一个细节，是非常重要的。”

很多员工在执行过程中，经常犯一些细节上的失误，对一些简单的、低技术含量的操作更是屡犯不改，才常常让很多企业在不起眼的小事上跌跟头。大事情很多人都能做好，往往是小事情常被忽视。因此在小细节、小问题上认真对待，多点耐心，多点重视，踏踏实实地工作，养成用心做好细节的好习惯，才能加强自身的执行力。

正是因为在细节问题上吃过亏，华为对于员工细节上的管理才更加重视，任正非表示：“治大国如同烹小鲜，我们做任何小事情都要小心谨慎，不要随意破坏流程，发生连锁错误。”在华为，管理者一定要注重工作上的细节和管理上的细节，深入到基层中去，听听员工内心真正的想法，重视细节，把一些政策、制度执行到位，善于从工作的细节和过程中发现问题，解决问题，加大细节管理的执行力度。

华为的员工更是要养成注重细节的好习惯，在任务执行中，要细致、周全地工作，没有细节的执行就是在做无用功，只有时刻保持一丝不苟的工作态度，养成重视细节的好习惯，才能保证企业发展的稳定性和持久性。

细节到位，执行力才能到位，把工作中的所有事情都做到位，不忽视工作中任何一个细微之处，才是真正高效的执行。

华为的成功很大一部分原因就是注重执行过程中的细节方面。尤其是企业的细节管理上，无疑给现代很多其他企业带来很好的影响。想要造就员工在细节方面的成功，就要落实企业细节管理上的执行性，一个注重细节的管理制度，才能培养出一批注重细节的优秀员工。细节管理的成功才能造就人的成功，人的成功才能造就企业的成功。

7.让每个人都参与进细节管理中来

企业的细节管理做到位，细节的问题就会引起重视，因此企业才能够及时发现和注意到小漏洞的存在。那么问题来了，企业中出现的细节问题应该由谁来负责发现和解决呢？真正的答案是：全员参与。

如果企业只靠几个骨干型人员来管理，工作量无疑是巨大的，也不可能每个细节都顾全到位；如果把全部的精力都放在细节管理上，那么他们本身的工作职责就会被耽误，造成企业内部人员的巨大浪费。

全员参与其中是细节管理的重要保障，特别是很多一线的普通员工，相对于管理层和领导层，一线的普通员工人数众多，且更能接触到企业的操作流程和生产线，他们了解操作流程的每一个小细节，能够及时发现症结所在。而领导层和管理层的人员相对较少，只靠少部分人去发现企业中所有的细节问题，是不可取的，毕竟他们的精力和时间大都放在管理和领导方面，只有充分发挥全体员工的积极性，鼓励全体员工参与到细节管理上来，利用他们的优势，才能保障企业的细节管理做到位。

华为的项目管理中就注重全员参与管理这一独特方式，在项目开始执行之前，项目经理会把项目团队分解成几个小组，把项目中的管理工作分解到每个小组长身上，对于项目中的其他一些服务项目和职务，也会任命专门的人员来担任，比如项目中负责管理团队纪律的纪律监督员、考勤员，还有培训管理员、配置管理员，等等。华为经常有一些大项目需要大量的项目人员去完成，这些大型项目团队中，人员的调动和管理是非常重要的，员工之间要配合默契，自我管理。如果只靠项目经理一个人来管理的话，很容易造成秩序混乱，因此，只有让项目团队的每个人参与到细节管理中来，才能更好地实施细节管理制度，提高团队的效率。

将项目团队中的工作分解成不同的小任务，再分配给不同的人员负责，把每个人的责任明确以后，设定奖罚制度，这样就成功地让项目团队中的成员都参与到细节管理中来，提高了全员的主人翁意识和调动全员的积极性。

项目团队中的每个小组长会根据项目的完成进度和员工的自身能力，设置一些专项主题工作，再分配给不同的小组成员，这样每一个人都有机会获得这种荣誉，大家在工作中也就更有激情和动力。

全员参与管理的方式，极大地塑造了员工的主观能动性和对细节问题进行观察重视的积极性。员工有了责任，才会对工作中细节之处的问题及时发现，积极处理。

在质量文化建设上，华为同样表示必须全员参与，才能达到理想效果。鼓励全体员工参与到质量文化建设中来，是提高产品质量的根本。企业的产品从研发到设计，到生产，到销售，直至售后服务，其中的每一个流程环环相扣，而这些流程又需要不同部门的人员参与合作，共同完成，任何一个环节出现问题都会影响产品的最终质量。因此，发动全员参与到质量文化建设的互动中来是至关重要的，让员工懂得无论哪一个环节出现问题都是大家共同的责任，这样员工在执行中才会明确自己的责任和义务，对于所有的细节都一一排查清楚，不遗漏任何地方。

华为发现，让全员参与到细节管理中的关键因素就是要落实管理责任，把一人负责变为大家负责，实现责任具体化、明确化。对每个员工的责任进行落实，让每一个员工都能尽职尽责地参与其中，每个人都承担相应的责任，对工作负责，对全员负责，构建“细节管理，人人有责”的工作氛围，让企业从上而下人人有责，做到责任清晰化、具体化，有奖有罚。

落实管理责任就要建立健全的责任制度，要求各个部门、各个岗位，形成彻底的责任保证体系。通过对各个部门、各个岗位的具体责任规定，各司其职，充分调动全员的主观能动性，把责任落实到个人，各部门之间互相监督，贯彻执行。

华为通过建立健全的细节管理制度，规范员工的行为，完善管理制度，让每个员工都参与其中，对工作中每个环节的细节之处进行精细化管理，要求大事小事都做到位，只有每个人都参与到细节管理之中，达到上下一心，将细节管理落到实处，才能发挥出更大的成效。

正是因为华为对于细节管理的控制和监督，才使得华为的发展更加稳定。华为的一位管理者曾这样写道：“随着巡检和抽检工作的开展，员工增强了自检、互检意识，用心把工作做好不再是一句空话。由于巡检和抽检中发现的问题与员工的品质系数直接挂钩，操作员工一有时间就进行自检，下道工位对上道工位的作业内容进行互检，大大降低了产品的不合格率，插件工序在这方面收效甚大……从根本上说，巡检、抽检工作进一步增强了全员的质量意识，让很多问题得到了迅速、彻底地解决。全员参与的质量管理，也大大减轻了检验员事后把关的巨大压力。”

管理重在细节，细节的完善和健全，是一家企业生产效益和经验管理的保障，影响到企业的各个方面。所谓的细节管理就是让员工能够重视和消除细节方面的问题，因此必须建立健全的细节管理制度，要求全体员工参与其中，全面地落实、解决，以免造成损失。

细节管理制度的作用就是保障企业在各个方面的运作和发展，能够圆满达成企业的目标。因此华为不断完善细节管理制度，设置考核体系，才能不断增强员工的细节管理意识，提高企业运行的效率，为企业增加利润。

8.有奖有罚，维护流程的权威性

很多时候，仅仅按照工作流程去执行是不够的，还需要员工主动去维护流程的权威性，不允许任何人挑战它、违背它。通过制度和流程的权威性来管理员工的工作态度，是企业能够长久发展的关键因素之一。很多企业刚开始的时候规模很小，盈利也很可观，等到企业规模越做越大，员工人数越来越多，销售额也在不断地上升，但是盈利却比之前少得多，造成这种情况的原因之一就是在管理上仍然靠人为管理，而不是靠流程管理，结果导致人为管理的不够全面，越管越乱，成本越来越大，盈利越来越少。

什么是流程？所谓流程也就是制度，维护流程的权威性就是指制度要求哪一步该做什么就必须做什么。当一个企业的运转完全依靠流程时，任务就简化了，很多无谓的错误、争执、分歧也就避免了，员工的工作效率也就提高了。

任正非在总结起草《华为基本法》的时候曾说道："我们要逐渐摆脱对技术的依赖、对人才的依赖、对资金的依赖，使企业从必然王国走向自由王国，建立起比较合理的管理机制……只有摆脱这三个依赖，才能科学决策。"

因此，任正非曾前往多个国家和其他大型企业，学习新的管理体系。比如从HAY集团引入了新型的“职位与薪酬体系”，从IBM引进了集成产品开发以及集成供应链管理体系等。华为的每一次变革带来的成效都是有目共睹的，经历过磨难和创新的华为一跃成为中国通信企业的龙头老大，也让员工有了更多的自信和激情。

自古以来，任何企业的改革都会遭受来自各个方面的压力。很多企业的突然变革会损害企业部分员工的利益，所以部分人会千方百计想尽办法进行抵触、阻拦，最后导致新型管理体系的弃用。想要获得改革的成功，领导者必须坚决维护制度流程的权威性，不允许任何人怀疑、抵制。

华为起初在引进新型管理体系的时候，同样是艰难的，很多员工认为国外的或者其他企业的管理体系并不一定适用华为，甚至也有一些“聪明的”员工提出了很多自己的想法，认为自己的理念比起国外的体系更要先进和合适，于是提出了各种各样的问题。任正非就曾在会议上严厉地指出：“我最痛恨‘聪明人’，认为自己多读了两本书就了不起，有些人还不了解业务流程是什么就去开‘流程处方’，结果流程七疮八孔地老出问题。”

为了维护流程的权威性，保证华为改革的成功，任正非特别制定了变革方针，要求员工必须无条件地接受和实施新型管理体系，等到公司对整个的管理系统有了全面、深刻的了解之后，再对其进行调整和优化，最后形成具有华为特色的管理体系。任正非表示：“在管理改进和学习西方先进管理方面，我们的方针是‘削足适履’，对系统先僵化，后优化，再固化。我们切忌产生中国版本、华为版本的幻想。5年之内不许任何改良，不允许适应本地特色，即使不合理也不许动。5年之后把国际上的系统用惯了，再进行局部改动。至于结构性改动，那是10年之后的事情了。”

在华为管理变革发起之时，由于员工对于新型管理流程不适应，华为出现了创业以来首次业绩下滑，利润和成本都受到了冲击，更加雪上加霜的是，许多核心技术人才和管理人才相继辞职，离开了公司，留下的人只能向流程和组织妥协。这场改革对于华为的冲击不可谓不大。但是任正非仍然坚持流程制度化、规范化，不允许任何人搞所谓的“管理创新”。

在华为，任正非一直强调，对于流程的管理靠的不是创新，而是规范。想要员工能够自觉遵守流程的制度，就要严格按照流程的标准不折不扣地执行。很多企业只注重结果，不愿意按照流程执行任务。执行重在过程，结果由过程产生，什么样的过程就会产生什么样的结果，过程的标准执行才能造就好的结果。不管是人力资源还是业务管理，都需要按照流程标准执行。某种程度上，流程比操作更重要，想要达到理想的管理状态，就要规范员工的操作流程。

想要企业内部管理规范化、标准化，就要设定科学有效的考核制度。华为设定了有效的监督考核指标，用来规范员工的行为，维护流程的权威性。灵活的奖罚制度，给员工提供了公平公正的工作环境，通过晋升和奖励制度来激励员工严格遵守操作流程，对于员工违反制度的行为，要严厉惩处，做到有奖有罚。员工的绩效和薪酬是直接挂钩的，当员工开始重视流程的重要性之后，自然而然就会自觉遵守操作流程。

流程，是管理的基础，成功的保证，是企业管理员工不可或缺的一部分。一个好的员工能够按照制度规范执行，维护流程的权威性。无论什么原因，都不能违反企业的制度、岗位的职责。

企业建立健全的操作流程还不够，还要靠员工的标准执行。想要创建井然有序的工作环境，就要时时刻刻按标准执行，不断地规范员工的行为，维护流程的权威性，将操作流程规范化、标准化，严格按照流程操作，达到效益最大化。

EMUI（华为）设计的细节有哪些？

Emotion UI是基于Android进行开发的华为特有的情感化用户界面，其核心设计理念就是简单易用，功能强大。此设计一经推出就受到了广大消费者的喜爱，甚至隐隐有赶超MIUI的趋势。

我们可以简单地了解一下EMUI的进化史。

2012年7月30日，华为宣布EMUI的诞生，也就是第一代EMUI，基于Android4.0系统开发的新型系统。其中Me Widget整合常用功能，合一桌面的快捷方式，以及语音助手和全新的省电功能，都让消费者印象深刻。

此后，EMUI1.5、EMUI1.6也紧跟着一一面世，功能以及稳定性都较上一版本有了很大的提高。

2013年11月，随着华为荣耀Mate系列手机的发布，华为EMUI2.0也正式面世。EMUI2.0是基于Android4.2.2深度开发的系统。整体化在合一桌面的基础上又增加了同屏多窗、单手操作等功能。同时EMUI2.0还具备了魔幻触控、双Wi-Fi、双导航等多项强大功能。

其后，EMUI2.3也紧跟着发布，同时很多手机厂家也开始推出杂志锁屏系统。

2014年9月4日，华为EMUI3.0在第54届德国IFA国际消费类电子展中正式全球首发。华为EMUI3.0新增的十大功能包括了生活中的方方面面，比如桌面的自由设置、视听方面的新增体验和专属的应用下载等，给消费者带来了更加优质新奇的体验。

2015年4月华为发布EMUI3.1，增加了很多自动识别的系统。

2015年11月26日，基于Android6.0深度优化的EMUI 4.0在上海面世。其中包含全球首创的立体导航模式、快速搜索模式等。

2016年4月15日，EMUI 4.1随着华为P9的发布一同面世。多用户模式让消费者感受到满满的情感设计。

总结一下历代EMUI的细节设计之处，包括以下几点：

1.自带全局搜索功能。手机桌面向下滑动就可以打开全局搜索，简单快捷。

2.虚拟按键。平时不用的时候会自动隐藏，比如在进行全屏模式玩游戏或者看视频的时候。也可以根据自己的喜好设置快捷键的排列顺序，单手操作，非常人性化。

3.快捷方式。手指在桌面下滑会出现通知栏，通知栏显示的信息如果想要删除只要双击就可以清空信息，非常方便。手指长按的情况下可以接听电话、关闭闹钟等。浏览图片的时候，单击图片会在菜单出现旋转功能，这个细节之处很多消费者都表示非常惊喜。

4.指关节作用。指关节双击屏幕截图，想要部分截图的话，单击屏幕并在截图部分画圈，单击屏幕画S支持滚动截屏，两个指关节一起双击可以进行录像，再双击录像停止。

5.亲情关怀。支持手机远程协助功能。顾名思义，如果手机操作不熟练的话，可以请求远程帮助。

6.情景模式。

①天气预报系统会关怀你下雨天带伞、降温时加衣、高温注意防暑

等，随时随地给你最贴心的关怀，让离家在外的人们也可以感受到家的温暖。

②会标记常用软件的使用时间，包括一些娱乐购物软件。

③自动读取车票、机票信息，并且自动创建提醒事件，消费者可以通过事项内的导航按钮快速找到最近的公交或地铁路线，以及自动读取电影票信息，会在开场前提醒电影开始时间。

④自动获取位置。会根据消费者的每日路线分析路线长短，告诉消费者到达目的地的时间。如果消费者长时间待在原地不动，会提醒注意活动。

⑤在手机的联系人信息中，会适时地提醒消费者，朋友的生日到了，要尽快送上祝福。

⑥出国的消费者，会接到当地货币与人民币之间的汇率大小，以及附近的景点和前往路线。友情提醒消费者下载翻译软件。

⑦识别伪基站。可以拦截一切广告、推销等信息，给消费者一个清静的环境。

⑧信号强。无论是无线状态还是数据状态，信号都高过其他系统。如果搜索到多个无线局域网会优先选择信号强的网络。如果没有无线网的情况下，Wi-Fi的按键会自动关闭。

⑨主题设置。多个主题样式，可以自由混搭，炫出自己的风格。

⑩天际通。国外旅游以及中国港澳游等，不用办理额外的数据卡，还会友情提醒当地的数据套餐价格。

最新研发的EMUI5.0系统也涵盖了很多新增功能。EMUI5.0是基于Android 7.0开发的全新一代操作系统。其中几个细节之处的新增功能更让消费者为之惊艳：

①一键清理桌面。在新增了更多匠心设计的桌面主题以后，还可以

按照消费者的喜好自定义隐藏桌面图标。

②识别65种常用场景误触，及时纠正。

③设置私人隐私空间、指纹识别，为消费者提供更加周到私密的硬件加密系统。支付类软件被安装到独立隔离的空间，防止第三方读取。

④检测软件的安全和性能，对第三方软件的下载进行广告识别拦截和漏洞木马检测，全方位地保护消费者的安全和隐私。

⑤手机U盾。对手机的支付交易进行金融级保护，保证交易信息不会泄露或被篡改。

⑥可以同时登录两个QQ账号和微信账号，不用频繁切换，方便工作和生活不被打扰。目前此功能只支持QQ和微信两个通信软件。

⑦拨打紧急电话的时候，可以自动定位所在位置；遇到不想接听的电话，可以切换至后台，优雅拒接。

华为研发团队的能力可见一斑，华为也一直致力于从细节之处见真章。其实EMUI的设计还有很多的细节之处文章中没有一一赘述，但是这并不妨碍我们学习华为“细节为上”的设计理念。华为的EMUI系统的研发就是为客户提供一个易分享、易享受的用户体验，这也符合华为一贯坚持的“以客户为本”的服务理念。

无论是产品的细节设计还是企业的细节管理都体现了华为人对于消费者和员工的负责态度，从小事做起，从细节做起，才是现代企业应该具备的战略理念。

第七章

华为时间管理：如何让决策更有效率

我现在最喜欢做的事，就是分析工作流程中的每一个流程环节的存在因素，如果每次可以取消其中的一个环节，并且不让工作效率受到破坏的话，就意味着少了一个工作延误的可能，就会节省大量的时间和精力。把我这两年去掉的流程环节加起来，总共超过70个，粗略地估算下来，至少节省了3000小时，也就是120天的时间啊！

1.分析时间的使用方式

在阅读文章之前，我们不妨问自己几个小问题：你经常熬夜吗？你每周不止一次地把工作带回家做吗？你常常觉得自己的计划被打乱吗？如果是的话，那你就需要好好对自己的时间进行管理了。

“时间就是金钱”“时间就是生命”的道理我们都知道，浪费时间就等于浪费生命、浪费金钱。但是同样是每天24个小时，有的人会把时间变成金钱，变成成绩，而有的人却把时间白白浪费掉，还感慨时间流逝得飞快。其实之所以会出现这么大的反差，完全在于每个人是否合理规划利用自己的时间。

时间是有自己独特性质的，它是无法取代、无法积攒的。每个人每天都只有24小时，不会多，也不会少，也不能把之前的时间保存下来，留到以后，无论用什么方法，时间都会被使用掉。甚至时间是无价的，任何东西都不能取代它，时间花掉了就没有了，再也不会找回来。由此可见，时间管理对于每个人的重要性。

其实根据时间的特性来看，我们要做的不是管理时间，而是针对时间的“自管理者的管理”，要学会管理自己、控制自己。学会计划时间、分配时间，在执行任务的时候，制订计划，规划时间，自我约束，这样才能充分有效地利用时间，提高自身的效率，减少对于时间的不必要的浪费，避免消耗时间，做无意义的事情。

很多人有的时候意识不到自己的行为是在浪费时间，因此常常会忽略一些工作中的小习惯。比如有些管理层在下达任务的时候，明明可以简短快速地交代任务，却不知不觉地牵扯其他事情，甚至越讲越多，时间也就被无形地浪费了；或者有些员工在接听无效电话的时候，不能快速果断地拒绝，也是在浪费时间，这种就是效率低下的时间浪费，能把时间缩短而不缩短，造成时间的浪费。

学会分析时间，规避时间管理中出现的时间管理不善的问题。华为员工在工作中或者执行任务的时候，会事先制定完整周密的工作目标，充分有效地利用时间，促使任务顺利高效地执行下去。

在执行任务的时候，华为人对于一些应该拒绝的事情果断拒绝，不浪费一丝一毫的时间，合理利用手里的资源，节约时间，遇到问题及时沟通，以免造成任务返厂重做的后果。华为的管理层在执行任务的时候更注重适当地放权，授予其他有能力的员工适当的权力，把主要精力放在更重要的事情上，不在无关紧要的小事上浪费时间，给自己留出足够的时间进行管理和决策。

华为员工还借助5S管理助手来帮助自己节省时间，无论是在办公室还是在车间，员工都务必把自己的个人物品摆放整齐，做好标记，使用的时候方便快捷，一目了然。

学会规避时间管理不善的问题之后，还要懂得扫除自己的心理障碍。很多人都会有拖延的习惯，要想准确有效地对时间进行管理，就要对拖延的习惯进行控制。

在执行任务之前要做好准备，备齐所需的资料和工具，对任务加以分析，有效分解，把每个阶段要完成的事情列出清单，做好充分准备；标记出任务清单中最棘手的任务，从最难的任务开始执行，再用剩下的时间去完成简单易做的任务，节省时间。

华为员工在执行任务的时候会加快自身的工作节奏，因为保持快节奏的工作会更有效率，在工作中强迫自己坚持下去，会让自己完成更多的工作量，从而拥有更多的信心，但是还要学会在工作中为意外事件留出时间，不然在问题出现的时候手忙脚乱，反而浪费时间。养成独立思考的习惯，严格按照流程执行任务，合理使用时间。

记录自己的时间使用状况，是分析时间、管理时间的有效方式。华为人根据自己的喜好和习惯选择电子记录表或者手写表格来追踪自己的时间使用状况。

表格的制定不需要太过复杂严谨，只要自己能够分辨即可，简单易懂，不必花太多的时间。制定表格的目的是为了管理时间、节省时间，如果表格设置得太过复杂难解，浪费时间，也就没有制定的必要了。

表格中一般标记每天完成任务的时间或者休息时间等。比如开会花费的时间、打电话花费的时间、吃饭的时间、拜访客户花费的时间、整理文件花费的时间，甚至还有娱乐花费的时间，等等，将一天中完成的所有任务花费的时间一一记录下来，连续一周追踪自己的时间使用情况，诊断自己的时间管理情况。

诊断自己的时间使用情况之后进行谨慎的自我时间规划，良好的自我时间规划是进行时间管理的核心，华为人在进行个人时间规划的时候，一般分为五个步骤：

收集任务

把所有的任务收集起来，事无巨细，无论大小，只要是未完成的任务或者将要执行的任务统统收集起来，一一罗列下来，登记在电子表格中。

整理任务

定期把任务整理分类，根据任务的难易程度区分开来。把相同性质的任务、琐碎的任务划分在一起，节省时间。对于不能立即完成的任务，要合理规划，搜集资料，认真分析，不能放弃，对于可以轻松完成的任务要及时去做，不要拖延。

管理任务清单

任务清单罗列出来以后，把需要自己亲自去做的任务和可以交代别人去做的任务标记好，特别是管理者，要把时间和精力放在管理和决策上，这样才能有效地提高效率。

定期检查

华为员工每周定期检查自己的任务清单，并且及时更新，同时对接下来的任务进行合理规划，明确自己的任务，确保自己的时间合理利用。

开始行动

准备就绪之后，根据任务清单上的任务和自身的条件决定首先执行哪项任务，然后再对清单上剩下的任务逐一开始执行。

哪些任务的完成时间还可以缩短？哪些任务是浪费时间？哪些任务可以取消？这些都可以从时间记录表格上反映出来。

学习华为员工记录时间使用情况的方式，来帮助自己诊断时间使用的情况。不同性格的员工有不同的记录习惯，每个人都可以根据自己的习惯来记录自己一周的时间使用情况，并且针对自己的使用情况进行分析和反省，有效地管理自己的时间，提高自身的工作效率。

2.用明确的目标催生行动力

一个明确的目标是企业成功的开始。科学地制定目标除了可以激励员工完成工作以外，还能保证企业长期稳定地发展。然而很多时候，员工常常不清楚自己应该做什么、怎么样去做、什么时候做，最后导致工作常出现延误的情况，企业的发展也受到了影响。

华为的发展史就是一部危机管理史，在这部危机管理史上，华为公司曾经面临一次很严重的公关危机。21世纪初期，很多企业为了走向国际全球化，渐渐把市场的重心转移到国外，华为公司为了在这场竞争中获得先机，同样接下了欧洲某企业关于合作研发新产品的订单。新产品由华为和该企业共同设计研发，华为负责生产，但是新产品的研发和试产需要大量的设备和作业人员，以及熟练的研发技术。由于当时生产厂家设备的不稳定，以及技术人员的操作不够熟练，加上原材料的采购周期太久，试产又需要一步步仔细测量，导致新产品的订单往往不能按时交货，出现了延迟交货的问题。

这些问题导致欧洲企业的不满，甚至引起该企业高层的注意，开始质疑华为公司的效率以及管理能力。华为为了维护客户关系，紧急制定了一系列的阶段性目标。邀请该企业CTO到华为总部考察，采用VIP级别规格，并要求至少一名华为高层进行接待，从相关部门严格挑选经验丰富的公关人员，无条件配合客户，尽力挽回与客户之间的合作关系。

想要合理控制时间，提升准时交货的效率的首要条件就是要有目标完成工作。没有一个明确的目标是时间管理的第一大忌，因此为了避免问题的滋生，确保每个项目能够顺利准时地展开，就要准确把握目标的管理，让工作更有效率。

SMART原则是华为内部员工最常用的一种目标管理法宝。由Specific、Measurable、Attainable、Relevant、Time－based五个词组组成。

S即specific，代表具体化的，指目标要明确，不能笼统。

1.明确的目标：制定一个明确的目标，是华为成功的一个重要因素。制定目标之前，要先明确目标的目的、目标实行的前提条件、目标实行的具体对象，以及目标具体的操作方法等。

2.合理的执行时间：依据华为的环境和条件，考虑现有的资源和人员，确定目标执行的起始时间，确保能在期限内圆满完成任务。

3.合适的地点：根据目标的轻重缓急、所需的人员数量、工作的强度和难度，来选择合适的执行地点。

4.合适的人员：根据目标的执行力度，分析目标所涉及的相关人员，在工作人员的选择上要严格谨慎。

5.为什么这样做：在制定目标之前，华为人都会思考为什么这样做？这样做的理由是什么？有什么好处？执行目标之后，是否可以达到我们设想的结果？

6.怎么做才更有效率：考虑目标执行的时候，是否省时、省力、省人？是否避免时间不被浪费？是否将每一个阶段都安排妥当？

M即measurable，代表可度量的，指目标数量化或者行为化的。

目标的可度量性就是指目标应该有一组明确的数据，可以用来衡量目标是否实现的依据。如果一个目标的制定没有可衡量性，那就无法来证明这个目标是否被实现了。华为人在检测目标是否具有可衡量性的时候，会考虑到目标完成的时间、完成目标的数量，以及目标完成的质量这三个方面。这样一来，可以让员工对于目标的完成有一个清晰的认识和印象，也让领导能够对工作的完成情况一目了然。

大部分情况下，目标都是有可衡量性的，但是也有少部分的目标是例外的，比如一些大方向的目标。当目标无法被衡量的时候，也会统一制定一个考核制度，作为衡量的标准。对于一些概念模糊，不能确定的字眼杜绝使用。

A即attainable，代表可实现的，指目标在付出努力的情况下可以实现，避免设立过高或过低的目标。

制定的目标要能够被完成。不能过于简单，轻轻松松就可以完成，也不能过于困难，实现不了。目标的制定要在能力范围之内，做到最好。为了确定每个员工都能实现目标，华为根据员工的部门和职责方面，采取不同的分解方法，将目标逐级分解至各个管理层，具体到个人。

R即relevant，代表相关性，指实现此目标与其他目标的相关情况。

目标的制定一定与自己的工作具有相关性，才是一个有效的目标。而不能简单地制定一个与工作毫无联系的目标。个人的目标和组织内部的目标相一致，才能使目标更有效率。华为员工在制定目标的时候讲究短期目标和长期目标相结合，将一个长期目标分解成各个阶段的短期目标，逐步完成。

T即time-based，代表有时限，注重完成目标的时间期限。

任何一个目标的制定都必须有一个明确的起始时间。没有时间限定的目标，制定也就没有了意义。华为的项目团队在每次执行项目的时候，都会严格确定每个阶段完成的时间，确保每个员工都能在规定时间内完成任务，提高目标完成的效率。此外，员工也会根据自身的能力和条件，为自己限定时间，签订绩效承诺书，保证在期限内完成任务。

明确的目标是催化生产的第一行动力，因此不论是在工作中还是生活中，华为员工时刻进行自我提醒、思考和总结，制定各阶段的目标，在执行过程中反思和审视，确保项目的顺利进行，不断地贯彻以结果为导向的工作思想，成为高效的企业。

3.必要的时候，学会拒绝

孟子曰："不以规矩，不能成方圆。"按规则办事，才能保证员工的有效执行，确保员工的工作效率。

一次，华为生产的某款产品接到了产品事故报告，调查人员在紧急调查过程中，发现产品的事故是由于技术人员在编程过程中一个不规范的表达方式引起的。

华为对于产品编程中的表达方式有着明确的规定，要求员工必须按照规定工作，但是一些研发人员在编辑程序的时候完全按照自己的习惯，随意表达，不按规矩办事，导致产品出现了故障，还要再次投入大量的人力、物力和财力，把问题解决掉。

员工过度强调行为自由，对公司的规则熟视无睹，毫不在意，导致其他的成员也跟着一起受罚。一旦员工不遵照规矩办事，只按照自己的习惯，游离在规则之外，不仅会给自己的职业生涯带来不好的影响，也会使身边的同事受到影响。

在企业中，如果员工过度追求个体自由，破坏规则，那么员工的工作效率就会下降，只有遵守制度和规则，才能保证员工自我约束、自我监督的工作态度，提高员工的执行能力和效率。

华为曾经有一次和某国谈合资建厂，结果在谈合作过程中，不知道哪里出现了问题，导致和对方的交往持续了一年多，还是没有谈成这笔生意。于是华为当时的项目小组召开会议研究分析造成这种情况的原因，才发现问题出在提供给对方的资料不够规范。

一是文档不全。比如像阿尔卡特、爱立信这样的合作商给华为提供的技术资料非常齐全，厚厚一沓，而华为提供给某国的资料却很单薄。很多需要详细介绍的技术资料，常常一笔带过，有的甚至只字未提，导致客户无法确定系统的合理性，也就迟迟不敢签下合同。

二是文档的质量不高。华为给客户提供的技术资料，很多方面出现了错误表达，像一些价格、数量之间的金额不相符。

三是文档太过随意化。客户要求文档按照欧洲ETSI标准书写文档，因为欧洲ETSI有专门的文档格式规定，但是华为提供给客户的文档全是按照自己的意愿随意书写的，毫无规定可言，根本达不到客户提出的要求。

因为招标文档的格式不够规范，员工对于招标项目也不够重视，导致华为一度处于被动局面，面对客户的质疑，只能再次耗费大量的时间和精力来重新整理。由此可见，没有规则的支持，员工的行为就如同一盘散沙，既不能按照规定书写文档，也没有培养一个良好的工作态度。因此任何企业都要重视规则的建立，以免带来损失。当员工忽略了本该有的规则时，就会为此付出代价。

多次失败的案例给华为敲响了警钟，只有按照规则办事，才是员工对于时间管理的有效保障。员工遵守企业的规则和制度，沿着正确的工作流程和方向，提升自己的工作能力。而管理者做到对规则的严格管控和自觉遵守，不仅可以提升自己的管理能力，还可以强化企业员工养成规范化的执行习惯。

规则的建立是为了约束员工的行为，只有建立了规则，效率才会提升。要想企业的员工能够严格遵守规则，按照制度做事，就要保证在规则面前人人平等。

联想企业就有这样一个制度，凡是迟到者都要罚站，这个规则制定以后，就连联想集团董事长柳传志也曾经被罚站过三次。无论是普通员工还是领导人物，即使你对公司做了很大的贡献，只要是迟到就要罚站。

任正非也深刻意识到这一点。有一次华为在某地的项目团队需要开具一种票据，这种票据以前从来没有开具过，加上当时项目团队的工作量又很大，人员很紧张，实在是找不到多余的人去开具这个票据，于是就把这个工作交给了当地的一位员工。这个员工之前并不是专门负责这件事情，他接到这个任务后，不断地跟当时的客户、财务，还有一些相关部门进行沟通，只用了三天时间就完成了任务。这位员工也由于突出的表现晋升为当地的产品经理。

当时这个项目团队里还有两名员工在业务量巨大时，态度消极，经常旷工，多次提醒和警告后，依然不知悔改，最终团队负责人只能将他们辞退。”

在华为，对于表现良好的员工，项目团队给予奖励；对于一些不努力工作，还拖团队后腿的员工，多次教育之后，依然没有改变的，只能予以辞退。通过这样赏罚分明、一视同仁的规章制度来保证员工能够在公平、公正的环境下工作。

为什么企业的规章制度每天都在强调，但是依然没有被很好地执行？为什么有的制度在一些员工的身上得不到执行？为什么规则的制定一改再改？就是因为管理者在面对某些员工的“无理”要求时，不懂得拒绝，员工的“苦苦求情”，或者“有力的辩解”，就原谅他们的错误，答应他们的要求，导致规则一再被破坏。

很多企业的管理者在面对规则的时候，做不到以身作则，甚至以为自己可以游离在规则之外，公司所制定的规则只是为了约束员工而已。其实不然，只有管理者在规则面前做到忠于规则，严格遵守，才能给员工树立榜样，员工才会在执行任务的时候，严格要求自己，按照规则办事。

有的管理者会因为人情或者其他因素，对某些员工的违规行为睁一只眼闭一只眼，选择遮掩。还有的管理者担心批评员工，会造成员工的心理排斥，引起团队之间的矛盾。规则面前人人平等，不能因为任何人的职位和资历的高低而改变原有的规章制度。学会在必要的时候，适当拒绝。

员工面对任务的时候，坚定自己的立场，工作严谨，不推卸责任，规范化做事。企业始终贯彻标准化、规范化的工作思想，奖罚分明，对待员工人人平等，这样才能保证员工在执行任务的时候，高效快速，节省时间。

4.分清事务的轻重缓急

在工作中，我们总会抱怨，为什么有这么多的事情要做？为什么事情还没做完？这么多事情到底要先做哪一个？著名管理学家科维提出了一个关于时间管理的理论，把工作按照重要性和紧急性进行了不同程度上的划分，即：紧急又重要的事、重要但不紧急的事、紧急但不重要的事、既不紧急又不重要的事，这就是时间管理学上著名的“四象限法则”（如图1所示）。

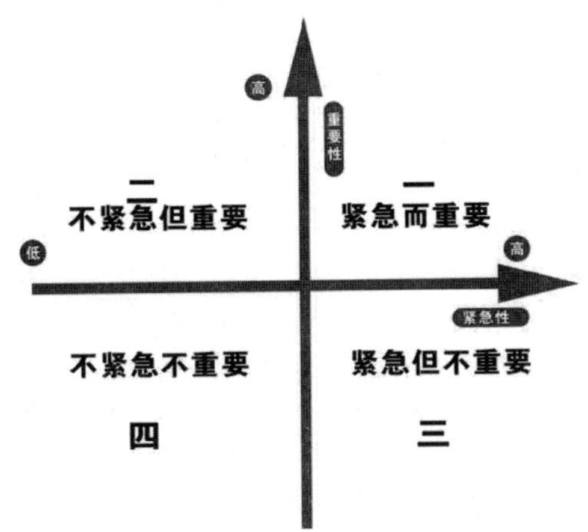

图1：四象限法则

我们在工作中常常将时间浪费在那些自认为很紧急、很重要的事情上，事后发现没有任何的效率，还经常影响自己的工作状态。想要真正掌握四象限法则用以帮助我们管理时间，就要学会分辨事情的紧急性和重要性。

下面参照华为公司的工作原则，对四象限法则来进行说明（如表2所示）。

表2：四象限具体分析

象限	紧急性、重要性	备注
第一象限： 紧急又重要	无法回避也不能拖延，必须马上处理优先解决，否则会造成严重的后果。比如一些价值重大、上级尤为关注、影响自己和组织考核的事情	对重要和紧急的事情 马上执行
第二象限： 重要但不紧急	没有时间上的紧迫，但是做了会有重大意义。这个象限最为重要，多做可以减轻第一象限的工作量，应该投入更多的时间	重要但不紧急的事情 平时尽量多做
第三象限： 紧急但不重要	常常认为紧急的事情都很重要，结果占据很多宝贵时间。这个象限的事情最具欺骗性，不应耗费太多的时间	紧急但不重要的事情 选择做
第四象限： 既不紧急又不重要	琐碎的杂事，既没有紧迫性，也没有任何的意义。花费时间在这个象限纯粹是在浪费生命	既不紧急又不重要的事情 不做

在区分任务的轻重缓急过程中，首先要区分清楚紧急和重要的任务是至关重要的，通常情况下，紧急的任务一般不重要，而重要的任务一般不紧急。需要注意的是，不要把紧急的任务误以为是重要的任务，如果完成任务能够对我们完成某个重要任务带来重大的意义，我们就把它归纳于第三象限。

华为的时间管理培训中特别指出，对于第三象限的收缩和第四象限的舍弃是最简单的方法。第三象限的任务一般没有太大的意义，可以选择多做，第四象限的任务基本不值得花费时间，果断地舍弃是很有必要的。

一位新人通过面试，成为华为的一名行政人员，每天都要处理很多的事务。比如向上级汇报工作、联系一些主要客户、每天安排会议时间、做好事前准备等一系列工作。为了更好地安排自己的工作时间，她按照四象限法则将事情按照重要性和紧急性进行了划分，并且非常关注第一象限内的事情，因为紧急又重要的事情不及时完成的话可能造成严重的后果。结果还是常常加班到深夜，照样有做不完的工作，工作效率完全没有任何的提高。

一次，由于紧急又重要的工作太过复杂繁冗，完全不知道该先做哪一个，她只能看到哪件任务就先做哪件，结果事情完成之后，才发现领导交代她下班之前要开一场紧急会议的事情被忘记了。距离会议的开始只剩下不到十分钟的时间，她赶紧放下手头的工作，紧急联系各个部门参加会议，虽然最后各个部门的通知都到位了，但是由于没有事前准备好会议需要的流程和资料，她还是受到了领导的批评，好在领导念在她是初犯，没有一气之下辞退她。

后来在公司的培训下，她知道把注意力放在紧急又重要的工作上，是没有问题的，但是在任务众多的情况下，还要对每一象限的任务进行详细划分，安排完成的先后顺序，高效地管理时间。

无论是管理者还是员工都会遇到这样的情况，面对众多紧急又重要的事情却不知道该优先完成哪一项。之所以会造成这样的情况，其实是我们没有找到工作的重点，将大量的时间浪费在一些看起来很重要的事情上，结果发现真正重要的事情已经没有时间去做了。

那么，如何来分辨事情的轻重缓急？在华为内部的“时间管理培训课”中曾提到这样一个方法：工作之前，我们要思考哪些工作是现在必须做的？哪些工作是必须我们自己去做的？哪些工作最有价值？对即将要做的事情进行判断，明确工作的主次，因此华为员工在处理任务时，常常按照事情的轻重缓急进行再次分类：

A类：这类事情是所有任务中首先要完成的任务，是重中之重。紧急并且很重要的事情都要标为A类。如果这类工作没有及时完成，那么将造成严重的后果。如果每天同时有很多A类任务的话，就根据任务的重要性标为A1、A2、A3……然后按照顺序依次完成。

B类：这类事情的重要性仅次于A类，一般A类事情全部完成之后，再来处理这类事情。

C类：这类事情不像A类、B类那么重要紧急，一般情况下，这类事情的完成会产生好的结果，但是又不那么重要。

D类：这类工作不需要自己亲自去完成，可以适当地安排给其他人去做。

E类：这类事情是一些无关紧要的小事，一般没有多少贡献性，对结果没有任何的影响，可以尽量取消。一般这类事情取消得越多，处理其他有效任务的时间也就越充足。

任何工作都要有先后次序之分，盲目工作只是在浪费时间，优秀的团队无一例外都善于规划自己的时间，高效率完成团队任务。绝大多数华为员工都能通过四象限原则来分清任务的轻重缓急，因此处理起事情来更有效率、效果更好。

著名管理学大师德鲁克曾经说过："有效的时间管理者坚持把重要的事情放在前面做，每次只做好一件事。"华为员工能够注重控制工作的节奏，做好详细的工作计划，分清轻重缓急，合理分配自己的精力，学会把时间留给重要的事情，这种有效的时间管理方法给其他企业树立了良好的学习榜样。

5.善于优化工作流程和细节

时间管理法的应用是帮助我们减少不必要的时间，高效率地完成任务。当员工在执行任务的时候，遇到复杂的工作流程不仅会使员工感到疲倦和乏累，还会让员工的效率变得低下，企业效益减低。

华为的一位管理者曾经提到：“我现在最喜欢做的事，就是分析工作流程中的每一个流程环节的存在因素，如果每次可以取消其中的一个环节，并且不让工作效率受到破坏的话，就意味着少了一个工作延误的可能，就会节省大量的时间和精力。把我这两年去掉的流程环节加起来，总共超过70个，粗略地估算下来，至少节省了3000小时，也就是120天的时间啊！”

任正非曾说：“员工参与管理，不断地优化从事工作的流程与工作质量……改革一切不合理的流程。”在华为，员工在执行任务前首先要着手对即将参与的工作流程进行合理的变革和修改，通过对工作流程和细节的优化，使整个工作流程顺畅自然，减少多余的环节，环环相扣，一个任务接着一个任务。这种做法不仅提高了员工的工作流畅度和精湛度，还为企业的效益带来意想不到的效果。

快速而有效的工作流程必然是精简的流程。我们可以学习华为的ECRS分析法。所谓的ECRS分析法，即取消（Eliminate）、合并

（Combine）、调整顺序（Rearrange）、简化（Simplify）。

取消

华为人认为，取消流程中的一些复杂繁冗的流程，是优化工作流程的第一步。随着华为的规模壮大，员工执行任务时的工作流程也越来越多，很多繁杂的工作流程增加了员工的工作量，使员工的精力过多地浪费在不必要的流程上，拖延了员工的工作脚步，降低了员工的工作效率。

因此，在取消某些工作流程时，我们可以提出问题："这个流程的存在是为了完成什么？是否有存在的必要？取消后会不会带来损失？"如果这个流程的存在没有给我们带来效益，反而在浪费时间，那就可以果断地取消这个环节，减轻员工的负担，提高团队的效率。

合并

如果有些工作流程或操作不能取消，但是又占用员工的时间，可以考虑能否与其他工作合并。合并就是指将两个或两个以上的流程环节合而为一，化零为整，减轻员工的工作量，把一些动作重复或者相同程序的流程进行整合，最大限度地节省不必要的流程和时间。

将一项任务的不同环节交给多个执行者，可以避免多个员工同时完成任务，但是需要同一个执行者去核实的"堵塞"现象。那么如何保证这些环节在交接的过程中不会出现差错或者延误呢？在华为，通常是指定一位执行者作为一个任务点的全部负责人，负责从下订单到结束的全过程。

调整顺序

一整套的作业流程中，可能有十几个环节，也可能有成百上千个环节。如果各个环节之间的衔接程度不够密切，排序不当，就会给员工的工作带来很多的困难，导致工作出现延误，明明每个人都很努力工作，但就是不出效率。

重新调整顺序就是对所有工作流程的顺序按照合理的逻辑进行重新调整。改变一些不恰当的环节，对各环节进行重新组合，保证各个环节的最佳顺序，符合员工作业的逻辑，提高工作的效率。如果各个环节的排序不够合理，没有逻辑，员工在工作中就会造成秩序混乱、制度模糊的后果。

简化

在工作流程中，工作内容和步骤进行简化，对于一些复杂的环节，能简则简。在项目执行任务的时候，对于一些数据的采集和传送，采用自动化工作，在减轻了员工工作量的同时，也避免了人力操作可能会出现的错误或者偏差。

优化了工作流程和细节的问题之后，就要重点关注员工的执行力。规范化的工作态度也会帮助员工在执行过程中对工作的流程进行不断的优化。高效的工作模式依赖于规范化的工作秩序。员工形成一种自我约束、自我控制，管理者对员工进行有效监督，员工就能够强化自身的工作能力，实现工作效率的提升。

华为内部曾经发表了一篇《标准不是一纸空文》的文章，针对员工不遵从流程和制度的行为，进行批评。

当今社会是一个信息技术迅猛发展的社会，产品换代日新月异。作为个别用户，您也许体会不到标准化是多么重要，但是作为一个大型制造企业的内部热线中心，我们深深感受到制定和推行标准化的必要性和紧迫性。像我们这种拥有一万多名员工的大企业，如果计算环境不实施标准化，各个部门或个人根据自己的需要进行选择和配置，势必五花八门。那么一旦有人遇到故障，很难想象能够找出一位“全能技术好手”来应对它，即使是整个热线中心倾城而出，也未必能够应付这些千奇百怪、毫无规律的软件故障，更谈不上经验积累了。

一个环节的不规范就可能造成很多问题层出不穷的局面，可见规范化、标准化的工作流程的重要性。

规范化的制度可以有效地提高员工的工作效率，帮助员工对工作中的问题和疏漏加以改正。因此华为高度重视员工在工作中的行为规范，要求员工在工作执行中必须严格按照公司的制度和规则执行。

流程的设计不仅要标准化、精简化，还要考虑它的实用功能。一个优化的工作流程对于工作效率的影响是非常巨大的，恰当而实用的流程设计，可以让员工在工作中提高效率，创造更多的价值。良好的工作流程下，还要规范员工的工作习惯，通过对整个流程的精准把握，实施标准化的工作制度，规范工作流程，确保每个员工都能有秩序、有制度地执行任务，将每一个环节落实到位，工作自然水到渠成。

6.让时间充满弹性

在任何时候都不要脱离团队。但是很多人在工作的时候，都会遇到这种情况：当你在工作的时候，团队的其他成员会过来找你帮忙，或者有共同的任务需要你的参与才可以完成，这个时候你就要放下手中的工作去完成共同的任务。当你再返回完成自己工作的时候，你会发现你的时间被浪费了很多，工作的效率也降低了。

一位华为的员工描述他的工作经历时，提到这样一件事：当时我做的工作是负责MAP部分，接口最多的一件工作。基本上跟所有的部门都要接口，像一些数据库、呼叫处理、移动管理等。刚开始工作的时候，大家定了一些接口，但是在任务执行过程中，渐渐地，大家开始各做各的了，接口就出现了偏差，各个部门之间又缺乏沟通。

当时这个模块的程序是由其他员工写的，他们之间又缺乏互相沟通的意识，没有相互配合，我也没有意识到会出现这样的问题，对他们这方面也没有进行监督。结果在后来对接口的过程中，才发现问题实在太多了，各个接口根本就对不上，没办法，只能又返回重做，召集员工重新改编程序，调整员工的工作时间，统一商定新的接口，再做一次。

后来终于对接上了，但是又额外浪费了一个月的时间。

很多时候，任务的延误或者返工都是由于员工在执行任务的时候，没有调整好合作时间，沟通不到位，造成员工的工作节奏紊乱，有的员工担心自己找对方沟通的时候，影响对方的工作时间，所以暂时放弃沟通，留着工作结束之后再沟通，结果每个人只关注自己的任务，信息受阻，才导致了这种情况的发生。

但是在连续工作的状态下，如果突然被打断，那么就会大大降低效率。打扰是时间的大盗，那么我们应该如何避免自己在工作时被打扰，又不耽误员工之间顺畅的沟通呢？

华为提出了自己的一套时间管理法——韵律法则。

保持自己的韵律

按照自己的工作习惯来把握自己的韵律，避免自己在工作时间被其他的人或事打扰到。观察自己的生物钟，规划自己的工作时间，将一些重要的、复杂的事情放在自己精力充沛的状态下来完成，而精力不够或者疲惫的时候，处理一些不重要的事情或休息。形成自己一套有韵律的工作规律。

一般早上的时候，精力比较充沛，头脑清醒，这个时候可以做一些决定性的结论，或者敲定计划、处理重要的信息等。中午的时候，适合休息和放松，这个时候人的精神在早上的高度集中之后，突然放松下来，适合散散心，处理无关紧要的任务。下午的时候，精力渐渐稳定，可以冷静地思考和沟通、修改方案或计划等。

如果不能准确地把握自己的生物钟，连续一个星期记录自己的工作习惯和日常生活习惯，就会发现自己的生物钟规律。

协调别人的韵律

在保障自己的工作韵律时，还要注意与别人的韵律相协调，不被别人打扰，也不打扰别人，才能保证团队的和谐和效率。

有问题需要拜访对方的时候，多使用打扰性不强的沟通工具。要事先了解对方的工作习惯和韵律，别人在处理特别重要的事情，或者特别忙碌的时候，不要唐突了别人。尽量不要贸然地打扰到别人，如果在无意的情况下，打扰了别人要立刻结束沟通，以免影响别人的工作韵律。汇报工作的时候要言简意赅，一次性说清楚，不要来来回回，多次打扰，这不仅是在浪费别人的时间，也是在浪费自己的时间。

遵循自己的工作韵律，有条不紊地执行任务，是最有效的时间管理策略。无论是自己的工作韵律被打扰，还是打扰别人的工作韵律，都会造成工作的拖延，影响工作的既定进度，导致工作进度缓慢，员工懈怠。

华为的时间管理培训中提到，在固定的时间内，执行相同性质的工作，将同一类工作放在一个时间段去执行，不要中途再换其他的工作，这样一气呵成的效率，远远高于断断续续的工作效率。

在任务执行之前，先明确任务的内容，对任务的详细情况准确地把握之后，减少不必要的工作步骤，安排合理的执行时间，保证自己正确的工作方向。

对于可能被别人打扰的环节，要提前划出足够的时间，以免在执行任务的过程中被迫打断或中止。当任务中需要和其他员工共同完成的环节，事先和对方沟通，确认一个共同的完成时间，不要自己盲目执行，或者打扰别人的工作韵律。

为了保证自己的工作时间不被打扰，当我们在执行重要任务或者紧急任务的时候，可以向公司的其他员工事先声明：工作时间，禁止打扰。华为的一些科研人员甚至还会在自己办公室的门上挂上警示牌，用来杜绝他人的打扰。可以每天为自己留出一个可以被打扰的时间，方便和其他员工进行沟通交流，避免信息堵塞。

当在任务中出现不得不被打扰的情况，要快速地处理突发事件，不要拖泥带水，果断地处理和决策，减少不必要的时间浪费，对于一些无用的电话和信息不要过多地纠缠，适当的时候，礼貌而坚决地说出你的拒绝。

在工作中，我们要培养良好的工作习惯，保证自己的时间充满弹性，有韵律、有节奏地工作，既可以摆脱拖延的问题，又可以提高自己的效率。弹性的工作时间，可以帮助员工塑造自由的工作氛围，在这种工作韵律下的员工，更能提高效率。员工之间的合作沟通更为紧密和谐，避免了很多时间的浪费，方便员工进行有效的时间管理，提高工作的效率。

7.把时间用于少数重要的事

工作中，有太多的事情等着我们去完成，领导指示的任务、家人叮嘱的事情、同事交代的工作等，但是我们不可能同时去做这么多的事情，那么我们应该如何合理地安排时间，让自己能够有效地完成需要完成的任务？

创业初期，华为的项目小组接到任务，一位在某地的客户要求30天内完成建设核心设备的任务。华为的项目团队认为30天的期限很充足，结果客户的所在地因为一些客观的原因，需要将30天的工期压缩到4天，这下项目团队开始慌了，觉得这简直是一件不可能完成的任务。但是没有办法，如果拒绝了客户的要求，那么华为之后就没有机会再进入当地的市场进行开拓了。

华为高层针对这一情况召开了紧急会议，连夜进行了一次探讨和分析，最终还是答应客户的要求，承诺在4天之内完成任务。一旦答应下来之后，华为的项目团队立刻从总部调集十几名技术工程师到现场协助任务完成。当时这十几名工程师每个人的手中都有其他的任务需要他们去做，但是对于他们来说，协助项目团队在4天之内完成建设的任务是最重要的事情，于是他们放下手中正在做的事情，全心全意地投入到项目团队的任务中来。

为了能够在规定时间内完成这项任务，每个工作人员都没有心思想其他工作，一心扑在项目任务上，吃住都在工地现场，就是为了节省时间，将自己所有的精力和时间都放在完成这项任务之上。

最终在各位工程师和其他工作人员的努力下，终于在规定时间内把核心设备建设完成，赢得了客户的认同和赞赏，也为华为的一次市场开拓提供了很多的帮助。

案例中华为的项目团队意识到该项任务的重要性，紧急协调十几名工程师来完成任务，十几名工程师为了能够在期限内完成客户的要求，暂时放下手中的工作，留出足够的时间用来完成该项目，这就是时间管理中典型的“80/20法则”。

1897年，意大利经济学者帕累托从大量具体的研究中发现：社会上20%的人占有80%的社会财富。后来通过大量的实验证明，帕累托提出了经济学上“80/20法则”这一伟大定律，后被应用于管理学、心理学等方面。

“80/20法则”不仅在管理学、心理学领域被广泛应用，在时间管理方面也有着重要的现实意义：学会避免将时间和精力花费在80%的琐碎事情上，要学会抓20%的重要因素。

一个人在工作的时候，他的时间和精力都是非常有限的，想要面面俱到，把每一件自认为重要的事情都同时做好，几乎是不可能的。因此，华为人学会合理分配自己在工作时的时间和精力。把80%的时间花在能出关键效益的20%的因素，这20%的因素又能带来80%的效益。

参考华为人对于“80/20法则”的应用，制定一套时间管理方法。

首先，要厘清工作任务，把每天需要做的工作一一罗列下来，列出一张任务清单，按照“四象限法则”把事情按照轻重缓急的程度划分出来。

其次，预先安排20%的事情。把最重要的20%的任务目标标记出来，确保能够留出更多的时间来完成这些重要的事情。把20%的重要事情按照降序的方式依次排列下来，并给每一小项的事情分配合理的时间，最重要的事情留出最多的时间，最不重要的事情，留出最短的时间。

比如：20%重要的任务中，第一小项任务安排2小时，那么第二小项任务安排1.5个小时，第三小项任务安排1小时……随着任务的重要性递减，安排的时间也越来越少。

现实生活中，也可以事先安排80%的任务。同20%的任务一样，先对任务的情况做出说明，包括任务开始的时间、完成的期限等，为80%的任务分配额外的时间，根据80%的任务情况，计算出任务所占用的时间，平衡自身的能力，来给20%的任务执行留出足够的时间，用以按时完成任务。无论是先分配20%的任务时间还是先分配80%的任务时间，都要确保重要的任务有足够的时间来完成，这样才能保证工作效率，获得更多的价值。

在任务的执行过程中，如果有新任务的加入，第一时间判断任务的重要性，根据任务的自身价值斟酌任务是属于20%的任务清单里还是80%的任务清单里，确定好新任务的价值，再合理分配时间。

为了能够高效地完成任务，我们可以借助一些时间管理的小工具来帮助我们更好地分配任务——ABC分类法。

顾名思义，ABC分类法就是把任务的重要程度按照降序的方式依次分为A、B、C三个等级。A类任务是非常重要的，在所有任务中只占有很少的一部分，一般表现为关键任务，比如重要的客户、重要的会议等，这类任务必须做，不做的话会给个人或者企业带来损失，造成不好的影响；B类任务相对重要，一般是具有中等价值的任务，这类任务的比重高于A类任务，但不是最关键性的任务；而C类任务是不太重要的，通常表现为一些可有可无的琐事，这类任务价值很低，基本可以忽略，可以选择做也可以不做。

在时间管理中，A类任务需要重点关注，B类任务也要相对重视，C类任务只需要一般投入。掌握了ABC任务分类法，对80/20任务清单上的事项进行排序，分别制作三张清单表，合理规划自己的时间，厘清思绪，知道自己应该优先做哪件事，而不是看见什么做什么、想要什么做什么。

懂得对重要的事情抓住机会，把时间集中在少数重要的事情上，可以创造更多的价值。如果没有对自己的任务进行有逻辑的时间分配，盲目地去做，总会有不堪负荷的一天。我们必须在众多的任务中，做出正确的选择，什么任务重要就先做哪一项任务。对时间的有效管理，最大的受益人是自己。

番茄时间管理法

一个番茄是如何帮助别人有效地管理时间，提高工作效率的呢？

1992年弗朗西斯科·西里洛创立了一种相对比较微观的时间管理方法，也就是番茄工作法。番茄工作法的创立理念就是利用一整个番茄时间，专注于某一件事，不被外界打扰，提高自我的工作效率和对时间的掌控能力。

简单地说就是：选择一个需要完成的任务，将番茄时间设定为25分钟，在这25分钟的工作时间内，执行者必须专注于选择的任务，中途不允许做任何与这件任务无关的事情，直到设置的25分钟时间停止为止，然后短暂休息5分钟。这就是番茄时间工作法的使用流程，一般情况下，每4个番茄时间为一轮，在这之后，执行者可以选择多休息一会儿。

执行者在使用番茄时间工作法的时候要注意以下原则：

1.一个番茄工作法的时间固定为25分钟，不能任意分割，也不存在半个或一个半番茄时间。执行者在使用番茄时间工作法的时候要严格按照25分钟为一个番茄工作时间为基准，不能按照自己的习惯和爱好随意更改。

2.一个番茄工作时间内只能做一件事情，不能同时做好几件事情。

一个番茄时间内执行者如果做与选择的任务无关的事情，或者中途去做另一件事情，则该番茄时间必须作废。

3.番茄工作法是为了帮助人们有效地管理时间，提高工作的效率，快速完成自己的任务。因此永远不要在非工作时间内使用“番茄工作法”。比如利用番茄时间管理法来打游戏、看电影、聚会等。

4.番茄工作法是对自我的一种约束，帮助自己在工作中减少被打断的机会，避免浪费时间，执行者不应该拿自己的番茄数据与他人的番茄数据比较。

5.番茄的数量不是决定任务成败的根本，番茄时间管理法只是帮助执行者充分有效地利用时间。

6.在制定番茄工作法完成任务的时候，必须根据自身的情况制定一份适合自己的作息时间表。

在操作番茄工作法帮助自己完成任务时，一般分为以下步骤：

1.在开始执行任务之前，首先规划好今天要完成的几项任务，将任务一一写在列表里或记录在电子表格的清单里。

2.设定你的番茄时钟，可以用手机定时，或者闹钟、定时软件等，一个番茄时间是25分钟，不可更改。

3.从第一个任务开始逐条完成，在执行任务中间不能半途而废，或者同时做其他的工作，直到番茄时钟的25分钟结束。

4.番茄时钟停止之后，暂停工作，并在任务清单的该项任务后画个×。

5.每个番茄时钟停止之后，休息3～5分钟。

6.休息之后，尽快开始下一个任务，设置好番茄时钟。然后按照这样的流程一直循环下去，直到完成任务，在任务清单里将完成的任务划掉。

7.一般每3～4个番茄钟为一轮，然后休息20～25分钟，重新投入到下一轮。

必须注意的是，如果在某个番茄钟的执行过程中，有必须马上去做的事情，那么执行者可以停止当时的番茄钟，去完成必须做的另一件事，但是无论正在执行的番茄钟还剩下几分钟，也要宣布番茄钟作废。

番茄工作法一般以一天为一个周期，在制定番茄工作法时需要事先准备一个番茄计时器（闹钟、手机计时等），这是必不可少的。另外在开始番茄时间工作法的时候要准备三张表格：

一份《TO DO Today》工作计划表，主要功能是记录每天需要完成的任务，包括任务的时间、地点、参与任务等，做成清单，按照任务的完成顺序一一罗列好。要注意的是，设置好“计划外的事件”时间，预防突然出现其他紧急事情需要去完成。如果不事先留出时间，可能会打乱一天的时间计划。

一份《Activity inventory》活动清单，要写清楚任务的标题（包括人物、时间）。在一天的周期中，把突然想到的什么事情，或者突然要做的事情记录在表格上。

一份记录表，记录原始数据，以及任务的摘要、数据，完成任务需要的番茄时间，每天更新一次。

番茄工作法的流程一般分为五个阶段：

计划：在每一天开始的时候，从《Activity inventory》活动清单中选择今天优先要做的任务，填写在《TO DO Today》工作计划表中。

执行：把《TO DO Today》工作计划表中的任务一一进行时间估测，设置需要完成任务的番茄时间，并且专注于执行。

追踪：任务中遇到其他事情导致任务中断或者重新执行的任务要用特殊符号记录下来，重新分配番茄时间或者按情况重新规划执行时间。

记录：一天的时间结束之后，把已经完成的任务记录在案，可以自己设置一份电子表格，方便记录。

优化处理：根据任务的完成情况，分析自己设置的番茄钟是否存在其他的不足和漏洞。每天完成任务中出现的意外事件或者其他影响任务执行的问题要注意思考和分析，找出原因，时刻警醒自己，在之后的工作中避免重蹈覆辙。

番茄工作法的操作其实非常简单，但是给我们带来的帮助确实很大。对于一些容易荒废时间、虚度时间的人，番茄工作法可以提高自己的注意力和精力，减轻对繁重任务的时间压力，巩固自己完成目标的信心和决心。熟练运用番茄工作法可以增强个人的决策意识和提高对时间的把握能力，改善自己工作或者学习的态度，激励自己完成任务。

番茄工作法在开始的时候要严格按照规则遵守，如果熟练运用以后，可以灵活地使用，保证自己的时间能够有效充分地利用起来，有效地提高自己工作的效率。

第八章

华为经营管理：野蛮生长，向着阳光

求新总是伴随着风险而来，它意味着对现有的规则和教条主义的反叛与修正，但是时代在发展，思维在变化，只有不断地求新才能不让自己处于被动的地位。华为每一个创新的举动，都是基于市场变化而做出的主动的适应，在这个日新月异和充满动荡的时代，一成不变才是最大的危险，只有在前进道路上不断求新，才能立于不败之地。

1.在前进中不断求新

当时代进步到一定程度，创新就变成了最热门的话题。大到国家，小到个人，如果一直停在原地，故步自封，这个社会就不会有你的位置，企业同样如此。

一个企业如果安于现状，不去求新，就不能继续在市场上生存下去，随时都会有竞争者复制你的路线，取代你现有的地位。而华为，作为一个高新技术企业，虽然科技的创新是基础，但是经营管理上的求新也同样十分重要。华为之所以没有被市场淘汰，而是能够不断地发展壮大，就是因为在前进中不断地求新。

那么，就让我们跟随华为发展的脚步，一起来看看华为是如何理解和践行他们的创新理念的，他们做出了怎样的战略布局，它的不断求新能够为其他企业带来什么样的启发。

首先，是制度上的求新。华为最大的颠覆性创新就是实行了“工者有其股”的制度。凡是华为人，都将获得华为的股份，华为无疑是人类企业史上持股人数最多的企业。“工者有其股”保证了华为人工作的热情与上进心，他们不再是一个打工者，不再是为了别人而奋斗，他的每一分努力都是在为自己拼搏，为自己奋斗。这样的认知会让他们每天都充满着活力，而这正是华为创造奇迹的根本所在，也是任正非对于当代管理学研究带有填补空白性质的重大贡献——如何在互联网、全球化的时代对知识劳动者进行管理，在过去百年一直是管理学研究的薄弱环节。

“工者有其股”的制度既体现了创始者的无私奉献精神，同时也是对管理者把控能力的验证。在结构如此分散的情况下，如何去实现企业发展，满足不同阶层的要求和利益，达到一种积极向上的平衡，这是非常富有挑战性的。

其次，是产品上的求新。了解华为的人都知道，华为一开始的产品都是别人研发出来的，他们只是负责代理。但是任正非经过长期对产品研发的认识和实践之后，深入了解了企业发展的规律。进入互联网时代之后，科技更新换代的速度太快，只卖别人的产品是长久不了的，你不能保证别人的产品什么时候就会出现失误，像这种由机器生产的科技产品，不出问题是侥幸，一旦出了故障就是大问题，华为不能只依靠别人。所以，华为随后开始研发属于自己的产品。

接着，在产品研发的思路上，华为采取的是一种接力赛方法。把从交换机产品中所获得的利益投入到光网络产品和智能产品上，然后再将从这些产品中获得的资金转而投入到无线通信产品中去，以一个产品的成功推动下一个产品的成功。

不仅如此，华为还耗费了十多亿元，以及五年多的时间建立了一套先进而又规范的研发管理体系。为什么要这样做？因为对于一个企业来说，最困难的就是掌握不了产品开发的规律，一旦能够掌握产品的规律，就可以具备低价而高效的研发，可以保障产品开发的效率以及源源不断的资金。

然后，是人力资源管理机制的改革。21世纪初，华为开始了从“游击队”向“正规军”转变的管理变革，强力推行优胜劣汰的员工管理，依据员工的绩效决定员工的去留，并且建立了一套高效的人才培养机制。使得所有的员工都在不断地竞争与学习，不断优化自身，建设了一支能力出众的团队。

正是因为这套机制的实施，使得华为在遭受了前常务副总裁李一男离开并挖走了数百名人才以及2002年郑宝用因病离世之后没有受到致命性打击。

最后，是体制上的求新。2004年，美国的Mercy公司，对华为进行决策体制的咨询，想让任正非主持这场办公会，但是任正非不愿意，于是他就提出了一个体制，叫轮值COO。什么意思呢？就是由几位常务副总裁轮流出任首席运营官，每半年交替一次。这个体制一实施就是8年，那么结果如何？结果是让任正非远离了经营管理，旁观者清，他的思想越来越透彻。而且任正非的不指手画脚，给了手下人充分施展能力的空间，企业得到了更有力的发展。

轮值COO体制的成功，使得任正非又开始推行轮值CEO的制度。把公司的日常经营管理大权也交了出去，分别由七个常务董事负责，他们组成了一个管理团队，三个人轮流代班主席，每位轮值半年的时间。

轮值体制的效果是非常显著的，最大的成效就是决策体系得到了一种均衡，如果这一任的轮值CEO风格偏于稳定，行事沉稳不冒进，那么整个公司的人行事都会有些缩手缩脚，比较保守。但是下一任的掌舵人上任以后，就有可能是一个风格比较激进的人，那么就会使整个公司变得雷厉风行，有效地调节了公司的氛围。

并且，这套制度有效地制约了有些人野心太大，想要稳坐山头的想法，吸引了五湖四海的更多青年才俊、杰出人才来公司发展，扩充了华为的人才储备。同时这种创新体制也让整个华为的决策过程变得越来越民主化。

求新总是伴随着风险而来，它意味着对现有的规则和教条主义的反叛与修正，但是时代在发展，思维在变化，只有不断地求新才能不让自己处于被动的地位。华为每一个创新的举动，都是基于市场变化而做出的主动适应，在这个日新月异和充满动荡的时代，一成不变才是最大的危险，只有在前进道路上不断求新，才能立于不败之地。

2.狼性文化与人性关怀相结合

很多企业人都在思考这样一个问题：怎样才能让企业的员工死心塌地地为公司奋斗？有的企业为此制定了相当严格的公司制度，来规范员工的行为，有的企业为了让员工能够主动为公司做贡献，强调自我管理，但无论是哪一种方法，目的都是为了让员工能够打心里为公司着想，为自己奋斗同时也为公司奋斗。

华为自创业以来，已经过去了20多个年头，从当时的白手起家到现在成为通信企业的领头羊，中间经历的种种磨难不为外人所知。长期以来，华为都是以其独特而又严格的管理制度约束着华为人，让员工无论面对多大的困难都能够披荆斩棘，奋勇向前，因为华为一直坚持着他们的“狼性文化”管理理念。

“狼性文化”的管理制度就是要淘汰那些在工作中没有能力、成绩落后的员工，为优秀者提供更高的待遇。这种严厉的管理制度在提高员工的工作效率和积极性的同时，也给员工带来了巨大的压力，员工时刻面临着被淘汰的危险。

华为的这种“狼性”管理一直备受业界的争议和质疑。2008年的华为被巨大的阴影笼罩着，在不到10天的时间内，华为接连有两名员工跳楼自杀，这不禁让人质疑华为“狼性文化”的存在意义。虽然没有任何证据可以证明两名员工的自杀是由于华为严格的管理制度，毕竟生活中每个人都可能会遇到各种各样的问题或者压力，人的心理也往往比较脆弱，但是这两起严重的事件引起了任正非的警觉。

自那以后，华为的员工开始频繁出现抑郁症状。由于任正非在带领华为进步的过程中，也曾一度因为工作的压力、生活的压力、家庭的压力患上抑郁症，他深知这种情绪可能造成危险的严重后果。

那段时间，频繁出现员工抑郁自残的行为，员工的焦虑症状越来越明显，华为内部充斥着令人崩溃的压抑气氛。任正非无时无刻不在思考，为什么越来越多的员工出现焦虑、抑郁的情绪，有什么办法可以让员工能够积极正面地面对工作、面对生活？百思不得其解，这种困惑让他每天陷入迷茫之中，寝食难安，同时也明白自己身上的重担又开始增加。

尽管没有一个好的方法能够解决面临的难题，但是放任员工自我消极显然是行不通的，因此，任正非根据自己的经验向员工传授自我开解的方法，给他们提供有效的缓解压力的建议，帮助他们克服消极的情绪，鼓励他们战胜焦虑，回归正常的工作情绪。任正非甚至还给每一个员工都写了一封邮件，邮件的内容非常简单，提醒员工在繁忙的工作中一定要注意劳逸结合，不要给自己太多的压力，注意身体健康，保持良好的工作心态，就连员工的上下班安全都一一提醒，这种充满人性化的建议让华为员工颇为感动。

或许有些人认为华为的这种手段是在减轻当时的舆论压力，并不是出于对员工的真正关心，然而直到现在，员工还是常常收到来自高层的慰问邮件。这么多年过去了，华为一直在用这种看似简单却充满关怀的方式关心着公司的每一个奋斗者。

企业管理的核心是管理人，管理员工。管理者如果不能充分地意识到，管理制度的制定是需要员工去执行的，那么任何的管理制度都是形同虚设。管理者一味地制定严格的管理制度，用残酷的规则、冰冷的考核去约束员工、管控员工，这种管理必定会导致员工在工作中失去主动性、积极性。员工常常处于高压的工作环境，每天关心的不是怎样完成任务，而是担心时刻都有被开除的可能，这种情况下，自然没有心思去工作，更不要奢望员工能够创造更大的价值了。

管理的根本出发点是对人性的解读，如果员工为了避免不被开除的命运，应付工作，为了工作而工作，那么企业的将来会面临更大的危险。因此华为意识到，狼性管理固然可行，但也要与人性化管理相结合，在严格的管理制度中不失人性化的内涵，充分尊重、关怀每一位员工，才能更好地管理。

在华为，有一个荣誉部门，这个部门的成员是一些华为的老员工和外聘来的心理专家，他们的主要工作就是负责华为员工的心理疏导和思想教育，对一些员工的消极情绪和工作中受到的压力进行缓解和开导，并且在员工的日常生活中充当良师益友的角色。华为要求每位员工都要定期到荣誉部门去检查，从而掌握员工的心理健康情况和压力情况。在发现问题的时候，能够及时快速地加以治疗，防止病情加重。这种部门的产生就是一种人性化的管理。

同时任正非也尽量呼吁员工不要再继续加班文化，有空的时候多注意休息，学会放松心情，不要为了工作而工作，要注重劳逸结合，懂得享受生活。对于一些特殊时刻，员工压力过大的情况，任正非也会组织员工去度假、旅游，现在的华为，更多地强调休闲、工作两不误，在严格的狼性管理制度中融入更为合理的人性化管理。

管理方法没有好坏之分，也没有对错之分。很多企业都是在一步一步的实验和尝试中，摸索出最适合自己的管理方法。过去的华为强调制度的严谨和规范，现在的华为更多的是保护员工的利益，给予员工更多的尊重。

狼性文化注重提升员工的工作效率和工作质量，但是也同时给员工带来了更多的压力，人性文化的加入让员工的情绪和心理都受到了关怀和鼓励，也让企业的管理制度充满了人情味。因此，狼性文化和人性文化相结合，恩威并重，软硬兼施，在规范员工行为的同时，也让员工更加信任公司，忠诚于公司。

3.注重发展升级，掌握核心技术

创业初期，华为只是一个靠出售小型交换机为生的民营企业，如今却成为中国通信企业的佼佼者，甚至走向国际。但是众所周知，华为一开始是一家主要业务靠模仿起家的通信技术公司，如今华为研发的技术已经申请了多项专利，位居中国申请专利量之首，并且PCT国际专利和国外专利申请量在很多国家企业中名列前茅。可见华为如今早已不是那个模仿别人前行的小公司了，而是拥有了很多核心研发技术的国际企业。

华为起初以模仿小型交换机来作为经营主体，之后为了打开市场，开拓市场，占领程控交换机的中国市场，华为决定开发在当时还算比较高端的数字程控交换机。可是在华为干劲十足地想要开始开发的时候才明白，真正的大型跨国企业都有属于自己的技术专利，想要把别人的专利技术拿来自己制造，必须支付高昂的费用，否则没有专利技术，产品投入市场也很难被认同。因此华为开始明白，靠模仿是走不了多远的。

任正非曾说："中国人一向散漫、自由，富于幻想，不安分，喜欢浅尝辄止地创新。我去过美国很多次，美国人民的创新机制与创新精神留给我很深的印象。他们连玩也大胆去创新，一代一代人地熏陶、传递，一批又一批的移民带来了不同文化的冲击，平衡与优化，构成了美国的创新文化。”

任何企业想要长久地发展、壮大，跟在别人的后面是不切实际的。沿着别人的路线和轨道是难以超越的，只有走上自主研发的道路，用专利替换模仿。

自从有了专利意识之后，华为就开始主张以自主研发为主的发展路线，否则专利技术掌握在别人手里，产品就很难投入市场增强竞争力，利润也会一低再低，企业就会处于被动阶段。因此，任正非不止一次地提醒华为人：对核心技术的掌握能力就是企业活下去的根本。

华为自那以后就开始投入大量的技术资源和人员进行产品自主研发，值得一提的是，华为在研发产品的时候并没有选择闭门造车，而是更多地拜访、解读西方企业的产品技术，吸纳别人的研发经验，为自己所用。之后华为在掌握核心技术的研发基础上，不断地借鉴，购买其他企业的先进技术，降低企业的研发成本，缩短产品的研发周期。比如：华为独创的SDH接口技术，在一定程度上提升了程控交换机的性能，为客户节省了更多的费用；华为最初从国外购买专用ASIC芯片需200美元，后来自主设计之后成本仅需10多美元，大大降低了企业的成本，为企业创造更大的利润。

华为的起步产品是C＆C08程控交换机，1994年的国际通信展览会上，华为通过自己的努力和研发，将C＆C08程控交换机展示在大家的眼前，当时我国一位领导人还特别激动地表示：在外国展区升起一面五星红旗，华为做了一件让中国人扬眉吐气的事。华为目前已有六大主要产品，即光网络、交换机、接入网、数据通信、移动通信、智能网这六大类，2003年的时候，华为又将产品与服务也列入企业的主要产品技术中。

技术上的创新没什么，重要的是思想上的创新。任正非告诫华为人：“C&C08程控交换机即使达到国际先进水平也没什么了不起，因为这个产品是竞争对手已有的产品，思想上是仿造的。唯有思想上的创造，才会有巨大的价值，要使公司摆脱低层次的搏杀，唯有从技术创造走向思想创造，只有用户需要才能产生思想创造，所以我们动员公司有才干、有能力的英雄豪杰站出来，到市场前线去了解用户的需求。”

华为认为，在核心技术上的创新重在人才，因此华为每年都会在各大高校进行人才招聘，华为给予高端人才的待遇也一直是同行企业中的领先者。华为的人力资源确实很厉害，但是很多年轻的技术人员在研发产品的时候还是有些小小的不足。

有一次，任正非在公司视察的时候，走到一间办公室，当时办公室有一个刚上任不久的技术人员，于是任正非就随意地跟他聊了起来，当时任正非问员工：“对于优化老产品和开发新产品你更喜欢哪一项工作？”员工回答：“当然喜欢开发新产品了，开发新产品可以学到很多知识。”任正非听了之后很生气，虽然员工的这种求新态度很好，但是却过于追求新事物来证明自己。

很多技术人员在岗位上的时候过度追求技术创新，重视成果，而不愿意去刻苦钻研，做一些能够提高自己能力的工作，这也是华为研发团队的一个弊端。员工想要设计出新的产品来增加企业的市场竞争力，但是往往忽略了研发产品的成本，动手能力很强，也很有想法，但是真正设计出对企业有贡献的产品很少。甚至有的员工设计新产品只是自己的喜好而不是客户的需求、市场的需求。因此华为的技术创新不但要有自己的文化特色，还要符合客户的需求。

华为的产品不仅有着高端的技术支持，还追求绿色节能。如今全球排名前50的电信运营商中，超过1/3的企业与华为建立了长期战略合作关系，而且研究数据表明，全球1/3的人在使用华为提供的网络和设备。

在过去，中国人的观念里对于电子产品和设备一直认为国外的技术比较先进，然而中国一直在进步，这种观念已经是落后的思想了。如今，华为的产品在其领域的发展优势尽显，尽管华为一直坚持“以客户为本”“服务客户”的经营理念，但是在互联网通信时代，服务很重要，技术更重要。

4.打造一流的领导团队

任何一个企业要想变得强大，都离不开团队的努力，而管理好团队是企业变得强大的重要因素。华为作为中国数一数二的企业，对于这一问题也有自己的独到之处。

曾经有人用这样一段话对华为的领导团队做出了明确的阐述：人们一开始觉得华为难以超越是由于华为人的素质比较高，但是当对手们同样换成一批素质很高的人之后，发现还是很难战胜华为。最后他们明白了，因为跟他们过招的，远不止他们所能接触到的冲锋在前的几个前沿阵地上的人员，这些人的背后拥有着一个强大的领导团队。他们各司其职，并且都是各自职位上的佼佼者。有的负责设计技术方案，有的负责外交公关，有的负责开拓市场，有的甚至已经打入了竞争对手内部。一旦某个决策出现失误或者某项任务完成不了，马上就会有人前来支援。华为正是通过这种看似很不高明的“群狼”战术，打破了各个强有力对手苦心经营的市场，然后取而代之。

那么，华为究竟有哪些“撒手锏”呢？追根究底，就是打造出优异的领导团队。

一、培养团队意识

华为的团队精神具体体现为“忠诚、勇敢、团结、服从”。重中之重的就是团结合作。华为在团队的培养过程中，强调互帮互助，杜绝个人的英雄主义。在华为的考核中有这样一个考核点：和同事的合作。这一项的比重占考核总分数的10%。华为提倡员工之间要上下一心，协调默契，互帮互助。

一位华为员工讲述了他在华为亲身体验过的凝聚力的体现。有一次，由于某个员工的失误，整个部门临时留下加班，一直工作到深夜，但是全部门上下没有一个人抱怨，干劲十足。

那时候，他刚刚从安稳的教师工作中脱身出来，对于华为紧张快速的生活一时难以适应，很长一段时间都没有融入华为的大集体中，动不动就说“你们华为，你们那个新产品……”之类的。一次，被路过的领导听见了，反问他道：“你为什么要说‘你们什么什么’呢？你也是华为人啊，为什么不是‘我们华为’？”领导的话一下点醒了他，是啊，为什么要分你们我们呢，我不也是一分子吗？就这简单平常的一句话，就让他感受到了华为强大的凝聚力。

任何一个成功的团队，都离不开“团结”二字。在团结互助的过程中，不仅可以提高个人荣誉感，体现个人价值，还可以学习新知识，共同进步。

二、英雄不问出处

任正非在一次演说中曾经说道：“我们要用开放的心胸，引进各种优秀人才，要敢于在他们能发挥作用的方面使用他们。我们要不拘一格地选拔使用一切的优秀分子，不要问他从哪里来，不要问他有何种经历，只要他能胜任公司的某个部门、某个专业、某个工作。精英不仅仅存在于金字塔的塔尖，而是存在于每个阶层、每个类别，有工作的地方，就有精英。做面条的有面条精英、做焊接的有焊接精英、调咖啡的有咖啡精英、做劳力的有劳力精英、干仓库的有仓库精英……”

在华为的团队中，不问学历，不问出处，只要你有能力，就有你施展手脚的空间。

三、举贤不避亲

自古以来，不管是任人唯贤还是举贤唯亲都是一个争论不休的话题。万科集团的王石董事长是坚定的举贤避亲派，他曾经说过：“尊重员工，就体现在给员工一个公平竞争的机会，但是这一点在中国企业中存在的问题很大。如果想形成一种公平的氛围和机制，就一定要做到举贤避亲。”

但是华为总裁任正非的观点与之不同。据华为的海外市场创始人兼核心主管张贯京所述，任正非的两个妹妹分别担任过公司的审计部总监和出纳部总监，他的弟弟曾经担任过华为的客户工程部总经理，他的女儿现在更是华为首席财务官。

在任正非的观念里，他认为正是因为“亲”，在长时间的相处和熏陶之下，他们可以理解自己的理念，明白自己的想法，跟得上自己的脚步。把这样的人放到公司的领导团队里，既可以节约时间，又可以节省成本。所以，任正非的任人唯亲比传统的举贤不避亲更进一步，他的“亲”指的是认同企业经营理念，有着相同价值观的“亲”。

四、学无止境

华为的员工不是说正式成为华为人，担任了什么职位就可以了，在华为，学习无处不在。华为的运营团队不仅向发达国家学习，还向竞争对手学习。团队里的每一个成员都在不断地提高个人工作能力和综合素质。任正非非常注重向一些发达国家学习先进的经营理念，他曾经多次带领旗下的领导团队到美国考察学习。在参观完回到酒店之后，他们把自己关在门内，整整三天没有出门，整理消化参观期间学到的新知识。

除此之外，任正非还认为，华为的员工还应该向竞争对手学习，取其精华，弃其糟粕，总结他们失败或成功的经验，然后及时地对自己进行修正，不断地完善自己。

正是由于华为团队的重学习，虚心上进，追求进步才使得华为始终保持着稳定的发展和旺盛的生命力。

五、自我批判

几千年前的曾子就曾说过："吾日三省吾身。"而任正非对于手下的领导级管理人才的要求也正是基于这种精神：具备自我批判精神。

所以，华为思想的另一大特点就是否定。华为的员工遇事首先就要不断地自我反省，在否定自己的基础上进行发展，在自我批判中不断进步。

正是由于这些手段，华为打造出了一批批能力出众的一流领导团队，为华为的经营发展打下了坚实的基础。

5.将企业文化融入每位员工的血液中

企业的文化是什么？荷兰心理学家霍夫斯泰德曾定义："文化其实是在一个环境下，人们共同拥有的心理程序，它能将一群人与其他人区分开来。"简单来说，企业的文化就是激励员工的驱动力。

任正非在华为成立不久就已经意识到了企业文化对于企业创造价值的重要性，所以任正非经常说："资源是会枯竭的，唯有文化才会生生不息。"华为在1996年的时候，开始准备起草《华为基本法》，目的就是为了让华为的企业文化能够被每个员工理解、接受，并认同。

华为的企业文化的核心价值观最基本的目标就是"以客户为中心，以奋斗者为本，长期坚持艰苦奋斗"。了解了华为的基本法之后，我们就可以知道，华为的企业文化共分为六个原则：成就客户、艰苦奋斗、自我批判、开放进取、至诚守信和团队合作。

不管是在平时的绩效考核之中还是华为的各种会议中，任正非每次都会提到企业文化，自1995年开始至今，华为每次内部会议或者宣讲都是围绕着企业文化来进行的。

华为的每位员工都有企业专门派发用来记录工作的笔记本，在员工的笔记本上，华为用中英文阐述了华为的六大核心价值观以及华为的工作背景图。

华为还会不定期举办一些文化实践活动来加强员工对企业文化的认识。据一位早期进入华为的员工讲述，他在进入华为公司之后，深刻地体会到了华为内部的企业文化精神。每年的年会上，华为都会鼓励员工参与活动，很多歌唱类、表演类的活动基本都是在围绕企业文化进行的。有的员工在表演节目时，甚至经常带有自我批判的意味，这其实是一种激励自己的方式。

华为的企业文化解读中，将企业文化的落地与建设分为三个阶段：

一、认知阶段

企业的员工对企业文化有了一个初步的认识和了解。员工熟悉企业的文化理念和管理模式，虽然还不能贯彻执行，但是了解了企业文化的重要性。

二、尝试阶段

员工接受并认同企业的文化理念，认为企业的文化理念是值得贯彻的，因此员工就会进入尝试阶段，来适应企业的文化建设。在这个过程中，部分员工可能会觉得转变习惯非常痛苦，这些都是正常现象。

三、习惯阶段

经过了痛苦而又焦虑的尝试阶段，员工渐渐开始适应企业的文化理念，并且开始有意识地规范自己的行为，按照企业的制度和模式做事，逐渐形成契约模式，对企业也有了更深刻的归属感和责任感。

很多企业认为，文化是一种很虚的东西，只要员工做好本职工作就好。其实企业文化的作用就是为了推动企业的发展，激励员工工作，让企业具有凝聚力。那么，在企业中应该如何推动文化的实行，让企业的文化都能够融入员工的血液中呢？

企业文化的建设必须与企业的制度建设相辅相成。当企业的文化开始制度化以后，企业就能更好地约束员工、规范员工，企业的文化也就变得有价值了。员工在执行任务的时候也会很自然地体会到企业文化的重要性，不知不觉就形成了自我约束机制。

员工真正融入企业文化中去，才能算是真正的企业人。因此，华为经常提倡“先做华为人，再做自己”。那么如何将企业文化融入员工的血液中，塑造员工成为华为人呢？

华为在员工入职前会对其进行培训，培训的课程有很多，其中有一点就是培养员工的企业文化价值理念。将企业的文化贯彻在员工培训中，对员工进行“文化洗脑”。现在的年轻人个性鲜明，自我意识太强，如果不能在进入公司之前就对他们进行严格的培训管理，在进入公司之后就更难转变他们的理念了。

因此在新员工培训中，任正非坚持以军事化管理对员工进行严格的培训，让他们能够改变自由散漫的性格，把身上的陋习全部摒弃掉。或许很多外人看来觉得太过严格、残酷，但是如果不这样做，那些刚毕业的年轻人会被更多残酷的现实淘汰掉。

华为有一所专门用来培训新员工或者老员工进修的学校，叫华为大学。只要一进学校，处处可以看见华为的标语和警示。在培训期间，培训师都会要求员工在课程结束之后书写一些心得。

在华为大学里，关于企业文化的口号和活动特别多，“小胜靠智，大胜靠德”“胜则举杯相庆，败则拼死相救”，等等。

华为无时无刻不在宣传着企业的内部文化，除了在平时的工作中重视企业文化的贯彻，在领导干部的选拔中，企业文化也是一个重要的标准。“高层次的文化感染中，是否每个华为高层员工都把文化传到基层去了呢？这就是我们各级干部的责任，各级干部自己没有理解，怎么可能去传播这个东西。没有华为文化，不能融入华为文化，是不能做干部的，是要下去的。”可见华为对于企业文化的重视程度，员工只有真正融入企业文化之中去，才能有机会晋升，如果一个员工没有融入企业文化，那又怎么能影响自己的下属去融入企业文化中呢？

企业想要快速发展，提高效益，就必须传播和落地企业文化建设。对于一个企业来说，企业的文化不是一朝一夕形成的，是企业长期贯彻执行的结果，企业的文化不是老板的文化，是全体员工都要接受、认同，并执行的文化。员工只有真正融入企业文化才能按照企业的规章制度认认真真地工作，成为真正的企业人。

6.把对手变成朋友

商场如战场，我们常说与狼共舞比与狼为敌更安全，这句话用在商场上再合适不过，消灭敌人最好的办法就是成为他的朋友。而华为作为国内通信企业的领头羊，发展如此之迅速，就是因为它将这一理念贯彻到底。

有心人不难发现，任正非经常带领着华为人去参观国际竞争对手的公司，双方高层更是时不时进行友好的沟通和交流。曾经就有人问任正非，你们不是竞争对手吗，怎么会把一些公司管理的经验和机密如实相告呢?

任正非说：“和平与发展是国家之间的主旋律，开放与合作是企业之间的大趋势，大家都考虑到未来世界谁都不可能独霸一方，只有加强合作，你中有我，我中有你，才能获得更大的共同利益。”

由于华为的快速发展，科技领域的不断延伸，所以华为的对手变得越来越多，也越来越强，战场也逐渐涉及各个产品市场。众所周知，华为在无线通信领域的老对头有爱立信、西门子、摩托罗拉等；在数据通信领域，华为早已被思科这个全球的通信老大列为最大的竞争对手；而在光传输方面，更有朗讯、北电网络、西门子等列强。

面对这些对手，华为采取的措施是化干戈为玉帛。

2003年，华为决定大规模进入国外市场，深入非洲、南美、东欧、东南亚等地。但是当时的华为在国外没有知名度，和当地的知名品牌比起来，华为严重缺乏渠道和客户，而且北美等市场对于外来品牌的抗拒非常严重，华为在很长一段时间内都没有融入当地市场，入不敷出。

如果仍然在北美孤军奋战，不仅没有进展和突破，还会耗费很多的人力、物力。幸而华为领导人早就认识到这一点，为华为提前铺设了一条捷径。

原来早在前一年进军国外市场之前，华为就和竞争对手3Com公司进行了合作，在经过长达九个月的谈判之后，结果华为以提供自主研发的数据通信中低端路由器和以太网交换机相关业务，以及一定的资金的条件，占据了51%的股份，成为第一大股东。而3Com公司则拿出了技术产品专利的授权和1.6亿美元及其他的资产，占了49%的股份。合资公司正式成立，名为华为3Com公司。公司的总部设在香港，又在杭州设立了一家内地总部，由任正非出任CEO，共同管理事务。华为3Com公司的主要业务是面向全球企业用户提供数据通信领域的相关产品和服务，并在中国内地设立独资公司承担研发、生产以及中国市场的销售业务。

两家合作之后，华为将部分网络资产放在与3Com的合资公司中，3Com与华为交叉技术授权。3Com的营销渠道体系，包括5万多家的网络代理商对华为3Com完全开放，这使得华为的数据通信产品可以通过3Com的渠道获得与国际电信巨头合资、合作的经验，以绕开思科的产权官司，顺利进入梦寐以求的欧美主流高端市场。而且华为直接借助了3Com公司在欧美市场的渠道营销体系，不仅节省了培训员工的时间，省去了沟通和熟悉国家特点的过程，还大大降低了研发成本。

正是因为与3Com的化敌为友，使得华为在此之后迅速走向国际，产品销售额大幅增长。

紧接着，2004年2月，华为又与西门子合资成立了西门子华为TD-SCDMA公司；与NEC、松下合资成立了宇梦公司；与移动巨头高通合作，成功进入了葡萄牙市场。

从此之后，华为显然意识到了“木秀于林”带来的风险，并且深刻理解了多一个朋友就会少一个敌人这句话。因此只要有合作的可能，华为在各个主要产品领域都展开了对外合作。事实上，华为先后与松下、NEC、摩托罗拉、西门子、3Com的合作，每一次都是化敌为友的招数。而华为又非常善于学习，通过与对手的合作得以长足进步。

事实证明，合作要比恶性竞争更有效。首先，合作可以降低产品技术研发的成本。其次，合作还能降低失败的风险。并且，合作可以起到一个联合巩固行业地位的作用。如果几个行业联手发放或推出某项技术，可以有效地提高市场的认同度。另外，合作还可以起到联合防御危机的作用。在同一个市场里面，同一类型的企业虽然是互相竞争的关系，但是同时也是共同进退的一种关系，虽不能一荣俱荣，但是一损俱损。互相竞争的企业都会面临着共同的外部竞争和危机，如果能够联手合作，就增加了抵抗风险的资本。

另外，合作更有利于追赶那些更加强大的竞争者。在很多时候，几个小企业联合研发，能够缩短后发企业和先行企业之间的距离，使他们和企业先行者齐头并进。比如微软，作为国际化的超级科技企业，计算机软件开发的先导者，实力不容忽视的微软同时也面临着更多的竞争对手，诸如雅虎、Realnetworks公司等。2005年的时候，软件开发这一行业受到了谷歌公司和苹果公司的打压，微软的生存也受到了威胁。面对这种情况，微软选择放下原有的不和与成见，联合竞争对手雅虎、Realnetworks公司进行合作，共同抵抗外来危机。

再比如通用汽车。在汽车行业中，丰田一直是同行中的佼佼者，远远领跑其他企业，尤其是丰田公司的混合动力技术更是超前。为了追上丰田的脚步，通用公司联合了老对手宝马、戴姆勒克莱斯勒公司，三家公司合资在美国建立了一个联合的研发中心，互惠互利，共同进步，成效非常显著。

众多的事实证明，与竞争对手进行合作，能为企业带来很多实际的利益，把敌人变成朋友，敌人就不存在了，冲突也就不存在了，原有的恶性竞争就变成了互帮互助，共同进步。

为什么是任正非？——初探一个中国企业家的内核

作为中国最成功的民营企业之一，华为已经开辟出一条通往世界的路，步入了世界五百强。曾经华为总裁任正非“十年之后，世界通信行业三分天下，华为将占一分”的豪言壮语还言犹在耳，转眼华为的这一梦想已经实现。

任正非带领着所有华为人走过每一个风口浪尖，不断壮大，从中国走向了世界。美国《时代》周刊曾经这样评价任正非：年过六十的任正非显示出惊人的企业家才能。

为什么成功的是任正非而不是别人？他是如何带领华为走向成功的？这个中国企业家到底拥有怎样的能力？

我想，通过下面的分析，你会得到一个答案。

首先，是任正非的管理模式。

华为之所以能成为民营企业国际化的标志性旗帜，不仅仅因为它在10年内扩充了1000倍的资产，也不仅因为它在技术上的领先、地域上的覆盖，更因为华为先进的管理模式。

任正非提出过一个非常著名的管理理论：先僵化，后优化，再固化。西方人的法律凌驾于一切之上，凡事依靠法律管理。而东方人理大于法，更倾向于人治。华为就吸取了两者的优点，将两者进行碰撞、结合，继而形成自己的风格。

任正非在向IBM等世界一流的管理咨询公司学习之后，对公司的制度和管理进行了深刻变革。

在经历了屡战屡败的打击之后，任正非巧妙地化用了“农村包围城市”的方法取得了初步的胜利。任正非并不觉得只有发达的地区才能盈利，至今，在亚、非、拉等一些不发达的国家和地区，都在为华为创造着巨大的利润。

在营销管理方面，华为的客户关系最为融洽，在接待过一家国际知名的日本电子企业后，这家企业的领导给出了极高的评价，他认为华为的接待水平是世界一流的。华为为了经营好客户关系，为客户家里换煤气罐、亲自到机场接人、请客户看电影等，无微不至。

在战略管理上，任正非坚持专注原则，把所有的鸡蛋放在同一个篮子里。尤其是在敌强我弱的状态下，更是坚持专业化的战略，要么不做，要做就要做到最好，集中所有的人力、物力，直到超过竞争对手为止。

其次，是人力资源管理。

任正非认为：“对人的能力进行管理的能力才是企业的核心竞争力。”任正非坚持“人力资本的增值一定要大于财务资本的增值”。

1996年，华为进行了一次大规模的集体辞职，任正非说：“任何一个民族，任何一个组织只要没有新陈代谢，生命就会停止。”“要不断地向员工的太平意识宣战”“鞭策那些安于现状、不思进取、躺在功劳簿上睡大觉的员工”。所以，任正非创造了华为著名的“末位淘汰制”，将优胜劣汰的准则贯彻到底。

当然，提到任正非的人力管理，就不得不提他的轮值制度。这一制度最大的优点就是提高了华为的人才流动性，即使某一个人突然间撒手不干了，公司也不会面临束手无策的状态，随时都有人能够顶上去。

再次，是任正非苦心经营的企业文化。

任正非在《致员工书》中说道："华为非常厌恶的是个人英雄主义，主张的是团队作战，胜则举杯相庆，败则拼死相救。"任正非主导的企业文化极具特色与实用性，比如"狼性文化""床垫文化""过冬的棉袄""静水潜流"等，深深地影响了国内的企业。

任正非自比为狼，在他看来，狼集智慧、灵性、敏捷、坚韧于一身，最重要的是狼很少单独出没，总是团队作战，它们团结互助，同心协力。并且头狼具有绝对的权威，狼群中的任何一只狼都无条件地服从头狼的命令。狼性的企业文化使得华为杀出了一条活路，找到了生存之法。

当然，华为是一家不断与时俱进的企业，具有强烈的改革精神，一直在不断地修补企业的文化，并且总是未雨绸缪，在风和日丽的时候进行改革，而不是等到陷入困境，逼不得已。

最后，任正非带领华为走向成功的因素少不了研发与创新。

作为一个通信科技公司，研发与创新才是生存的最必要条件。20多年来，在任正非的带领下，华为一直致力于技术上的创新，不断地开发新产品，深远的目光让华为遥遥领先国内所有同行。

华为之所以能取得现有的国际地位，与其多年来的研发息息相关。任正非每年都要将华为10%的收入投入到研发新产品当中，这才把华为从一家靠低价优势取胜的企业转变为现在技术型的企业。

华为的成功有其偶然性，也有其必然性，而这必然性就是任正非出色的经营才能。正是任正非身上这些闪光点和其不懈的追求，才创办了一家如此伟大的企业。

第九章

华为营销管理：走向世界的战术

品牌建设是一个漫长的过程，在这个过程中企业要静下心来，一步一步，脚踏实地，不可能一蹴而就。要知道，企业的长远发展和企业的品牌创立有着至关重要的联系。

1.品牌就是企业的生命

当华为从国内走向国际的时候，他们发现了一个问题，华为从一个国内的知名企业变成了国际市场上的一家名不见经传的小公司。国外的市场在提起华为的时候都称呼华为“那家中国企业”。于是华为开始思考一个问题：怎样才能让国际市场记住我们。

只有创立自己的品牌、建立自己的品牌形象，才能让陌生的市场和企业了解我们，认可我们，接受我们，一步一步立足于国际市场。否则，就只能成为别人压榨的对象。

华为公司早期拓展市场的时候，把南美某国作为重要发展目标之一，在经过多年的探索和努力之后，华为和当地好多客户建立了良好的合作关系，但是很多客户企业的规模都太小，如何和大客户、大企业建立合作关系呢?

华为在经过多番了解之后，把目标放在了某个重要运营商客户身上，又通过很多的渠道和波折终于和客户的基层管理者建立了联系，接着华为在当地的代表表达了想和该企业的CTO见面详谈的想法，不过预约多次，总是被对方以事务繁忙的借口推辞了。导致对话只能停留在基层管理者的局面，工作未取得有效进展。

既然这个方法行不通，就只能想想别的办法来解决问题。于是华为就想到了中国驻当地的使馆经商处。华为代表在拜访经商处并说明来意之后，工作终于有了进展，在多方的联系和斡旋之下，该企业的CTO答应与华为代表见面。

为了给对方留下良好的第一印象，华为代表团特意派了企业的精英团队，并事先做好了很多准备。然而初次见面双方并没有进行深度的谈话，因为对方问了一些和合作毫无关系的问题："中国有高速公路吗？""中国可以生产电视机吗？""中国会用网络吗？"这些问题让华为代表啼笑皆非。原来对方并没有去过中国，他对中国的一些了解全部都来自影视节目和报纸报道。由于他对中国的印象一直停留在比较落后的方面，所以他对于华为的研发产品和科技产品完全持怀疑态度，他不相信中国会有什么高科技的产品，所以一直拒绝和华为的代表进行洽谈，因为他并不想浪费自己的时间。

为了改变这位高层对于中国的看法，华为代表团决定带客户去中国看一看，重新认识一下他想象中的中国。眼见为实，耳听为虚，只有真正看到中国的发展，他才能相信中国早已不是他们眼中的中国了。当然，邀请该客户去中国参观的工作也遇到了不少的阻力，在华为代表团的不懈努力下，该客户终于同意去往中国参观。

接下来华为代表团就开始制订详细的接待计划，首先要做的就是确定客户来访的路线问题，后来决定走北京——上海——深圳这样一条"新丝绸之路"。在古代，中国通过"丝绸之路"向西方国家传播我们的文化和文明，如今，华为要通过"新丝绸之路"让西方的客户来见证我们的科技和创新。

这一次访问给客户带来了强烈的震撼，他不敢相信中国的信息时代已经发展得这么迅速和成熟，他甚至觉得中国的有些城市比起很多西方国家更现代、更壮观，等到客户来到华为在深圳的总部之后，就更加不敢置信了。

华为的总部耗费了巨资打造而成，就是为了建设自己的品牌形象，这样一个重要的举措为华为在品牌竞争力上占据了强有力的地位。

这次效果可想而知，该客户在华为高层的带领下，见识了华为总部基地的强大和力量，从心底里开始认可中国，认可华为。在接下来的谈判中，客户与华为技术高层的交流也一直非常顺利。

有了好的开头之后，和该企业的合作事项有了良好的突破口，华为顺利成为该企业的设备采购名单中的一员。在随后的一段时间内，华为经过自身的努力获得了大量的订单。此后，华为在当地的代表处通过有效的方式又连续拿下众多重要客户，在北美市场的占有率节节高升，终于站稳了脚跟，打出了自己的品牌，开始了长期发展的道路。

通过这次事件，华为明白了中国企业想要在国际舞台上发光发热，不仅仅是自己企业的品牌问题，还往往牵扯国家品牌形象。如果没有自己的品牌，在国际市场中，你只能被称为“一家中国企业”，永远没有自己的名字，得不到认可。因此华为在经营过程中，一直把国家的品牌和企业的品牌相互结合起来，在北美客户的拜访过程中，不但提升了国家品牌，还有效加深了客户对华为企业品牌的认识。

有了自己的品牌，企业才有了生命，在国外的市场上才能更有底气地站稳脚跟，为后期的工作发展也起到了很大的作用。此后，华为在其他国家拓展市场的时候，也非常注重自己的品牌形象，这也是华为至今能够在各大西方地区占据有利市场份额的重要因素。

品牌是一个企业的生命象征。客户和友商对于企业的认识都是来自企业的品牌形象，想要让客户认可企业，首先要树立自己的品牌形象，我们可以借鉴华为建立品牌形象的方法，也可以根据自己企业的环境和条件，让别人更加清晰深刻地了解自己的企业品牌。

品牌建设是一个漫长的过程，在这个过程中企业要静下心来，一步一步，脚踏实地，不可能一蹴而就。要知道，企业的长远发展和企业的品牌创立有着至关重要的联系。企业有了品牌，就可以创造更多的价值，形成更加有力的竞争力，特别是在一些海外市场，企业的品牌是企业进入海外市场的敲门砖，是决定市场接不接受企业的关键因素。

2.挖掘机会点，发现金矿钥匙

华为自走出中国，走向世界以后，各种问题也随之而来。如何在海外陌生的市场环境下，了解当地的市场情况和客户的需求？怎样才能得到陌生客户的认可，满足当地客户的需求，在当地创造利益？这些都是华为要思考的问题。想要解决这些问题就需要深入了解华为究竟在陌生市场面临什么样的对手，华为的机会点在哪里。

华为想要在海外占据有力的市场份额，取得期望中的成果，就必须认真仔细地分析和研究海外市场的各种环境和因素，了解市场的机会和威胁，并抓住一切机会点进行实施和拓展。

2006年，A国出台了一项新的电信法规CPP，各大运营商开始向用户收取费用。没过几个月，A国最大的一家运营商开始新建固网，华为得到消息之后立刻派代表前往运营商处进行合作洽谈，但是运营商对于工期的要求是非常严格的，必须按照规定的日期完成，而且新建固网在技术层面上要求合作商在C4上实现对用户号码的无条件呼叫转移的新增功能，这种技术原本是C5网络的补充业务。在C4网络下没有用户板是无法实现这种功能的，但是运营商要求必须完成这项指标，这是项目中最关键的因素。

然而后来在强大的竞争对手面前，华为还是凭借专业的定制化功能满足了运营商的另一个需求，也就是对定制功能这项业务没有收取费用，相当于免费赠送给了运营商，于是华为战胜了对手，拿到了运营商的合作书。

A国的CPP实施之前，用户一般是有两种号码，一种是直拨号码，另一种是联邦号码，但是在实施CPP之后，所有用户的直拨号码的使用权归固定运营商所有。这就导致用户想要继续使用直拨号码，移动运营商就必须向固定运营商缴费，而且费用很高，于是华为就抓住移动运营商想要节省成本的心理，打算将直拨号码转移到联邦号码，这样直拨号码和联邦号码就属于同一个运营商固网到移动的呼叫了，移动运营商就不需要支付用户使用直拨号码产生的费用了。

后来华为的技术研发人员准备在移动业务中新增用户使用直拨号码短号的包月费和直拨号码作为被叫功能时产生的呼叫转移费等两项业务功能，这样也能为移动运营商保留很多客户。

华为和移动运营商的负责人联系之后，根据市场的调查和对移动运营商的了解，做出了进一步的市场分析：

1.A国的移动用户人群占全国人数的大部分，如果移动运营商在用户使用直拨号码的时候产生大量额外的费用，很可能引起用户的投诉和转网，对移动网络弃之不用。而且移动运营商还要在移动用户使用直拨号码的时候把费用结算给固网运营商，相当于自己一分收益也没有，只是充当了费用转移的角色。这样的话，移动运营商不但没有得到好处，反而还会失去很多忠实的用户。

因此，如果移动运营商能够采用华为的合作方案，在新建固网的时候，新增呼叫转移功能和直拨号码短号的功能，这样用户可以有选择地享受免费的计费功能，不但可以减少用户的投诉率，还可以吸引更多的用户加入移动网络中来。最大的好处就是不需要额外给固网运营商结算费用，移动运营商的效益也会跟着增长。

2.华为发现这种新增业务功能的出现简直就是打开“金矿”的钥

匙，因为A国的通信市场明显对这部分的业务空缺很多，而且目前也只有移动运营商建立了固网，一旦真正开始实施，新功能出现在市场之后，肯定会立刻引起市场的争抢，只要是网络运营商都会对这种业务产生兴趣，这是华为在A国开拓市场的一次大好机会。

3.由于目前还没有其他企业想到这个办法，只有华为手中持有这种技术，也只有华为能够给运营商提供这种定制的业务，而且在技术投入使用之后，还要经过A国政府相关机构的严格检查和测试，华为起码领先其他企业半年的时间，而这半年的时间已经足够华为在A国市场驰骋了。

华为在这之后并没有停下研发的脚步，而是把华为定制的新增功能移植到NGN平台，并且开始设计新的收费业务功能。考虑到竞争对手的动作可能要比华为慢得多，而且NGN平台产生的利润要高于华为和运营商合作的利润，因此华为又开始加大在NGN平台的技术投入，每年的利润空间也非常理想。

正如华为所料的这样，在移动运营商刚刚开始投入华为研发的新增业务之后，A国的各大运营商开始争先恐后地进行固网招标。而华为由于之前定制的收费业务功能在其他企业的竞争下脱颖而出，到了2007年下半年，华为在A国的合作商包括三大移动运营商以及其他部分小型运营商，在A国网络市场上占据了相对优势的份额。

从华为在A国的投标来看，想要获得机会点是不能够只关注客户的项目要求的，还要善于发现客户潜在的需求，认真关注客户的举动，任何一点风吹草动都可能是机会点。华为正是凭借自己敏锐的嗅觉和对市场的掌控力，加上精准的分析，才能发现市场中潜在的机会点。

发现机会点对于任何一个企业来说都很重要，但最重要的是要把握机会，付出努力，赢得打开“金矿”的钥匙，取得最终的成功。

3.避实击虚，撕开市场豁口

华为在创业初期只是一个没有名气的小企业，甚至很多时候连员工的工资都发不了。可见华为当时处境艰难，因此华为在进军海外市场的时候，没有任何背景、没有任何的优势，只能靠着自己一步一步地努力前行。

在华为刚刚渗入海外市场的时候，当时已经有多家跨国龙头企业垄断了海外的通信市场，很多发达国家的通信市场也都呈现饱和状态，这种竞争下的格局对于华为来说是非常不利的。在众多通信企业的光环之下，华为似乎没有生存下去的可能，但是就这样放弃显然不是任正非的风格。因此任正非开始寻找新的发展道路来壮大华为，不久之后，他就有了新的想法，既然这些发达地区的通信市场被一些跨国企业所垄断，但是很多并不发达的地区和国家还无人问津，因为那些不发达地区和国家无论是地理环境还是经济水平，在那些国外著名的企业看来都是不值一提的。但是也正是因为那些地区和国家的不发达，条件差的原因，为华为创造了一个能够展示自己，得以生存和发展的空间。

东方不亮西方亮，这是任正非在华为开拓海外市场初期最常说的一句话，华为的成立时间还太短，无论是企业还是员工都还不够成熟，还没有足够的能力和勇气去迎接未来的风险和困难，也经不起太多沉重的打击，然而华为必须趁着现在还年轻，现在还有激情去抢占一些市场，来壮大和发展华为，否则早晚要被时代淘汰。

华为一开始把精力和资金大量地投入到发达国家的市场中，比如美国、俄罗斯等，但是无论华为在海外市场付出多么大的努力和辛苦，都毫无进展。海外通信市场的份额已经被其他跨国企业所占领，华为想要在重重阻碍之下，获得订单实在是难上加难的事情，甚至华为在美国初期有任何举动都会被美国媒体大肆夸大，以“安全问题”多次向华为关闭了通信市场的大门，华为在海外市场的销售量一直难以提高，甚至很难出售。而美国出于众多的安全问题考虑，也一直不肯松口购买华为的产品，因此华为起初在海外市场的开拓毫无进展，2013年，华为甚至暂时放弃对美国市场的开拓，华为副总裁徐直军遗憾地表示：“华为不再对美国市场感兴趣。”此后不久，华为开始慢慢转移在发达国家的发展重心。

发达国家的市场已经趋近饱和，是块难啃的骨头，对于华为这样的民营小企业来说确实难度很大，甚至华为常常处于屡战屡败的窘境。很多时候，华为都已经见到客户，也拿到了标书，但是投标之后，就再也没有消息传来，因为很多国外的大型运营商对于华为的了解仅仅停留在表面，认为其只是中国的一个小公司而已。

任正非提出：“当我们发起攻击的时候，我们发觉这个地方很难攻，久攻不下去，可以把队伍调整到能攻得下的地方去。”

2000年之后，华为开始在其他地区全面开展工作，包括泰国、非洲、新加坡、越南等通信市场还不算成熟的地区和国家。那个时候，华为为了能够争取到这些海外市场，一直采取聚焦的发展战略，将华为的大量员工和资源投入到海外市场的开发中，比如一些发展中国家或地区，其他的跨国公司不屑于拓展，或者只安排少数几个人的项目小组进行市场研究，而华为一派就派几十名员工甚至上百个员工来开拓市场，表明自己对这个市场的重视，也下定决心一定要拿下市场。

更多的精力投入就意味着能够有更多的发展机会，华为明白像越南、老挝这些地区的经济水平有限，甚至对于通信互联网的了解也不多，要想在这些地区取得成绩，赢得更多的市场份额，就必须制定符合当地人经济水平的价格，这样才能让客户愿意合作。因此华为不仅在价格上有着非常明显的优势，更因为华为破釜沉舟的态度，必须在这些国家市场上争取一席之地，华为一直坚持给客户提供最好的售前服务和售后服务，而对于一些重要的客户，华为也表现出了尊重和重视，不但任正非会亲自接见，甚至对于客户的要求，只要华为能够做到的都尽量满足。这种服务态度，也让华为在海外市场上赢得了不错的口碑和反响，即便后来其他通信企业发现了市场的空缺，纷纷开始介入进来，华为也在当地的通信市场站稳了脚跟，获得了强有力的竞争份额。

海外市场的拓展是华为最为艰难的阶段之一，在华为初入海外市场的时候，华为驻地代表甚至把整个国家都转遍了，都拿不到一笔订单，很多人想要放弃但是又不甘心，只能相互鼓励，坚持下去。1999年越南和老挝的招标是华为在国际市场上第一次真正中标，这个好消息终于给华为带来了一点信心。

避实击虚这种战略方式不仅使华为避免了和其他发达企业、国家的冲突，还让华为找到了属于自己的发展路线，并渐渐形成一股强劲的力量，奠定了华为在海外市场上的坚实基础，带领华为在拓展海外市场的道路上越走越宽。

华为的全球市场发展历程是非常艰辛和困难的，从经济不太发达的地区和国家开始，一步一步，脚踏实地，艰苦奋斗，慢慢地走向国际，走向那些发达国家，和曾经俯瞰华为的巨头企业并肩而立，甚至成为他们强有力的竞争对手，对他们产生威胁，让他们感到敬畏，华为的发展道路终于开始稳健起来。很多企业一直认为企业的扩张之路应该是从发达地区转移到落后地区，但是华为用自身的成功创造了一条不一样的发展路线，并且引起了其他企业的惊叹和佩服。

4.主动加入国际投标

1987年，华为成立于中国深圳，经过几番艰苦奋斗，华为已经从一个名不见经传的民营企业发展成为全球第二大通信供应商。目前华为的产品设备已经应用于全球100多个国家和地区，不仅如此，华为还在美国、印度、俄罗斯等国家设立17个研究所，100多个分支机构。

从国内市场到国外市场，华为面临的市场环境和客户都发生了变化，华为的项目招标在执行的时候就会因为很多不确定的因素和环境而受到限制。因此华为要思考，如何在一个陌生的环境中，让陌生的客户和企业能够认同华为，选择华为。

刚进入海外市场的时候，华为的内部有一条大家熟知的海外投标定律，只要是国际通信展会，华为都要一个不落地前去参加，不管结果是好是坏，只要能让别人知道华为就算成功了一半。因此，自1996年华为转战海外市场之后，华为就开始在各个地区开办华为通信展会，比如：1999年的埃及电信展、莫斯科电信展，还有巴西的电信展；2000年的时候又转战南非，举办了南非电信展以及突尼斯电信展；2001年在美国举办的电信展，以及印度电信展。

华为每开拓一个新的海外市场，就一定要在当地举办华为的通信展会，以让当地客户能够更加详细地了解华为的产品设备。据相关研究表明，华为每年至少要参加20个大型国际通信展会，每年华为在展会上的投入至少一个亿。

华为的一位海外驻地代表回忆道："1996～2000年，我们每年都要参加几十个国际顶级通信展会，只要一有机会，我们就会上台展示我们的产品。1995年的时候，我们曾到日内瓦去看国际电联ITU的展览会，后来1999年我们再次参加展览会的时候，租下了一个500多平方米的展示台，当时的场面极为壮观，给西方很多电信运营商带来了无比震撼的体验。"

华为自1996年进入俄罗斯，后于1998年前往印度开拓市场，2000年又转战中东和非洲，2001年把业务扩展至东南亚和欧洲等地区，2002年开始进入美国，华为的名字已经被很多海外国家的人们记住，也逐渐发展成了更多通信企业的强劲敌手。

华为在海外市场的开拓也并不是一无所获。凭借高品质的产品和设备以及优质的客户服务，华为1999年取得了5000万美元的销售额，第二年的时候销售额已经过亿，到了2001年的时候华为的海外销售额是3.3亿美元，之后每年华为的海外销售额都在大幅度地增长中，2004年华为的海外销售额已经高达20亿美元，这说明华为在海外市场的投资道路已经渐渐开始广阔起来。

8年的时间，华为用自己的行动和决心证明了自己，华为的目标是能够成为全球化的企业为世界各地的运营商和客户提供高品质的产品与服务，这个目标现在已经在稳定执行中，并且即将实现。

2008年华为共取得了233亿美元的合同销售额，其中在海外的销售比重为75%，不仅是对于华为的海外驻地代表，对于整个华为来说都是一份十分漂亮的成绩单。

人们或许对于2007年华为和中兴"地狱价"的投标风波还记忆犹

新，认为华为的很多市场是以低价竞争而来的，这种说法其实有些偏颇。一些地区非常崇拜欧美等西方国家的设备和产品就是因为质量和服务，因此他们选择华为一点也不意外，华为的产品和设备一直以质量和服务来取信于客户。在激烈的海外市场竞争中，价格的优势只是其中的一部分，更重要的是产品的高质量和先进的技术，以及优质的服务，才能在国际投标中赢得客户的信赖。

华为设立了一个研发需求的专业部门，就是为了能够随时与客户进行交流，倾听客户的需求，根据客户的需求制订方案，研发出响应客户真正需求的产品，这也是华为在海外市场能够一直中标订单的原因之一。

据悉，在投标法国DWDM国家干线传输网项目中，华为的竞争对手都是跨国企业巨头，但是华为凭借其设备的性价比，以及贴合客户需求的投标战略赢得了该法国公司的兴趣，最后华为以一期项目建设可以为该公司节省35%的投入以及整个项目完工之后可以节省50%的投资的优势，打动了法国该公司，成功打败了其他几家竞争对手，赢得最后的胜利。

不仅如此，华为U-SYS NGN解决方案搭建VoIP长途商用网在英国被广泛使用，以及华为的第五代路由器也覆盖了全英国的MPLS骨干环；在德国，华为的设备建设骨干网络被采用；在葡萄牙，华为为葡萄牙CDMA全国网提供基站子系统设备等，这些都是华为国际投标史上的荣誉。

任正非一直强调："海外市场拒绝机会主义。"想要在国际市场中生存和发展不能依靠任何侥幸心理，华为是在屡战屡败、屡败屡战的不断奋斗中艰难扩展海外市场的。

最初华为进入国际市场的时候，也走过很多弯路，华为每年参加国际上的电信展会，将自己的产品放在国际展会上与其他跨国企业的产品一起被别人比较，接受别人的评价和挑剔，就是想要让全球的企业能够知道“华为”这个名字，虽然在前期一直没有什么进展，但是逐渐打出了知名度。而且也正是由于在这些展会中学到的点点滴滴，积累了经验，华为才逐渐成长起来，有了明确的发展目标和战略。

随着海外市场的渐渐饱和，华为同其他企业的竞争也开始变得激烈，华为在技术创新和研发上不惜投入大量的精力和资金，就是为了能够把高品质的产品呈现给世界，并且华为一直以客户为中心的服务理念，也让很多的运营商感受到华为的真诚和决心。目前华为在全球的通信市场已经占据了相当大的份额，是全球少数能够提供全套通信设备的供应商之一，相信未来华为的全球化市场会越走越远，越走越高。

5.销售谈判：双赢才算真正的成功

谈判是一场没有硝烟的战争。双方都想获得对自身有利的条件，并且毫不示弱，为了能够让双方达成共同的协议和目标，谈判是最简单的方法。然而在进军全球化的道路上，华为明白，想要在激烈的市场竞争中保持绝对的优势和核心竞争力，就必须明白双赢才是谈判最好的结果，不但能够让双方建立起更进一步的信任感，赢得意外的收获，也为企业将来的国际化道路创造了更多的机会。

华为在海外开拓市场的时候，F国是华为公司的重要战略市场，但是当时华为的无线产品市场占有率却极低，因此，华为一直想寻找机会提升自己在F国的无线产品市场份额。终于在华为代表团的关注和努力之下，等到了一个难得的机会。

F国本土的一个大型移动运营商，由于一直使用GSM网络设备从未更换过，设备已经严重老化，每年投入了大量的维护成本，但仍不起作用，更雪上加霜的是，该运营商一直合作的GSM网络厂家由于经营不善，面临倒闭的危机，这也将影响运营商的后期维护工作。该运营商的网络更换问题引起了华为的注意，华为觉得这是一个很好的机会，能够帮助华为提升在F国的无线网络市场份额。

在和运营商沟通过后，华为驻当地的代表团研究一番之后，发现想要根除运营商的往来款安全问题隐患，只能彻底搬迁GSM网络系统，但是要搬迁原网络系统，就必须重新构造新网络系统，需要大量的人力和财力，其中牵扯的问题太多，运营商暂时下不了决心立刻搬迁。

当时在华为和运营商的沟通下，发现运营商主要担心以下问题：

1.能不能把原GSM用户搬迁到新建立的3G网络上，毕竟GSM网络虽然老化严重，但是运行还相对稳定，用户的数量也比较稳定，后续的维护可能麻烦了一点，但是如果能够顺利把GSM网络的用户转移到3G网络上，不就暂时避免风险了吗？

2.假设搬迁能够根除网络安全的风险，那么还能给运营商带来什么额外的收益吗？毕竟搬迁造成的大量开支问题也一直是运营商不愿意搬迁的主要因素。

3.当时的金融危机影响了全球很大一部分企业，运营商也不例外，或许搬迁能够根除网络安全隐患，但是一下子需要这么多的资金流动还是需要慎重考虑。

4.假设最后决定实施搬迁，但是搬迁造成的大量资金问题如何才能快速地解决。搬迁产生的费用能不能和维护原网络安全问题的费用相互抵消？

这些问题一直是运营商所担心的主要问题，如果不能把这些问题一一解决掉，那么运营商很难下定决心搬迁。因此针对这些问题，华为同客户一起进行研究分析，寻找解决方法。

首先针对前两个问题，华为做出了解答，把GSM网络用户搬迁到3G网络上短期内是很难实现的，而且GSM网络在今后的一段时间内仍然是运营商的主要收入来源，这也是为了更好地保障运营商在其国内的地位。

至于能否给运营商带来额外的收益，华为做出了解释。如今的GSM

网络技术同运营商在使用的GSM网络相比，不可同日而语，时代的发展造就现今的GSM技术具有明显的优势，不但在网络指标、保护投资等方面超出原有水平，而且更容易得到客户的认可，因此在实施搬迁之后，带来的好处远远超过之前。

至于后面的两个问题，主要就是资金紧张，但是也从侧面证明了搬迁确实是有效的投资。运营商主要担心的问题就是搬迁带来的投资收益能否超过节省的成本费用。这些问题在用户基于成本节约的预算以及设备供应商基于解决方案的报价能否让运营商满意，达到相对的平衡。

通常在移动网络的搬迁计划中，华为主要是在后期降低运行成本。包括设备功耗、后期维护费用、站点数量等。但是经过严密的估算，发现这些方面节约不了太多的成本，很难在短期内通过运行成本抵消维护原网络的费用。

既然运行节约成本的方法不可行，华为准备从其他方面入手降低成本。后来在华为的项目团队的努力下，想到了两个办法来降低成本：

1.由于运营商之前合作的原厂家供应的GSM网络设备容量小，每个站点都设置了两个甚至多个基站。华为准备把每个站点的基站合并成一个基站，这样就可以减少基站的数量，大幅度节省成本。

2.运营商之前的网络容量也很小，华为准备用大容量的BSC取代之前小容量BSC，使原先的BSC数量降低1/4。

但是这两种方法后来都被运营商否定了，因为运营商始建于15年前，当时很多的站点获取都耗费了不少周折，在搬迁过程中大幅度的机械工作可能会对站点造成破坏，到时候再想重建恐怕很麻烦。

因此，华为准备在原有站点的设备和基础上进行设备重复利用，比如传输、天线系统、电源、机柜等。这样不但可以节约运营商的成本，还可以保护站点不被破坏。这样的提议也得到了运营商的大力赞同。

在确定下方案之后，华为派出了精英团队进行重用原有站点机柜的项目开发，最终完成了任务之后，运营商也获得额外收益，比如站点重用不但增加了之后几年的维护收益还增加了二次搬迁的服务收益。

这次双赢的谈判结果令客户和华为都很满意。不但消除了网络安全风险，也帮助运营商降低了成本，而且华为也攻克难关，一举成名，在F国的移动无线市场上占据了重要地位，提升了市场占有率。

华为在F国的市场上，善于发现竞争对手的缺点，利用竞争对手放松的时候，联系客户，用自己的能力帮助客户解决难题，让客户满意，从而达到双赢的结果。

6.全力打造良好的客户关系

很多企业家都知道，企业的利润和价值是建立在客户关系之上的，我们不仅要重视和客户之间建立良好的关系，更要给予这种营销战略方式高度重视。在这一点上，华为一直做得很好。

在过去，华为曾坚持以技术为导向的发展理念，后来在多次的市场竞争中，以及其他技术型企业的逐渐没落，给华为敲响了警钟，企业的利益来自市场，技术要经过市场的检验才能确定其价值，从通信领域上看，技术为王确实是必不可少的，但是华为却觉得，能够满足客户的需求、能为客户带来更多价值的技术才是真正的硬道理。于是华为开始慢慢由技术为王到客户至上的战略转型。

任正非曾多次拜访国外企业和一些大型企业，对一些企业的管理模式非常赞同。一次他去北非地区访问的时候，认为北非地区的维系客户关系的“铁三角”管理模式非常具有实用性，因此任正非决定在华为也实行“铁三角”的管理模式，即以客户经理、解决问题专家、交付专家组成的项目小组，其目的是能够快速有效地提升客户对企业的信任度，充分了解客户的需求，建立良好的交付和回款模式，“铁三角”的客户关系管理模式在华为受到广泛的推广以及应用时，华为才最终实现了“以客户为本”的营销战略转变。因此“以客户为本”也成了华为公司的核心价值观。

《华为公司的核心价值观》中指出："从企业活下去的根本来看，企业要有利润，但利润只能从客户那里来。华为的生存本身是靠满足客户需求，提供客户所需的产品和服务并获得合理的回报来支撑；员工是要给工资的，股东是要给回报的，天底下唯一给华为钱的，只有客户。我们不为客户服务，还能为谁服务？客户是我们生存的唯一理由。既然决定企业生死存亡的是客户，提供企业生存价值的是客户，企业就必须为客户服务。因此，企业发展之魂是客户需求，而不是某个企业领袖。"因此华为重视建立普遍的客户关系，不论客户多少，只要是客户，华为就一定为其服务。

华为在全国各地，甚至是海外地区都建立了专门的客户服务部门，目的在于能够及时地和客户交流，了解客户真正的需求，然后再将客户的需求发送到专门的研发部门，开发出真正符合客户需求的产品。为了建立良好的客户关系，华为每年都会对客户进行满意度调查，就是为了能够及时发现客户的需求，为客户提供更加优质和贴心的服务，只要是客户的要求，那么华为人要在第一时间予以满足。

华为对客户关系的重视程度，在干部选拔上可见一斑。任正非认为，客户服务是干部选拔的一个重要标准，无论是基层员工，还是各级干部，以客户需求为导向的管理制度是考核体系中的重要因素。无论员工的工作能力多么出众，管理手段多么严谨，如果他缺乏与客户主动沟通的能力和意识，不能很好地和客户建立良好的关系，不符合满足服务客户的营销理念，是没有资格被提拔的。甚至华为在招聘人才的时候也非常注重这点，因此华为的招聘制度有一个奇怪的规定：成绩前三名的学生不考虑招聘。在任正非看来，成绩名列前茅的学生有严重的自我为中心倾向，在以后的工作中很难做到为客户服务，以客户为中心的营销导向。

在华为，客户至上的服务理念要时刻谨记，深入骨髓，贯彻执行，工作的每个细节上，都要牢记为客户服务的理念，这样才有被提拔的可能。

“以客户为本”是华为营销战略的基本出发点，华为通过收集客户信息、提供客户优质的服务和令客户满意的产品来打造良好的客户关系，达到和客户建立长期稳定的合作关系。建立长期有效的客户关系管理制度，可以保持客户与企业之间良好的信任与合作关系，能够帮助企业创造更多的价值，争取更大的效益，获得更强大的市场竞争力。因此在客户关系管理方面，我们可以借鉴华为的管理模式。

一、以客户为中心，服务客户

华为很早就表明，客户的需求就是华为的需求。这也是每一个华为人必须追求的目标，客户的存在即是华为生存的唯一理由。企业的发展和利润都是由客户创造的。所以想要生存就要满足客户的需求，开发让客户满意的产品，提供让客户满意的服务，才能获得相应的回报。因此，华为始终坚持“以客户为本”“客户至上”的营销战略目标，这样才能保证华为适应这个时代。

二、为客户服务的意识

增强员工为客户服务的意识。在华为，每一位员工都要时刻牢记为客户服务的战略目标，在工作中，要充分满足客户的需求，尊重客户，重视客户，对客户适当地表示关心，不要仅仅把客户当成工作去应付，要懂得倾听客户的需求。

三、真诚以待

很多企业的员工在工作的时候，只想到让自己的利益最大化，往往忽视客户的心情。在华为，员工要学会站在客户的角度去思考问题，为客户争取最大的利益，只有客户的满意度提高了，你的利益才会增加。关注客户的需求，提供满意的服务，帮助客户满足他们的需求，实现他们的利益，才能和客户建立良好的客户关系。

在营销管理中，客户关系是最为关键的环节，它推动着华为逐步走向成功，引导着华为的营销战略逐步走向成熟。客户的成功，才有华为的成功。坚持以客户利益为核心的价值观，是驱动华为员工努力拼搏，艰苦奋斗的目标。这是华为的一个营销优势，也是华为在未来的营销道路上，一直追求的目标。

7.善于利用政府资源

华为有今天的成功离不开华为人的奋斗和拼搏，也离不开中国政府的支持。1995年国家陆续出台了一系列扶持民族通信产业发展的政策。华为创业资金只有2.4万元，如果当时没有国家的大力支持，华为这样一个民营小企业是无法单凭自己的努力走到今天的。

华为想要走向国际，走向世界，必须经过国家的战略安排，像之前的诺基亚、爱立信等企业都是经过国家的支持走出国门，实施国家战略目标的。1996年6月，当时的国务院总理朱镕基视察华为，明确地表示了希望华为能够将国产交换机打入国际市场，为此，朱总理也允诺由政府提供买方信贷，华为当时因扩大生产规模而遭遇的资金瓶颈也迎刃而解，许多的地方政府也加大了对华为的支持。

1996年，俄罗斯总统叶利钦对中国进行国事访问，宣布“平等信任、面向21世纪的战略协作伙伴关系”。任正非凭借敏锐的直觉和眼光，捕捉到了在国际外交关系中隐藏的商机，当即决定首先向俄罗斯的通信市场发展。

然而华为在俄罗斯的初期并不顺利，可以说是华为人进行二次创业的典范。华为在俄罗斯征战了4年却只拿到价值37美元的小订单。这一度让华为感到艰辛和疲惫，但是他们仍然没有放弃。

华为自1996年进军俄罗斯通信市场，然而当时由于俄罗斯的通信市场已经被爱立信、西门子等跨国公司占据大头，华为这家民营小企业在俄罗斯市场并没有引起多大的波澜，也因此导致华为的产品无路销售。

然而更大的打击还在后面，1997年，俄罗斯由于市场经济陷入低谷的问题，导致很多大型跨国企业，比如西门子、NEC等纷纷从俄罗斯撤资，转移阵地，俄罗斯对通信市场的投资也暂时放弃。

然而就在这种萧条的市场环境下，其他企业纷纷退出俄罗斯市场，华为却坚持前往。1997年，任正非亲赴俄罗斯乌拉尔山西麓的乌法市，出席华为与俄罗斯合作的签字仪式。在当时，任正非还写下一篇《走过亚欧分界线》的文章，分析了当时美国、俄罗斯、中国三国的经济关系，在文中，任正非表示“一切拥有中国品牌的优秀企业，都应到俄罗斯市场上去一显身手，在优势互补的条件下，促进中俄友谊”。

正是由于俄罗斯的市场经济萧条，华为自1996年到2000年，整整4年的时间，没有一单生意，但是华为人坚持了下来，他们在俄罗斯的留守代表团不断地开发市场，等待机会。在其他竞争对手放松的时候，主动出击，全力争取，终于在当地一个运营商出错的时候，华为抓住机会，说服客户尝试使用华为的设备，客户抱着试一试的态度购买了华为的一个小型机器，结果以最小成本解决了问题。

4年的坚持和苦熬，华为终于迎来了第一单，这让华为的俄罗斯代表团大为振奋，虽然这单只有37美元，但是也突破了华为这4年的零业绩。接下来华为总部对俄罗斯开始大力扶持，华为在俄罗斯的发展可谓过关斩将，一路风驰。

2000年，华为拿下乌拉尔电信交换机和MTS移动网络两大项目，开始了在俄罗斯的销售之路。

2001年开始，华为在俄罗斯的销售投入开始出现回报，公司的业绩也在直线上升。

2002年，华为又成功斩获从莫斯科到新西伯利亚国家长达3797千米的光传输干线订单。

2004年，华为在俄罗斯的销售额高达4亿美元。

2005年，近一年的时间，华为在俄罗斯的销售额增长到6.14亿美元。

2007年，华为针对在俄罗斯市场的10年奋战举办了“华为在俄罗斯10年”的庆典，用来总结华为这10年间的经验和教训。

“俄罗斯是独联体地区最大的国家，也是独联体最大的市场，只有在俄罗斯占据一席之地，华为公司才能确保向独联体其他国家的稳步扩展。”因此在华为成功拿下俄罗斯市场之后，就开始了为更多其他独联体国家的通信市场奋斗。

在中国的高科技企业中，华为是第一个涉足独联体市场的，目前华为已经与众多独联体国家建立了稳定的发展系统，不过随着俄罗斯的通信市场崛起，很多跨国公司又纷纷回归市场，因此华为在俄罗斯的通信市场竞争仍然十分激烈。像美国的摩托罗拉、朗讯，德国的西门子，瑞典的爱立信等国际大型企业都是华为强有力的竞争对手，然而就是在如此激烈的市场竞争中，华为仍然排在第三、第四的位置。

俄罗斯相关市场调查表明，华为主要凭借良好的客户服务以及对市场的敏感度，抓住客户的心理和需求，在激烈的市场竞争中生存。

目前华为的通信业务已经覆盖了俄罗斯、乌克兰、哈萨克斯坦、亚美尼亚等地区，华为在独联体地区的服务人员也高达数千人，其中华为在很多独联体地区的通信市场都占据第一名的位置。

2011年，包括《人民日报》、中央电视台等9家媒体代表来到华为公司在俄罗斯的驻地进行参观和采访，华为在俄罗斯投入的这么多心血和努力，终于获得了回报。

华为一直坚持跟着国家的外交政策走，2000年，吴邦国副总理访问非洲，任正非曾被亲点一同随行。随后任正非也一直作为国家企业代表团的成员出访海外拓展市场，可以想见，未来华为的国际营销战略发展中也会一直有国家的影子存在。

善于抓住机遇是一个企业家必须具备的天赋，华为在国际市场的投入与发展始终坚持紧跟国家的外交路线作为发展路线。任正非曾明确表示："中国的外交路线是成功的，在世界上赢得了更多的朋友……华为的跨国营销是跟着我国外交路线走的，相信也能成功。"

华为国际化营销人才培养战略

华为自开拓海外市场以来，最重要的问题就是由谁来做海外市场。国际人才的培养一直是华为重视的问题之一。虽然华为当时在国内做市场的人才也很多，但是很多人对于去海外发展并没有表现出太大的兴趣，一是有些员工语言不通，去了海外担心做不出成绩，二是有些员工在国内已成家立业，要去海外发展就意味着很长时间不能与家人团聚。

因此华为的高层在开会之后初步决定选择三种人才去海外开拓市场。

留学生

其实华为当时先考虑的也是海外留学生这一块，因为毕竟刚毕业的学生可塑性很强，也有工作的激情，不过在招聘的过程中效果并不是很理想。一方面，留学生太过年轻，虽然是很好的苗子，但是他们的梦想总是太过理想，认为自己能力出众，很多时候不愿意“屈尊”成为一名小员工，总想着要一步登天，然而本身对于电信行业又没有接触过，一进公司就承诺给他们更高的待遇显然是不切实际的。另一方面，很多留学生就把华为当作一块跳板，并没有长久发展的意愿，更多的时候只是当成一个赚钱的工作，而不是自己想要发展的事业。种种问题都让在海外刚起步的华为感到困难，但是他们仍然没有放弃。

现在公司还有很多当时的海外留学生一直坚持到现在，也都取得了不错的成绩。

外企的中国籍高管

当时在海外的中国籍高管很多都是难得的人才，但是这些人因为太过优秀，对于他们来说，华为已经不算是一个很好的平台了，并且外企的高管能力比较单一具体，比如销售的只能管理销售部门的员工，而华为需要的是全能型的人才，在海外的驻地代表不仅要负责员工的衣食住行，甚至后勤也都需要有人专门负责。

最重要的是开发客户，华为当时在海外市场并不出名，不像其他一些跨国巨头公司有很大的名气，只要业务员报出名号就有运营商接待，华为的所有流程都要自己一步一步地去摸索，这对于在那些大企业待过的中国籍高管来说也是一个很大的挑战，一切都要从头做起。

后来虽然有些外企高管适应不了华为的工作模式，离开了华为，但是当时还是有一些外企的高管留了下来，为华为提供了很多难得的管理经验和市场开拓经验，为华为在海外的初步拓展带来了很多的益处。

华为的国际化人才管理中一贯坚持的思想就是“去英雄主义”，管理要均衡，很多企业从外企引进新型人才之后，常常受“英雄主义”情结的影响。认为从外企引进的人才一定有非同凡响的地方，只要把权力交给他们就一定能够带领企业走向成功，其实这种想法是片面的。华为一直坚持团体作战的战略发展模式，对于从外企引进的高端人才，华为也是秉着公平、公正的心态进行管理的。

如今，华为的海外市场拓展之路越走越宽，当年留下的那些老员工也都成为企业的骨干。

外籍员工

这看起来是一件非常简单的事情，但真正实行起来却非常困难。20世纪90年代的华为并不是很有名气的一家公司，国内很多人都对其知之甚少，更何况其他外籍人员。因此，华为在招聘外籍人员的时候常常遇到怀疑的目光，根本招聘不到华为想要的人才，仿佛所有人都在脸上画了一个问号，就连秘书和司机都很难找到，更不要说招聘外籍高管了。

在当时，华为公司会说英语的人才也很少，完全做不到可以和外籍人员流利地使用英语沟通。又因为当时的华为内部管理不够完善，很多任务的支配、流程、反馈都是国内华为员工和外籍员工的一大问题，常常浪费大量的时间却还是搞得双方一头雾水。

最终外籍员工越来越怀疑华为的可信度，对华为内部的管理完全排斥，而华为的内部员工又觉得外籍员工什么都做不好，怎么能胜任高管的职位？因此，华为初期的外籍员工招聘几乎以失败告终。

华为在开拓海外市场的初期主要把招聘人才的方向放在以上三种人选之上，后来在2000年的时候，华为在总部开始了广招人才的招聘大会，华为也改变了原先的招聘策略，把国内大量的优秀人才调到海外。这种情况下被调到海外的驻地代表很多人仍然不会说英语，但是没办法，公司的制度在这里，英语不好就去学，文化不了解就去沟通。总之，在这种强制制度之下，华为在海外的市场奇迹般地开始进步和发展起来。

虽然华为在进入海外市场初期，很多海外当地员工的工作效率不尽如人意，但是在逐步发展壮大之后，华为在海外的机构又开始大量招聘海外的优秀人才，引进国际血液，实现人才全球化的状态，毕竟中国人对于海外很多地方的文化和习惯都知之甚浅，聘用当地的优秀人才对于企业的发展也有很大的帮助。

2008年年底，华为的海外机构的海外员工占总人数的57%，并且华为的海外员工聘用率以每年15%的比例增长，华为自那以后一直不断地加大对海外员工的聘用率。想要企业全球化，那么企业的人力资源也要跟着全球化，只有招揽全球高端人才，集各种才能的人才于企业之中，才能帮助企业加快全球化的步伐。

为了能够更好地留住人才，华为针对海外机构的员工制定了符合当地国情和尊重当地风俗的薪酬体系。对于驻守海外的员工，华为更是给予他们更高的待遇和报酬，甚至对于员工的家属也万分照顾。

正是由于华为在国际人才的培养上与时俱进，不断地吸取新型的管理模式和高端人才，对于员工的各种需求和回报也尽量满足，才能建立一支能够冲破层层阻碍和困难的国际铁军。

第十章

华为目标管理：凡事预则立，不预则废

目标的制定一定是为了能够让企业长久地发展和壮大，因此在企业和员工的能力范围之内，要制定能够激发员工积极性的战略目标，来帮助员工提升自己，帮助企业提高效益。

1.制定目标必须明确具体

戈特霍尔德·莱辛说：一个始终目标明确的人，即使走得再慢，也会比另一个毫无目标却跑得飞快的人更早到达终点。

人首先要有明确的目标才能有前进的方向，一个人如果没有明确的目标，就像无头苍蝇一样，不知道该做什么、不知道该去哪里，即使别人想帮助他，也不知道该往哪里使劲。同样地，一个企业想要长久稳定地发展，就要在制定目标的时候，明确目标制定的方向，如果没有明确具体的目标，就没有准确的定位，就无法确定企业未来的发展路线和方向。一个明确的目标是促使个人和企业前进的动力，制定明确的目标可以带来更高的效益。

很多人不明白怎样才算是目标明确，比如“请完成这件事”，这是一个很模糊的目标，明确的目标和模糊的目标的区别就是，“请在一天之内完成这件事”。目标的明确可以让员工更清楚应该怎么做，或者怎么努力才能完成目标。模糊的目标不利于引导员工正确的努力方向，因此目标的制定一定要越明确越好。

在华为，每个员工都清楚目标明确具体的好处，明确的目标可以使员工在工作的时候清楚自己该怎么做，要往哪个方面努力，怎么做才能达到目标。

比如在一次人力资源大会上，任正非根据当时的企业发展状况，制定了这样一个目标：在未来的5年之内，华为人均销售收入要在第一年的基础上，提高3.5倍，未来3年内要进行内部员工调整，减少对人才的招聘数量。任正非对于华为的目标和定位非常清楚，他每个阶段制定的目标都是明确具体的。方便员工清楚明了自己的职责，不至于让目标执行起来毫无头绪，浪费时间。

有了明确的目标之后，员工才有了努力的方向，才能让工作执行起来更加的顺利。华为在目标管理工作中，非常注重目标的明确性，因为华为人深知：只有明确的目标才能保证工作和任务的顺利执行，才能统筹安排，合理规划。就像任正非曾说过的一段话："我没有思考什么远大的理想，我正在思考的不过是这两年我要做什么、怎么做……""两年""做什么""怎么做"，这些就是目标的明确化，有了这个目标，就懂得该往哪个方向奋斗和努力。

因此华为制定了如何让目标明确的"5W1H"法，即是从目标的what（做什么）、where（在哪里）、when（什么时间）、who（谁）、why（什么原因）和how（怎么做）这六个方面进行考虑。

What——做什么

制定明确目标的第一步，是考虑公司的指示要求员工做什么，上级领导吩咐的事情是什么。比如"领导要求把表格整理好""接下来我们要生产哪种产品"等。不仅要明白工作的要求是什么，还要考虑"为什么要做这件事""为什么只能生产这种产品"。知道自己应该做什么之后，才能按照计划朝某个方向努力。

Where——在哪里

在哪里做这件事？为什么决定在这个地方做？在其他地方做不行吗？为什么在其他地方做不行？这是华为在考虑执行目标的场所时，要注意思考的问题。

华为在全国很多地方都设立了分机构，每个不同地方的研发中心所考虑的角度也不同，比如有的地方是为了方便招揽人才，有的地方主要生产产品，因此确定目标的执行地点要考虑到目标真正的需求是什么，再选择对的地点执行目标，不能盲目选择，否则会拖慢目标的执行速度。

When——什么时间

要确定目标在什么时候开始执行？为什么要在这个时间执行？如果不在这个时间会造成什么后果？执行多久？到什么时候必须完成？不完成会造成什么后果？这些都是明确目标执行时间要考虑的方方面面。比如制定销售或者业绩相关的目标时，要考虑市场的环境和需求，选择恰当的时间，不是所有目标的执行时间都是越快越好，要考虑“天时地利人和”。

Who——谁

目标的执行人是很重要的，这件事情适合谁做？为什么他适合？别人做可以做好吗？做不好怎么办？

华为在挑选合适的人员时，不是看这个人是不是最优秀的，而是看他在这项任务上有没有优势、能不能顺利完成。很多时候，企业在分配任务的时候会发现最优秀的不一定是最合适的，要善于发现员工不同的特点和优势，在执行目标的时候，选择合适的人员。

Why——什么原因

做出决策前，要考虑为什么要做这件事？做这件事能给企业或者个人带来什么效益？如果不做这件事，会有什么影响？目标不是随随便便制定的，要根据自身和企业的发展需求制定符合条件的目标。企业的利益就是员工的利益，制定的目标一定要有利于企业或者个人的发展，不能随便制定与企业发展或者个人发展毫无联系的目标。

How——怎么做

目标制定要考虑的因素都落实了以后，就要开始考虑如何执行目标才能更有效、更快速、更经济地完成任务？怎样才能避免人力、物力的浪费？如何避免员工在执行任务时的失误和意外？要想在规定时间内完成任务，就要考虑最高效的工作方法。华为在目标明确化的过程中，最看重的就是时间概念的问题，因此在员工操作和优化方面，坚持使用最有效的工作方法。

华为明白，目标的明确化可以让员工有计划地执行任务，工作起来更有动力，做起事情更有积极性，能够起到激励员工的作用，增强员工的信心，并且可以减少员工盲目执行任务的时间，使员工可以更有效、更快速地完成任务。成功的企业不仅要有理想、有进取心，更要有明确的目标方向，目标不仅仅是指引成功的方向，也是时刻鞭策自己前行的警钟。

2.将目标尽可能量化

如果目标没有量化到企业的每个部门或者每个人的身上，那么员工在工作的时候就不知道应该负责什么、自己的职责又是什么，在执行目标的时候就会互相推诿，谁也不会主动去做。

华为的一位人力资源经理就强调用数字来说明工作的完成情况。在为工作安排写计划书的时候，许多以前没有见过的细化指标也出现在了他的计划书里。在他的计划书里，从之前的“是否招到人”或者“是否有人离职”改成了“招聘成功率”或者“员工离职率”。

在此之后，许多的考核指标都开始慢慢量化。比如公司人力资源部的信息提交，是每个月都要做的常规工作，以前有的信息可能完全没有改动过，但是仍然要提交上去，因为原来的考核指标是“你报还是没报”，这就可能会引起一些小差错，毕竟只有“报”和“没报”两个选择，但是如果在汇报过程中有些数据问题，那这个问题就不好定性了，也就没办法衡量员工的对错了。

那么怎样才能避免这种问题呢？人力资源部的经理决定把员工考核的指标数字化，比如把考核的标准分解成“员工上报的信息准确度”“员工信息变动是否及时更新”“是否按时上报”等，并且把这些考核标准用A、B、C、D、E、F这样的评分标准进行员工评估，这样就可以对员工的工作指标进行衡量了，也让领导对员工的工作情况一目了然，彻底改变了之前指标不明确造成的误差。

在华为，同样的考核标准也被量化了，华为强制性实施A、B、C、D的评分档次，D档次的员工福利和待遇都会受到影响。

当人们制定了明确的目标以后，能够把目标具体量化。这样在执行目标的时候就可以将自己的行动进度和目标进行对比，方便了解自己与目标之间的差距，控制进度，以免超出时间限制。

因此，华为的管理者在为员工制定目标并且实施管控时，不仅要为员工制定明确的目标，还要确保制定的目标必须是可以具体量化的，不能太过空泛。明确的目标是为了让员工知道自己应该做什么，而目标的量化是为了确保员工知道应该怎么做。

华为人在将目标进行量化的时候，一般会考虑目标的数量、质量和时量三个关键量化指标。数量指标包括产量、次数、频率等，比如生产新产品的产量、销售团队制定的销售额等。质量指标包括客户的满意度、产品的合格率等，比如研发一批新产品，要求合格率达到百分之多少才算完成。时量指标包括目标完成需要的天数、周期、时间等。

当目标可以量化的时候，要尽可能地量化，但是还有很多的目标不能量化的情况，这个时候我们应该怎么做呢？

管理学大师德鲁克曾经说过："当目标不能量化的时候，我们要尽可能地细化目标。"

比如安排两个人沿着不同的方向同时步行到前面相同距离的村庄。第一个人选择的路上没有任何的指示牌，也不告诉他村庄有多远，只能靠感觉往前走，结果走到一半的时候，就坚持不住了，情绪越来越焦躁，甚至不愿意再往前走，而另一个人选择的路上，每到一段距离就有里程碑指示，并且告诉他村庄在前面5千米处，他就会越走越有劲头。

当目标被细化以后，执行者可以明确地知道自己的目的地和进度，就会有克服困难的动力。目标越具体化，执行者就觉得越容易实现，很多员工不是没有工作的能力和热情，而是他们不知道自己的目标是什么。

目标的细化就是目标的分解。找出实现目标的关键因素，对目标进行更加细化的分解，比如在卫生考核标准上，保持卫生整洁的目标无法具体量化，这个时候就可以将目标细化，规定地面整洁无垃圾、窗户无污渍等。

华为的有些职能部门，工作相对比较烦琐，无法在制定目标的时候进行客观、全面的量化，一般采取目标细化的方法，首先对各个职位的工作进行盘点，找出关键的实现因素，运用合适的指标对目标进行细化。

能细化的尽量细化，不能细化的目标尽量流程化。过程正确了，任务的结果才会好，过程控制得不好，结果一定不尽如人意。对于一些不能具体量化也不能细化分解的目标，可以采用流程式的方法，将工作流程化、规范化，针对每一个流程做出不同的评分档次，进行评估和衡量。

华为的某一发展阶段，研发部开发了一种新产品，但是等到拿到市场上出售的时候，已经错过了最佳时机，导致产品销售不出去，对此研发部的态度是“看项目部和市场部的情况”，而市场部的总结是“市场形势大好，研发部不出产品”，这种情况的发生就是因为不具备完整的研发体系，缺乏正确的工作流程。

任正非曾经拜访各大企业和借鉴西方一些国家的管理经验，经过观察和研究，引进了更为专业的流程化管理，就是为了能够规范项目的流程，避免无法向市场交付产品的情况。

考核目标的实现标准就是要求目标做到可衡量。但是不代表所有的目标都是可量化的，面对那些难以量化的目标，可以考虑通过目标细化或者流程化的方式来作为考核的标准。在华为，目标的量化是使目标可以具体化，目标具体化以后可以方便上级领导检验目标的完成程度，之后对员工进行考核时也有理有据。有了具体的目标，员工在实现目标的过程中才会有前进的动力。

3.制定目标时必须尊重事实

美国心理学家洛克认为，目标的设置是把人的需要转化为动力，人的需要越大，他制定的目标就越大。目标本身具有激励作用，是引起行为的最直接动机。人一旦制定了目标之后，目标就会推动着自己前进。合适的目标可以满足自身的基本需要，困难的目标具有挑战性，当困难的目标被接受时，人们在完成目标的时候会获得更大的成效。

目标设置理论中提到，目标的可实现性是目标设置的基础条件。任何目标的设置必须尊重事实，客观地估计当前的形势，依据自己的能力预估达到目标所需要的条件和资源，比如一些所需人员、技术操作、信息资料、环境因素等，不能制定一个过于困难、高出自身能力太多的目标。

华为在创业初期就制定了走向国际舞台的目标，但当时的情况距离目标的实现还是很遥远的，但是华为一直没有放弃目标，尽管中途遇到了很多的困难和阻碍。

华为在走向国际市场的战略中，借鉴了很多海外企业的战略模式，制定了很多的战略目标，有的目标完成了，有的目标却迟迟完成不了。

2011年，华为又面临了一次危机，华为向各级部门签发的邮件显示，华为的销售业绩开始负增长阶段，公司的PSST运营商业务销售比其他同行业企业下降1%，所得收入完全低于预期。

而当时华为和美国的合作也传来令人吃惊的消息，因为美国方面出于对安全问题的考虑，再次将华为拒之门外，更为遗憾的是华为由于安全问题已经被美国其他两大运营商拒绝。至此，美国三大运营商spring、verizon以及AT&T都对华为关闭了大门。

这场与美国通信市场的拉锯战最终还是以华为的失败而告终，华为也暂时终结了在美国市场的扩展市场之旅。

2013年，华为网络设备销售的长期目标被削减了1/3。华为相关人士表示，之前对于美国市场的情况过于乐观。华为执行副总裁徐直军也指出，国际社会的安全问题确实是横亘在中国与海外市场之间，由于华为没有对现实情况进行勘察，导致目标的制定不符合现实情况，迟迟完成不了。

华为在美国市场的发展受到阻碍，销售量停滞不前，于是根据市场情况将未来4年的销售目标制定为100亿美元，比2012年制定的销售目标减少了50亿美元。

华为执行副总裁徐直军也对此做出解释，根据华为对美国市场环境的评估，制定这样的目标更加现实，甚至表示，如果华为在2017年销售额能够突破100亿美元就已经很不错了。

很多企业在制定目标的时候，也常常会出现失误，比如目标的制定不够明确具体、目标的制定不受认同，或者就是目标的制定太过远大，让员工无法完成。其实企业在制定战略目标的时候要随时思考自己的市场定位是什么，企业的竞争对手是谁，未来几年内企业的规划是什么，企业应该关注的方向是什么，等等。

目标的可实现性是目标制定的基础，任何企业在制定企业目标的时候都必须遵循这点，那么为了有效地制定企业的目标，管理者应该考虑哪些方面呢?

一、目标要切合实际

企业的目标制定要根据企业的发展条件和环境而定，如果企业每年的销售额只有100亿，那么第二年就期望销售额能够高达1000亿，这显然是不切实际的。目标的制定超出现实情况太大，员工执行起来也没有动力。

因此企业的目标制定一定要基于现实，对自身的优势和劣势有一个详细的了解。一方面可以适当地提高目标的难度，让员工能够更加认真工作，突破自己。另一方面也要基于员工的工作能力和实力，不能超出员工的能力范围，否则不但不会调动员工的积极性，还会适得其反。目标的可行性关系着员工对待目标的态度以及企业的未来发展。

二、注意目标分解

企业的总目标制定起来一般都比较难以完成，员工对于太过远大的目标会有力不从心的感觉，即使他们的能力完全能够完成这项任务。因此管理者在给员工指派任务的时候不要过于强调总目标，要把总目标按照时间和强度合理分配给各部门、各个员工。每个人的职责和任务都是根据自身的能力情况而定的，这样员工在执行任务的时候才不会感到压抑。

企业的发展是阶段性的，因此企业在制定目标的时候要注意总目标和分目标的结合，长目标和短目标的结合，这样才能使企业长远和谐地发展。

三、目标的制定要符合市场环境

就像华为在美国市场遇到的阻碍一样，企业在制定目标的时候除了要基于企业的发展状况和条件影响以外，还要注意企业存在的市场环境。企业的战略目标符合企业所处的市场环境，才能确保企业的目标具有可实现性。

在制定目标之前，通过搜集资料或者市场调查等方式，对市场的宏观环境进行详细分析，比如人口数量、国家政策、经济发展情况等，再对市场的微观环境进行细分，比如客户的需求等。

归根结底，目标的可实现性只有两点要求，就是在尊重事实的基础上，具有一定的挑战性。很多企业在制定目标的时候不能够完全遵循这两点，导致企业的目标要么完全实现不了，要么没有一点挑战性，轻轻松松就完成了，这样的目标执行起来也就没有任何意义。

目标的制定一定是为了能够让企业长久地发展和壮大，因此在企业和员工的能力范围之内，要制定能够激发员工积极性的战略目标，来帮助员工提升自己，帮助企业提高效益。

4.注意目标与目标之间的关联性

有个人经过了一个建筑工地，于是问工地上的石匠们在干什么。第一个石匠说：“我在赚钱养家糊口。”第二个石匠说：“我在做最厉害的建筑工作。”第三个石匠说：“我正在建一座大教堂。”

从这三个石匠的不同回答来看，第一个石匠把养家糊口作为自己的目标，这是一种短期的目标，没有太大的抱负。第二个石匠说自己在做最厉害的工作，这是一种职能导向的目标，表明自己是想成为这样的人，而没有考虑到组织的目标。第三个石匠才真正说出了目标的真谛，这是经营思维导向的人，这类人在思考目标的时候，会把自己的工作和组织的目标联系起来，从组织的价值角度考虑自己的发展，这样才能获得更大的价值空间。

第一个石匠的期望值太低，这类人在职场上没有自我启发和自我发展的动力，缺乏奋斗的激情；第二个石匠的期望值太高，这类人在职场中很可能特立独行，自我英雄主义太过，缺乏团队发展精神；第三个石匠的目标才是真正和企业目标相吻合的目标，他在做石匠工作的时候看到了自己的工作和建设大教堂的关系，他的自我发展行为与组织的发展相协调。这才是真正的管理者！

很多时候，企业的目标和个人的目标会不一致，比如企业的目标是让员工花费百分之百的力气和时间去完成任务，但是员工只想完成其中80%的任务，剩下的时间和精力用来做一些自己的事情。

华为在创业初期常常因为交货延误的情况受到客户的投诉，使得企业形象一度受到严重损害，后来经过严格的审查发现很多员工并不知道自己应该执行什么样的任务，毫无目标。为了彻底改变这种状况，华为的各个部门之间召开了会议，最后决定根据每个部门的职责进行目标分配，每个部门都必须把员工个人目标落实到位，明确员工在此次总目标中应该完成多少目标，并且必须在什么时间之内完成，达到什么样的质量才算合格。

企业目标管理的定义是：根据公司的战略目标运用系统化的管理方式，组织员工共同参与，制定具体的、可行的，能够客观衡量的目标，以实现组织和个人的目标。所以企业要把员工的个人绩效目标和组织的企业目标联系起来，把组织的整体目标转化为员工的个人目标，鼓励员工完成各自的目标，当所有员工的目标都实现了以后，那么企业的目标也就实现了。

因此，不管是企业的目标还是组织的目标，最终都要落实到个人身上。员工个人设定的目标是企业大目标的基础，员工不能有“企业目标是企业的目标，和我无关”的错误想法，而要有“我的目标要和企业的目标达到统一”的心态。

一个优秀的企业懂得如何将企业内部员工的目标和企业的总目标结合起来，通过员工自身的努力，带动企业总目标的执行，在实现自己目标的同时，尽可能多地为企业创造价值。

同理，员工想要在企业中生存和发展，就要懂得正确制定目标。对组织和企业的目标充分地了解，并分析自己的职责和能力，思考自己应该制定怎样的目标才能把自己的目标和企业的远景结合起来。

在华为，员工制定目标一般遵循以下原则：

1.从自己的实际能力出发，制定符合自己职责的目标。

2.对目标中可能遇到的困难和需要提前做好准备。

3.了解组织的目标然后细分到个人职责上，找出自己需要配合的部分。

企业需要的是能够把企业目标当作个人目标一样去标准执行的员工，没有任何企业愿意增加成本去袒护、培养那些没有价值的执行者。想要在企业的帮助下快速地成长和获得成功，必须付出相等的努力，企业的总目标和个人的目标相互制约，相互协调，二者才能共同发展。

个人的目标制定要考虑企业的远景，同样，企业的目标制定也要得到员工的认同，制定让员工能够接受完成的目标，这样员工才有执行目标的动力，才会觉得自己受到企业的重视。员工一旦对企业有了认同感和归属感，工作起来就会更加有效率。

要求员工的目标和企业的目标保持关联性的另一种方法就是制定合理的考核制度，建立企业的目标体系，让员工在公平、公正的评价体系中，按照企业的要求一步一步地完成目标。

任正非在《华为的红旗到底能打多久》中分析个人目标和企业目标的平衡关系："管理者与员工之间矛盾的实质是什么呢？其实就是公司目标与个人目标的矛盾。公司考虑的是企业的长远利益，是不断提升企业的竞争力；员工主要考虑的是短期利益，因为他们不知道将来还会不会在华为工作。解决这个矛盾就是要在长远利益和眼前利益之间找到一个平衡点。我们实行了员工股份制，员工从当期效益中得到工资、奖金、退休金、医疗保障，从长远投资中得到股份分红，避免了员工的短视。"

很多企业的员工之所以不把企业的目标当作自己的目标，是因为他们内心觉得，你发我多少工资，我就做多少的工作，我再努力有什么用，还是赚这么多钱。华为的员工参股制度就是很好的员工激励方式，将员工的利益和企业的利益挂钩。企业的效益好不好，员工更加深有体会，而员工想得到更多的回报就要付出更大的努力。

一个只拿薪水的员工是没有太大的动力和积极性的，也不会为了追求短期的利益而付出长期的努力，只有想办法让员工感到自己是主人，对企业有归属感，员工才会更加努力地工作，回报企业。

5.给目标设定一个达到时间

很多员工在接到任务的时候，并不会立即去完成任务。人都有拖延的习惯，在接到指示之后，会把事情放到最后去做，即使事情很简单、很容易完成，甚至是随手就可以完成，依然要等到最后关头才去做。

如果在团队执行任务的时候，有一个人拖延时间，就会影响整个团队的进度，所以管理者在给员工下达任务的时候，要给员工设置一个完成的期限，要求员工在期限内一定要完成任务，否则就要受到处罚，这样员工在完成任务的时候就会抓紧时间工作，以免自己的绩效考核受到影响。

华为的员工手册中有过这样的规定：“员工录用分派工作后，必须立即赶赴分配的单位工作，不得无故拖延推诿。”华为认为，拖延会让企业的效益下降。如果管理者所布置的任务，没有在规定的时间内完成，那就是员工缺少时间概念，因此要想杜绝这种拖延的习惯，就要给员工规定一个明确的完成时间。

一个好的项目团队、一个再简单不过的项目任务，如果没有给任务定下合理的完成期限，那么团队的效率就会变得低下。没有时间限制的项目任务，员工就不知道自己应该用什么样的效率和行动来完成任务，也就会在不知不觉间拖延了时间。项目团队将目标量化得再好，也会让目标的完成变得遥遥无期。

有的项目经理在给员工下达任务的时候，会犯这样一个小失误，模糊时间的概念，比如：“尽快把这件事做好。”“待会儿把资料打印一份给我。”这个“尽快”是什么时候呢？是今天还是明天？还是下周？“待会儿”又是什么时候？是5分钟还是10分钟？还是现在就去做？领导说的话往往和员工听到的话不一样，领导心里有一个时间概念，而员工心里又有另一个时间概念，当领导没有说清楚，员工又按照自己的时间概念去完成的时候，可能会造成领导和员工之间的矛盾。

所以在下达任务的时候要记得给任务设定一个明确的时间期限，让员工在接到任务的时候能够有一个明确的时间概念，来督促自己在规定的期限内完成任务，不会犯拖延的错误。如果在下达任务的时候忘记给任务设定一个时间期限的话，要养成时刻关注任务的跟踪习惯。在向员工追问任务进度的时候，也要注意询问的方式，不要模糊时间概念。

在给目标设定一个时间期限时，要根据员工的工作能力和任务的难易程度来设定合理的完成时间。最好让员工亲自做出承诺，因为员工对于自己的承诺更能按时遵守。

华为的一位员工曾经说出他的经验：“在接到任务之后，我会先制定一份任务完成的顺序清单，把每个任务的相关事项都一一标注清楚，然后再对每一项任务的完成做出合理的设定，根据任务的不同难度等级，设定的完成期限也不一样，这样在执行任务的时候，就会有一个明确的时间概念，在事情多的时候也能很好地完成任务了。”

有时候即使给定目标的完成期限，员工也会习惯性地拖延，找各种拖延的借口，在时间的最后期限匆忙完成，结果并不尽如人意，甚至会造成返厂重做的后果。在目标管理方面，华为人会在接到任务之后，为自己制订一系列的完成计划。

做好事前准备

华为人在开始任务之前，会把工作按照轻重缓急的顺序列成清单，标明每一项任务的相关事项，做好充分的事前准备。将任务清单列好以后，根据任务的难度设定合理的完成期限。有的员工为了让自己能够按时完成任务，还会给任务贴上“便利贴”，贴在自己的任务清单上，还有的会把自己预定的任务期限，贴在每月的日程表上，用来督促自己。做好充分的事前准备和任务期限是高效率地完成任务的有效因素。

从最难的任务开始做起

华为人会在制定任务清单的时候，把最棘手的任务标注出来，然后为最棘手的任务留出足够的时间。先把最难的工作时间确定好，才能合理地分配所有的任务时间。当最难的任务被完成以后，再用余下的时间去完成清单上的其他工作。

保持快节奏的工作效率

很多员工按照目标的管理方法，设定了时间之后，也下定决心克服拖延的习惯，但是在完成工作的时候，往往到了最后一步开始停了下来，他们会认为，反正已经临近任务的结尾了，不用担心做不完，所以心里就开始产生懈怠的情绪。

在华为，保持快节奏的工作效率会让员工在最短的时间内，完成更多的任务。员工会在设定时间之后，一口气完成任务，不会中途放弃，或者开始下一个任务。任务一次性连贯完成的效率，远远高过被打断的效率。有规划的工作节奏，是保证任务高效率完成的关键。

为突发事件留出余地

员工在为任务设定时间的时候，会要求自己越短时间内完成越好，所以设定的时间会很急迫，但是却忘记给突发事件预留出时间，结果当一件任务出了意外的时候，就要占用其他的任务时间来弥补，导致其他的工作任务也被耽误了。

有些目标短期内就可以完成，但有些目标需要长期才能完成。给目标设定一个合理的完成期限，可以让员工有效地执行任务。单单设定目标的完成期限是不够的，员工在设定完成期限以后，要有自我约束、自我控制的能力，在应该做某件事的时候，即使是强迫自己也要去做，否则目标的时间期限就白白制定了。员工的自我管控能力越高，工作才会越有效率。目标的时间设定既可以让员工有一定的工作压力，促使员工高效地工作，还可以锻炼员工的工作能力，为企业带来更大的效益和竞争力。

6.保证实施目标的执行力

执行力是指有效地利用现有的资源、按照要求达到目标的能力，指的是贯彻战略意图，完成个人或组织设定的目标的操作能力，是把一个企业的战略规划、目标转化成为效益、利润的关键。在工作中，执行力就是一个人完成任务的能力，把想要做的事情做成功就是执行力。

对于一个企业来说，执行力就是把长期的目标落实到实处的能力，是贯彻企业的发展路线，完成企业既定目标的经营能力。简单地说，保证实施目标的执行力就是行动力。“没有执行力，就没有竞争力。”一个企业的成功，60%的因素是靠员工的执行力，执行力决定了企业的市场竞争力，员工的执行力越强，企业就越成功。

实施目标的执行力的强弱，关键在于员工是否按照目标的管理制度标准执行。企业在保证员工实施目标的执行力时，要注意以下几个重点：

（1）分解执行的责任。为保证项目目标的有效执行，需要把目标的责任落实到各个部门、各个岗位，具体到个人。华为在实施项目目标时，除了项目的执行人外，还会设立专门的监管人员，来监督管理目标的执行。负责监管的人员拥有适当的权力，可以对目标执行人的行为进行监督和指导。

（2）管控执行的流程。对目标实施过程进行管理和控制，确保员工严格按照操作流程进行工作，监督员工的工作态度，确保项目的工作进度，保证目标的有效执行。必要的时候，管理者可以制定工作流程图，方便记录员工的执行情况，有效地加以控制。

（3）定期评估。管理者可以制定一份员工执行报告书，在目标执行期间，时刻和员工保持联系，多到基层走动，了解员工的执行情况，定期对员工的执行标准进行评估，并对数据进行分析，适当地加以整改，确保员工不折不扣地执行。

目标管理执行报告书主要用来衡量和控制员工在实施目标时的执行情况，是一种非常常见的考核工具，它可以有效地帮助管理者检查目标是否已经执行，目标的执行情况如何，目标怎么执行才能得以实现。

想要提高员工的执行力，前提条件就是要学会沟通。沟通是连接员工之间有效合作的桥梁。良好的沟通，才能提高员工的执行力，目标就成功了一半。管理者根据目标的具体情况制订合理的执行计划，明确每个员工的职责，确定目标执行的时间，做好一切事情准备之后，通过有效的沟通，可以让员工在遇到问题的时候，能够及时、快速地解决问题。工作中出现小矛盾、小摩擦，也可以通过沟通有效地缓解，和其他部门或者同事在合作中也会配合默契，形成自上而下一条心的团队精神，使项目执行起来更为顺畅。

充分调配项目团队现有的人力资源、财力资源百分之百地投入其中，集大家之势，让团队爆发强大的能力，员工心往一处想，劲儿往一处使，对执行过程中遇到的困难勇往直前，势如破竹，保证目标的执行力只强不弱。

华为总裁任正非曾发表《力出一孔，利出一孔》这样一篇文章，他在文章中写道："大家都知道，水和空气是世界上最温柔的东西，因此人们常常赞美水性、轻风。但大家又都知道，同样是温柔的东西，火箭是空气推动的，火箭燃烧后的高速气体，通过一个叫拉瓦尔喷管的小孔扩散出来的气流，产生巨大的推力，可以把人类推向宇宙。像美人一样的水，一旦在高压下从一个小孔中喷出来，就可以用于切割钢板。可见力出一孔，其威力之大。”

执行就要集中注意力，一心一意，不折不扣地执行，不论任务大小都要全力以赴，不能三心二意，集中注意力、专注于任务是华为人的一大优秀品质，也是其他企业员工学习的榜样。

将目光专注在一件事情之上，可以有效保证执行力。《华为基本法》中提到：“我们坚持‘压强原则’，在成功关键因素和选定的战略生长点上，以超过主要竞争对手的强度配置资源，要么不做，要做，就极大地集中人力、物力和财力，实现重点突破。”

想要提高员工的执行力，第二个因素就是要学会反馈。员工及时反馈才能得知执行的情况如何。领导指示的每一项任务，不论完成得好坏、完成到什么程度、过程中遇到了什么困难和阻碍都要及时向主管反馈，以便主管能够详细地了解目标的执行情况，对问题及时进行处理，以免造成更大的损失。

明确员工的责任同样是保证执行力的关键。有些企业想要通过员工的自觉性来遵守工作流程中的制度和规矩，但是仅靠道德的约束是远远不够的。华为在规范员工执行力时，会通过绩效考核来实现，形成奖罚分明的考核制度，对员工的执行力进行更有效的管理。

纪律是保证执行力的基础。一个企业要有严格的管理制度，员工服从于制度，服从于管理，是具备良好执行力的直接表现，员工保持良好的职业习惯，遵守制度和纪律，才能有效保证执行力。

纪律是企业为员工制定的，华为在制定制度和决策时，一般都会征求员工的意见，并进行探讨和协商，使制度透明化、具体化，让员工能够自觉遵守企业的纪律，无论员工身处何种职务和岗位，都把企业的纪律当成自己的责任，不轻易违反企业的制度和纪律，这样才能真正被企业认可。

企业的规模越大，面临的风险就越大，想要在激烈的市场竞争中占据一定的地位，就要保证员工的执行力，只有这样才能使企业的运行顺畅。员工工作井然有序，不折不扣，企业的效益才能更上一层楼。

7.要有合理调整目标的能力

任何一个企业都会在发展道路上的每个阶段设定目标，华为也不例外，企业的成功离不开企业制定的战略目标，但是很多个人或者组织在追寻目标的过程中渐渐被其他方向的事物所吸引，从而改变自己的目标甚至放弃自己的目标。

目标是个人或组织前进道路上的方向，制定了合理正确的目标可以少走很多弯路，能够更快速有效地获得成功。如果一个人没有目标或者目标制定得太多，那么同样是在浪费时间，阻碍自己前进的步伐。

任何一个目标，无论大小都是经过深思熟虑之后根据自身的未来期望制定的，因此不能因为任何一点周围环境的变化或者其他因素的影响就随意改变自己的目标。很多个人或者组织会在执行目标的过程中觉得目标太过困难，实在无法达到，于是选择更改模板或者直接放弃，这些都是不正确的做法。目标的制定本身就是为了让人们能够克服困难，勇往直前，超越自己，战胜自己，赢得最后的成功，如果因为困难就轻易放弃，那么目标的制定也就没有了意义。

企业的战略目标一般都是在严格的预测和考察之下，经过对各个方面的估计和决策之后被制定出来，一般情况下，是没有任何更改的必要的，也不支持轻易对目标做出更改和调整。

目标的频繁更改会造成很多严重的后果：

1.目标本身具有严肃性和确定性，如果对目标进行随意更改，就会破坏目标的严肃性。企业随意更改目标，员工也会觉得目标的制定太过随意，执行目标的时候就会不认真对待，敷衍了事，也不会按照规章制度不折不扣地执行了，那么目标的约束力也就大大降低了。

2.目标制定必须与企业的利益相关联，同时目标与目标之间具有关联性，其中任何一个目标的更改都会对其他目标造成不好的影响，要么就全部做出更改，要么就全部放弃，无论是哪一种情况，企业必定元气大伤。

总之，目标一旦制定出台以后，最好不要轻易更改，但是在很多情况下，比如一些不可预料事件导致原有的目标发生变化，在明知原有目标已然不可行的情况下，必须快刀斩乱麻，采取相应的措施，立刻快速地做出整改。

在迫不得已的情况下，对目标进行重新调整，一方面可以减少环境的变化导致对其他目标造成的影响，减少企业的损失，另一方面可以快速调整战略，做出符合市场变化的反应机制，保证企业的行动和市场的发展相对一致。

对于华为来说，外界环境和市场发展趋势都会影响公司的战略目标与设想中发生偏离，如果不能及时调整目标，采取措施，轨道就会越偏越远，最后只能被逼着放弃目标。那么造成目标发生偏离的主要条件是哪些呢？

一、外界环境的变化

这种情况下的目标需要调整时，通常分为两种原因：

1.当企业制定好战略目标之后，即将开始投入生产的时候，发现已有其他企业先行开发此项技术，这种情况下，企业的原有目标必须放弃，即使心有不甘，研发出来之后也没有任何的意义。

2.当企业在制定好战略目标之后，没有任何的企业先行研发，可以放心投入生产的时候，却突然爆发了经济危机，或者其他不受人为控制的因素，这个时候就需要根据市场的经济情况对目标做出适当的整改，或者变更。

二、企业内部影响因素

一般情况下，企业内部发生重大变革事件或者内部管理结构发生改变的时候，可能要及时做出整改，但是这种情况毕竟是少数，因此不到万不得已，不提倡调整目标。

三、突发事件，目标执行受阻

这种情况其实也包含外界环境的因素，另一方面就是企业内部可能发生一些无法预料的意外事件，比如水灾、火灾等。

除了这三种情况之下可以适当考虑调整之外，一般情况下最好不要轻易调整目标。企业制定一个目标，下达给员工执行的时候，员工刚刚开始行动就收到指示，说是目标有变化，暂停工作，等到目标调整好了之后，又接到通知说是目标还不够完善，暂时停工，等到第三次接到任务的时候，员工已经不会再积极地投入到工作中了，因为他们知道下面还会有新的目标。

在华为发展过程中，也曾因为各种各样的环境和经济因素而不得不对原有的目标做出调整。华为在美国市场的发展起初并不乐观，华为一开始也曾立下豪言壮语，力图向美国市场出售华为的通信产品。2012年，美国及多个地区以“安全问题”拒绝了华为，这使得华为深受打击，于是第二年，华为经过多次会议研讨决定将原先制定的“网络设备销售”的长期目标削减1/3，将目标定为未来4年预售100亿美元，比之前一年整整少了50亿美元，然而情况并不乐观，“国际社会安全问题”阻碍了华为在美国市场的发展，甚至华为内部高管表示不能再将目光死盯在美国市场了，必须尽快做出调整。

在必要的时候，目标需要及时做出调整，但是在调整目标的时候，一定要注意按照规定程序执行：

1.目标执行人必须填写“目标修正卡”，并且说明调整目标的理由、内容等，在得到领导的同意之后方可进行调整。

2.目标的修改如果涉及其他员工或者部门，必须由相关部门一一核实之后，通知各部门协同合作，共同调整。

目标的调整意味着原先可能完成了部分的工作需要清零重来，或者需要重新收集大量的资料、资源，不仅工作量增加了，管理也相对更难了。因此在没有不可抗力的情况下，最好不要做出调整，如果真的必须调整目标，也一定要按照相关规定流程来，不可随意调整和变更。

延伸阅读

雁行理论

当我们看到一群大雁从北方飞往南方，躲避严寒的时候，我们会发现大雁沿途都是按照V字形的排列方式飞行的。

据研究，大雁每年向南飞行过冬，有时候要飞好几万千米，光是一天之内都可能飞过几百千米的路程。在飞行的过程中，雁群之间不断地鸣叫，互相鼓舞士气，坚持飞过高山，飞过海洋，这就是为什么每次雁群从我们头顶上飞过的时候，会听到雁群不断的叫声。

以前我们会疑惑为什么大雁南飞要按照V字队形？其实这就是著名的“雁行理论”。雁群以V字形排列的原理是：当一只大雁拍打翅膀的时候，其他的大雁就会紧跟其后，这样的情况下，雁群的飞行距离要比一只大雁单独飞行的时候增加至少70%的飞行距离。

过去很多企业的工作状态就像一只单独飞行的大雁，每个人只做自己眼前的工作，而缺少企业最基本的合作精神，然而一个人即使最初精力充沛，元气满满，但是难免会有懈怠的时候，因为脱离雁群的大雁会在自己单独飞行的时候感到疲惫和辛苦，飞了两步就再也飞不起来了，到最后离雁群越来越远，甚至落在寒冷的北方。

因此，企业的员工要像雁群中的大雁那样，互相鼓励，团结互助，即使不小心脱离队伍，也要尽快赶上，回归团队中。当我们有着共同的目标，有着领头人，才能有坚持下去的动力。我们会在疲惫的时候接受其他人的帮助，也会在别人坚持不住的时候，给予别人帮助，以合作取代单打独斗，一起为企业创造更多的价值。

当前一只大雁在拍打翅膀的时候，后面的大雁会借力而上，利用前一只大雁的浮力往前飞；当前面有大雁脱离雁群的时候要尽快替补上，代替前一只大雁的位置弥补雁群的空缺，让后面的大雁有力可借；当领头的大雁累了、倦了，不能再担任雁群的领队时，就会有另一只大雁接替领队的职责，带领后面的雁群向南飞。一切都是在默契而又快速地进行，因为后面还有几万千米的距离在等着它们。

在工作中，我们应该学习大雁的智慧。充分利用团队的资源，吸取前人的经验；不仅要牢牢掌握自己的专业知识还要主动学习他人的技能，扮演更多的职能角色，在团队需要的时候替补而上；团队的领导者并不是一成不变的，谁都有机会充当领头人，但是在成为领头人之前要先拥有担任领导职能的资格。因此每个人都要本着对自己负责、对他人负责、对企业负责的精神，时刻提升自己，锻炼自己，将来才能更好地带领团队。

华为的岗位接班人制度就像南飞的雁群一样。他们实行轮流担任领导职能，团队之间相互帮助扶持。

1995年，当时已经年过五十的任正非思考如何才能让企业的人力资源体系能够被不断地复制和增值，这就是华为“群体接班”思想的产生背景。

任正非表示，华为的每个员工都有可能成为接班人，这个接班人不是说岗位的管理者升职或者降职留出的空缺，而是在每时每刻、每个岗位都有可能随时被替换。每个岗位都被时刻监督管控着，即使是基层一线的员工都面临着这种危机，只要你偷懒、不认真工作、能力不行，立刻就替换掉你，找其他人替补上，这叫“全员接班制”。在外人看来，即使是当时刚实行此制度的华为员工也有很多的不适应，但是不得不说，任正非的这种行为把企业的危机文化传递给了每一位员工，不管你的职位再低、工作再轻松，也要认真对待，公司是不可能花费大量的资金去养一大批闲人的。这种企业内部的压力传递，很大程度上激活了企业内部组织，让员工时刻都保持注意力集中，不能有任何投机取巧的侥幸心理。

李一男出走事件给了任正非很大的打击，也让任正非更加明白“全员接班制度”的必要性，不仅要培养员工的危机意识，让员工能够不折不扣地执行任务，认真工作，还要培养出更多的人才，以便随时接替空缺。

1997年，任正非说：“希望华为能够出100个郑宝用，100个李一男。”其实深层含义就是能够通过华为全员成长的方式，来避免出现对个别人、个别岗位的依赖，当然也包括希望华为能够摆脱对他的依赖。

2002年的时候，华为还是处于任正非的个人领导模式下，虽然华为当时已有各种决策会议和董事长会议，但基本上还是任正非一个人说了算，如果会议决策结果与任正非的意见相同就实行，如果会议决策结果与任正非意见不同，就按照任正非的决定来。然而，由于任正非的个人经验对于市场机会的把握并不完全准确，造成当年的小灵通没有赢得市场的遗憾。于是任正非更加意识到，个人决策或许可以提高决策的时间，但是带来的风险尤其大，因此企业想要快速发展，就必须摆脱个人决策的管理模式，逐步放权。

2004年，华为的一些重大事件决策权不再是任正非一个人说了算，而是从“1+6”人的EMT（执行管理团队）中的COO首席运营官开始轮流担任负责人，除了任正非以外，其余6个人每个人都有担任负责人的机会，最后得出决策结果再由任正非负责把关。后来经过几年的试验，COO制度成熟以后，2011年，华为开始实行轮值CEO制度，任正非也逐渐开始脱离对华为的独控，专注于CEO教练的角色。华为逐渐实现从个人到组织的超越、从必然王国到自由王国的超越。

华为的种种干部选拔机制、干部轮岗制度、接班人培养制度、员工的考核制度，从根本上来说都是为了能够摆脱对个别人的依赖、对岗位的依赖。任何人都有可能担任不了接班人的职位，但是相反地，任何人也都有可能担任接班人的职位。要知道，没有任何职位是固定不变的，在你想着超越别人的时候，也随时有人准备着超越你，因此要不断完善自己，坚持下去，做雁群中的领头者。